技术评估：
理论、方法与实践

罗晓梅　主编

中国财经出版传媒集团

经济科学出版社
Economic Science Press

·北京·

图书在版编目（CIP）数据

技术评估：理论、方法与实践／罗晓梅主编. --
北京：经济科学出版社，2024.11
　　ISBN 978 - 7 - 5218 - 5479 - 4

　　Ⅰ.①技…　Ⅱ.①罗…　Ⅲ.①技术评估 - 教材　Ⅳ.
①F062.4

　　中国国家版本馆 CIP 数据核字（2024）第 004502 号

责任编辑：吴　敏
责任校对：李　建
责任印制：张佳裕

技术评估：理论、方法与实践
JISHU PINGGU：LILUN、FANGFA YU SHIJIAN
罗晓梅　主编
经济科学出版社出版、发行　新华书店经销
社址：北京市海淀区阜成路甲 28 号　邮编：100142
总编部电话：010 - 88191217　发行部电话：010 - 88191522
网址：www. esp. com. cn
电子邮箱：esp@ esp. com. cn
天猫网店：经济科学出版社旗舰店
网址：http：//jjkxcbs. tmall. com
北京季蜂印刷有限公司印装
710×1000　16 开　15.75 印张　240000 字
2024 年 11 月第 1 版　2024 年 11 月第 1 次印刷
ISBN 978 - 7 - 5218 - 5479 - 4　定价：66.00 元
（图书出现印装问题，本社负责调换。电话：010 - 88191545）
（版权所有　侵权必究　打击盗版　举报热线：010 - 88191661
QQ：2242791300　营销中心电话：010 - 88191537
电子邮箱：dbts@ esp. com. cn）

前　言

在当今这个日新月异的时代，技术的飞速发展不仅深刻地改变了我们的生活方式，也极大地推动了社会生产力的进步。从人工智能到量子计算，从生物技术到新能源技术，每一项技术的突破都预示着人类文明的又一次飞跃。然而，技术的双刃剑特性也越发凸显，其在带来巨大便利的同时，也伴随着潜在的风险与挑战。技术评估产生于20世纪60年代，是一种用于评估新技术的潜在社会、经济、环境、伦理和政治影响的系统方法，旨在为政策制定者提供决策依据。技术评估在推动科技进步与社会发展中占据着举足轻重的地位，它不仅是连接技术创新与实际应用的关键桥梁，也是确保技术发展健康、可持续的重要保障。技术评估能够深入剖析技术的内在特性、潜在价值以及可能带来的社会影响，帮助决策者识别出真正具有创新性和实用性的技术，避免资源浪费和技术滥用。同时，技术评估还能预警技术可能引发的潜在风险，如环境污染、数据泄露等，从而及时采取措施加以防范。此外，技术评估还有助于提升公众对技术的认知与信任，通过普及与宣传，帮助公众更加理性地看待技术发展，增强对新技术的接受度和信任感，为社会的和谐稳定奠定坚实基础。

本教材参考了国内外相关教材，经过集体讨论，形成目前的内容结构，包括绪论、技术评估基础、技术评估理论、技术评估内容与方法、技术成熟度评价、技术评估实践六部分。第一章为绪论，介绍了技术评估的由来与发展、国内外理论研究动态、实践动态和思想流派。第二章介绍技术评估基础知识，包括技术的内涵和分类、技术评估的概念、对象与目的、原则和过程，以及类别。第三章介绍技术评估理论与演变进程，重点讲述了传统技术评估理论与现代技术评估理论。第四章为技术评估内容与方法，主要介绍传统方法与创新方法。第五章为技术成熟度评价，包括技术成熟的概念、评价方法、指标、流程和应用案例。第六章为技术评估实践，介绍了不同国家的实践经验，以及我国的实践情况、面临的挑战与未来展望。希望通过本教材的学习，对技术评估形成全面系统的认知，促进对科学和技术方面的意见形成，从而更好地理解、运用技术评估方法。

在本教材即将付梓之际，我们满怀感激之情，向所有为本教材的编写、审阅、编辑及出版付出辛勤努力和宝贵时间的同仁、专家、学者以及工作人员致以最诚挚的谢意。同时，感谢出版社的编辑团队，他们的精心策划与细致打磨，让本教材得以顺利面世，并以更加完美的形式呈现给读者。本教材编撰过程中，我们借鉴了业内优秀教材、专著和资料，在此一并表示感谢。此外，北京工业大学的研究生马翊翔、王懿颖、牛丽娜、武宇铎、李萍等从事了大量的资料收集和整理、内容撰写、书稿校对等工作，没有他们的努力，这本教材今天也无法与读者见面。

本教材旨在为广泛的读者群体提供全面而深入的学习资源。无论是科技研发人员、项目管理人员，还是政策制定者、风险投资家，或是对技术评估感兴趣的学者与学生，都能从中获得宝贵的理论与实践指导。

鉴于时间和编者水平有限，书中不当之处在所难免，在此诚挚地希望读者和同行不吝赐教。

目　　录

第一章

绪　论

技术评估的概念起源于 20 世纪 60 年代的美国，经过半个多世纪的发展，技术评估逐渐发展成为一种涵盖自然科学、社会科学、人文科学等多个学科的研究，被广泛应用于新兴技术、能源、环境等评估。通过本章的学习，旨在让学生系统了解技术评估的由来与发展，全面掌握技术评估的国内外动态，深入理解技术评估的本质。

第一节　技术评估的由来与发展

一、技术评估的由来

20 世纪是科学技术发展突飞猛进的世纪，人类在 20 世纪所取得的科技成就和创造的物质财富超过了以往任何一个时期（王渝生，1999）。然而，技术在给人类社会带来巨大便利的同时，其负面影响也不断增加，如人们利用核聚变技术进行高效发电，却遭遇了像切尔诺贝利核电站事故那样导致大范围污染和重大人员伤亡的可怕灾难（胡遵素，1994）。20 世纪 60 年代，资源、环境、人口等问题凸显，使技术的两面性成为人们关注的焦点，基于技术的"双刃剑"效应，社会学家、管理学家和经济学家等研究工作者开始探究技术带来的深远影响，技术评估由此产生。

技术评估的主要目的是向决策者提供有关政策选择的信息，如技术传播、技术转让和技术在社会中的作用等。现代技术评估发端于 20 世纪 50 年代开始盛行的技术预测（technological forecasting）——预测技术发展的趋势，帮助大公司或政府机构制订技术投资计划。但是，任何预测都是基于科学、技术、经济与社会等一系列假设条件进行的。20 世纪 60 年代末以来，随着社会生活等各个领域变得越来越复杂，研究人员逐渐意识到传统的技术预测方法已经很难适应这种瞬息万变的社会环境（王瑞祥、穆荣平，2003）日益严重的环境污染、地球资源消耗、核武器以及耗资巨大的超音速交通等引发了社会对技术的广泛质疑（张九庆，2020）。美国前议员 E. 戴达利在 1966 年美国国会的一份报告中最早提出技术评估。事实上，戴达利提出要建立一个技术评估委员会来进行技术评估，即"提供一种识别、评估、宣传和处理应用研究和技术的影响和影响的方法"（Daddario，1967）。为了实现技术评估，美国众议院科学、研究与发展委员会于 1972 年设立了美国国会技术评估办公室（Banta，2009）。其后，在美国的影响下，联合国经济合作发展组织、欧洲共同体和经互会等一些国际性组织，以及日本、瑞典等国家也开展了技术评估相关研究。

技术评估提出后，技术评估的概念在实践中不断完善。早期的技术评估以政策工具的形式出现，因此，人们认为它应当保持中立，不应存在自身的立场。然而，人们在后续的实践中发现，政策制定者自身的价值干涉在这种类型的技术评估中难以避免，对技术未来发展趋势的预测也难以做到真正的客观。20 世纪 80 年代后，人们逐渐将技术评估视为一种用来管理技术的战略工具，可能受技术影响的不同社会群体开始加入技术管理的讨论，技术评估这一活动逐渐从政治驱动转变成利益相关者驱动（邢怀滨，2002）。

我国自改革开放以来就十分重视科技评估活动。20 世纪 80 年代中期，我国开始出现技术评估相关的研究文献。在操作层面上，1997 年，经科技部批准，我国成立了国家科技评估中心，开展了一系列针对具体项目或技术的分析模型与方法的研究（王黎，2009）。2019 年颁布的《中华人民共和国环境影响评价法》提出，要"对规划和建设项目实施后可能造成的环境影响进行分析、预测和评估，提出预防或者减轻不良环境影响的对策和措施，进行跟踪监测的方法与制度"，从立法层面强调了环境影响评估的重要性①。自2020年习近平在第七十五届联合国大会提出"双碳"目标以来，理论界对新兴技术环境效应评估的研究越发高涨，我国学界已经从农业、建筑业等多个领域展开研究。2021年发布的"十四五"规划也提出要"建立健全生物技术研究开发风险评估机制"，更是说明了技术评估的思想已经渗透于各个领域②。

目前，技术评估已经成为一种用于评估新技术的潜在社会、经济、环境、伦理和政治影响的系统方法，它不仅关注技术本身，还关注技术背景下的社会和环境问题，旨在为政策制定者提供决策依据。

二、技术评估发展历程

根据乔治·库克等（Kuk et al.，2023）的研究，从技术评估发展的总体历程来看，可以将技术评估划分为三个发展阶段。

（一）20世纪60年代至70年代，技术评估被视为一项政策工具

这一阶段的技术评估借鉴了科学和工程方面的专业知识，旨在为社会和组织提供咨询和预防建议，在科学和政治之间建立了连接，却也存在自身的局限性，如评估专家在进行评估活动之前就因为政治需要存在一定的立场，他们做出的评估也难以具备设想中的中立性和公平性。在某种意义上，依赖专家进行评估意味着一项技术能否被运用以及如何被运用的决定权掌握在少数人手中。此外，专家为了避免受到法律制裁和经济惩罚，可能会采用更有利于他们的评估方法，而非更规范的评估方法。要想采取更规范的评估方法，就需要扩大协商范围，让更多利益相关者参与到这一过程当中。

① 中华人民共和国环境影响评价法，https：//www.mee.gov.cn/ywgz/fgbz/fl/201901/t20190111_689247.shtml.
② 中华人民共和国国民经济和社会发展第十四个五年规划和2035年远景目标纲要，https：//www.gov.cn/xinwen/2021-03/13/content_5592681.htm.

（二）1980 年至 20 世纪，技术评估被视为一个审议过程

这一阶段的技术评估增强了评估的包容性，参与评估的人员既有行业专家，也有社会公众人员。促使各界人员共同评估使评估结果具有综合性，旧有的参与问题似乎得到了解决，但实际上采用审议的评估方法往往会低估政治因素在技术评估过程中的影响力（Delvenne，2017），而审议过程的包容性本身也面临种种挑战，如某些商业组织会抵制共享专有知识和信息，造成了高水平的差异和信息的不对称性（Stilgoe et al.，2013）。

（三）20 世纪末开始，技术评估被视为一个问题集合

这一阶段的技术评估同时具备整体性和局部性。整体性指的是技术评估活动涉及多种不同的部门，而不同部门的人员所处的体制、基本情况和看待技术的视角不同，他们彼此交流，相互借鉴，共同进行技术评估。局部性指的是问题集合往往由若干问题组成，碎片化的本质使其难以被全部评估参与者共同认可。相比前两个阶段，这一阶段不再一味追求降低风险，更多的是在所有参与者的共同努力下建立对所需技术未来的共同愿景（Levy and Spicer，2013）。

在这些研究的基础上，我们总结了 21 世纪以来技术评估的特征。21 世纪以后的技术评估可以被视为一个被普遍运用的研究工具，技术评估的思想和方法存在于各个领域，技术评估随着学科深入而发展为细分领域的技术评估，如卫生技术评估（HTA）等，技术评估活动也不再局限于专业的技术评估机构，更多的研究机构和研究人员开始探究技术给人类社会带来的除经济效益以外的其他影响（李世华等，2022）。

三、技术评估思想流派

总的来看，技术评估思想流派可以分为三种：功利主义技术评估思想、民主程序化技术评估思想和格伦瓦尔德的技术评估思想（王黎，2009）。通过学习这三种流派，可以了解技术评估背后的思想及其发展历程。

（一）功利主义技术评估思想

1. 功利主义的内涵

功利主义（utilitarianism），又称为功用主义、功利论。功利主义思想的主要哲学家有约翰·斯图亚特·密尔（John Stuart Mill）、杰瑞米·边沁（Jeremy Bentham）等。功利主义认为，人应该做出能"达到最大善"的行为，所谓最大善的计算则是依靠此行为所涉及的每个个体之苦乐感觉的总和，其中每个个体都被视为具有相同分量，且快乐与痛苦是能够换算的，痛苦仅是"负的快乐"。不同于一般的伦理学说，功利主义不考虑一个人行为的动机与手段，仅考虑一个行为的结果对最大快乐值的影响。能增加最大快乐值的即是善，反之即为恶。边沁和密尔都认为，人类的行为完全以快乐和痛苦为动机。密尔认为，人类行为的唯一目的是求得幸福，所以对幸福的促进就成为判断人的一切行为的标准。

功利主义是以行为的目的和效果衡量行为价值的伦理学中最有影响力的学说之一。这些学说认为，行为和实践的正确与错误只取决于这些行为和实践对受其影响的全体当事人的普遍利益所产生的结果。功利主义的基本主张是，社会政策应当保护社会上所有人的利益，而不只是上层阶级的利益；当不同人的利益发生冲突时，应当选择能够促进最大多数人利益的做法；社会方案必须根据它在促进社会福利方面的效果来进行评判，大力支持那些能够带来社会福利的方案。这同时也对观察方案实际效用的方式提出了更高的要求，需要仔细考察一个方案或一项举措是否有效促进了社会利益。

功利主义也有其自身的局限，它强调人的行为导致的结果，而忽略了行为的动机。功利主义中的"最大多数人的最大幸福"原则不能确定善的大小和范围，但为了达到这样的结果，反而容易导致不公，因为人的立场不同，对自己利益的看法也不同。最大多数人普遍认为，能产生最大价值的行为也可能导致对少数人不公正的伤害。

2. 功利主义技术评估思想的概念

当功利主义的原则和基本主张与科学技术评估活动相结合，就出现了功利主义技术评估思想。功利主义思想和科学技术活动之间存在密切的联系，因为追求利益仍然是现代社会，特别是资本主义社会人们行为的基本动机，功利主义为市场经济中的市场主体追求利益提供了理论支持，而现代市场主体追求利益的最为关键的手段就是高科技活动，所以对科技活动进行功利主义技术评估无疑符合人们的期望。

在现代市场经济条件下，西方社会面临着诸如环境污染、人口老龄化、资源短缺、失业等问题，这些问题在很大程度上和人们的科学技术活动相关联，有些问题甚至是由科技行为引发的。因此，人们在面临科技行为选择的同时，也面临着道德和价值的抉择。然而，事实上，功利主义技术评估的最终着眼点是结果，最终目的是使技术使用效果达到最佳，相比之下，技术评估的过程和途径不那么重要，更有甚者，会为了达到目的不择手段。

3. 罗波尔的技术思想

功利主义技术评估思想的重要代表人物罗波尔（G. Ropohl）在 1978 年发表了《技术系统论——一般技术论基础》，指出以往的技术哲学从不同的观察视角出发，将关注的重点投向技术的自然属性或人文属性和社会属性。为了克服这种片面性，罗波尔提出应该建立一个跨学科的系统理论，将技术的"物质系统"与技术生成和技术应用的"社会—技术系统"相结合，使之构成一个系统性的关系。

罗波尔认为有三个观察系统的视角，分别是功能视角、结构视角和等级视角。技术活动系统模式来源于它的系统观察的功能视角，具体的流程是系统输入到系统状态，再到系统输出。他将利用技术进行的生产、产品的消费和后续的处理都纳入了技术的范畴，并将技术与经济和政治关联起来。在此基础上，他进一步分析了系统观察的结构视角和等级视角。结构视角可以概括为系统—组成部分—相互关系。罗波尔从这个视角来分析具体的行为系统，认为行为系统包含目的系统、信息系统和实施系统三个子系统。从等级视角来看，又可以将行为系统细分为个人系统（如自然的人）、社会中间系统（如社会上的企业）、社会宏观系统（如国家）。

罗波尔的技术伦理学首先从对技术概念的反思开始。他对技术的描述是：技术包含了所有的以实用为指向的、人工的对象化的物品（人工产品或实物系统）；产生客观物质系统的人的活动和设施的总和；使用这一客观物质系统的人的行为的总和。根据他的定义，技术活动指的是那些与生产和使用人工制造的物品相关的活动。

因而，技术活动本质上是一种社会行为，一种生产和生活方式，罗波尔称之为制作的行为或生产的实践。在此基础上，罗波尔总结出了技术活动的特性：（1）技术活动具有中间性。技术活动是一种媒介行为。技术活动首先制造一个物品，然后通过这一物品来实现它的最终行为目的。技术生产行为可以被视为实现目的的中间环节，技术生产行为的结果就是应用新技术。（2）技术活动具有分工性。根据技术的不同功能和环节，技术活动不可能全部由一个人来完成，而是由多个人共同分工合作完成的，这是从流程的纵向视角来看待技术的方式。（3）技术活动具有团体性。从横向的角度来看，使用一项技术来完成某项任务往往也是由多个个体和团队共同行动完成的。（4）技术活动具有经济性。技术系统不可避免地与社会系统相关联，因此，技术和经济之间也必然存在联系。技术形态表现为技术产品或系统的物质形态，工程师服务于企业，企业则以市场为导向，技术最终还是要遵循市场规律。技术活动中也存在着"囚徒困境"，技术活动中的分工和集体行为受到"囚徒困境"的制约。在社会—技术系统中，技术活动是需要分工合作的集体活动，但是每个独立的技术主体各自都会采取有利于自身在技术上获得竞争优势的个体行为，结果导致与集体活动相悖的非合作后果。特别是当技术活动作为一种经济活动时，"囚徒困境"尤为明显。

正如不是所有的事情都被允许做一样，不是所有能够实现的以及具备经济价值的技术都允许被发展和使用。这就是对技术进行的伦理评估。技术伦理评估需要一定的价值标准，而这个标准的制定离不开技术可能造成的后果。由于注重后果，需要权衡利弊和规范理论，技术评估和技术伦理从一开始就和功利主义紧密联系在一起。罗波尔认为，技术后果的形式有以下四种：（1）决定性的后果。这种后果已经在技术系统中有所预设，人们会预先制定对策来应对，只有当技术系统出现故障或受到人为损害时才会出现意想不到的后果。（2）随机性的后果。人们对这些后果有所预料，但这些后果出现的概率很低。（3）累积性的和协同性的后果。这类型的后果往往是微小的单一行为日积月累而产生的严重后果，经历从量变到质变的过程。（4）无法预知的后果，是由于知识和经验限制而尚未预知的后果。这种类型的后果无论是其类型还是概率，都不可预见（王国豫等，2007）。

4. 功利主义技术评估的合理性

功利主义技术评估确信科学技术的进步关乎人类的利益和幸福。相比17世纪的极端利己主义，功利主义技术评估扩大了技术评估思想的范围，将功利主义的技术评估原则与人的经济利益联系起来。功利主义技术评估认为，技术评估活动是涉及各种社会关系和众多社会利益的一种活动，而不仅仅对技术和技术行为进行评估。正因如此，功利主义技术评估强调在追求个人利益的基础上实现以科技活动为中心所辐射到的最大多数人的最大幸福，也就是实现社会利益或福利。功利主义技术评估思想的合理性在于：（1）功利主义技术评估思想强调以技术行动的功利效果作为技术行动的价值评价的唯一标准。技术的功利原则注重行为的实际效果，基于功利的思想进行技术评估活动可以帮助企业判断现有技术的优劣，因为企业总是追求更高的市场占有率、更大的经济价值和更高的效率。（2）功利主义技术评估强调追求自身利益的正当性和合理性，它可以提高个体投身生产的积极性和创造性。功利主义肯定个人利益和需求的合理性，并承认个人独立、个性自由、个人成功和个人幸福等个人价值的合理性。（3）功利主义想要实现"最大多数人的最大幸福"，基于这样的原则进行的技术评估可以在一定程度上应对社会上的不道德问题和贫富悬殊问题。它使技术评估将目光投向大众，考虑一项技术对大多数人的影响，能给大多数人带来利益，避免让科技发展的成果只为富人服务。

5. 功利主义技术评估的局限性

功利主义技术评估也有其自身的局限性，主要体现在四个方面。

（1）由于功利主义从个人的角度出发，功利主义的技术评估强调在追求个人利益的基础上实现以科技活动为中心所辐射到的最大多数人的最大幸福。然而，事实上，人与人之间、阶级之间、团体之间的利益总是存在矛盾，坚持这种主张不可能解决由科学技术活动所引发的利益冲突。

（2）这种思想认为社会利益由人的利益组成，实现社会利益的前提是实现人的利益。也就是说，功利主义技术评估思想认为，当个人利益和社会利益发生冲突时，应当牺牲社会利益，保全个人利益。

（3）功利主义技术评估关心的是如何取得最大幸福，但所谓"最大幸福"并不意味着所有人的幸福，而与取得幸福同样重要的是如何对由科技发展带来的社会福利进行合理分配。功利主义技术评估没有就这个方面提出科学合理的解答。如果做不到科技发展成果真正由社会上的所有人共同享有，就很难称得上公平公正。只有科学而合理地回答分配的问题，才能真正解决公正和功利的矛盾。

（4）功利主义技术评估将理论建立在抽象人性论和个人私利的基础之上，这是脆弱而狭隘的。因为该理论没有看到技术同样具有社会性、历史性和多样性。功利主义技术评估理论将人性论视为科技追求利益的唯一动力。然而，人处于社会之中，就要与其他人产生联系，人的本质是一切社会关系的总和，社会关系规定了人的本质，人也创造了社会关系。科学技术发展和人性、人的本质相关，它是完善人性、实现人的自由和全面发展的工具。同时，科学技术发展是在社会历史进程中完成的，仅从抽象的人性和个人私利的角度来评价社会进步是远远不够的。

6. 功利主义技术评估思想的意义

在技术评估的早期和全盛时期，功利主义技术评估一直占据主导地位。功利主义技术评估存在一定的借鉴意义，主要体现在以下几个方面：首先，功利主义技术评估思想坚持效果论。如果在技术评估问题上坚持动机论，意味着不以行为的后果而以行为的动机来进行技术评估，这样做容易失去技术评估的标准。其次，功利主义技术评估从效果论的角度出发，可以使科技活动的目标明确，有利于实现经济、社会的快速发展，有利于企业业绩提高。最后，功利主义技术评估在追求技术主体自身利益和价值最大化的同时，也在将技术可能带来的利益扩大到社会上的其他群体，使受益群体扩大化，将科技发展带来的成果尽可能地推广到群体、组织，乃至整个社会。

> ☞ **延伸阅读** ☜
>
> 　　囚徒困境（Prisoner's Dilemma）是博弈论的非零和博弈中具有代表性的例子，反映个人最佳选择并非团体最佳选择。或者说，在一个群体中，个人做出的理性选择却往往会导致集体的非理性。虽然困境本身只属模型性质，但现实中的价格竞争、环境保护等方面也会频繁出现类似情况。
>
> 　　1950 年美国的梅里尔·弗勒德（Merrill Flood）和梅尔文·德雷希尔（Melvin Dresher）拟定出相关困境的理论，后来由艾伯特·塔克（Albert Tucker）以囚徒方式阐述，并命名为囚徒困境。囚徒困境假设两个共谋犯罪的人被关进监狱，不能互相沟通。如果两个人都不揭发对方，则由于证据不确定，每个人都坐牢一年；若一人揭发，而另一人沉默，则揭发者因为立功而立即获释，沉默者因不合作而入狱十年；若互相揭发，则因证据确凿，二人都入狱八年。由于囚徒无法信任对方，因此倾向于互相揭发，而不是同守沉默，导致二人同时入狱八年，最终导致纳什均衡仅落在非合作点上。

（二）民主程序化技术评估思想

相对而言，功利主义技术评估更注重结果，力图使技术评估各方面的目的和绩效达到最好，但轻视过程，这样的思想在日渐民主的社会中越来越不合时宜，于是诞生了民主程序化技术评估思想。

1. 民主程序化技术评估思想的概念

民主的程序主义技术评估是建立在哈贝马斯的程序主义的民主模式基础之上的，在技术评估的历史进程当中具有很大的进步意义。哈贝马斯的民主的程序模式是一种以交往为前提、以话语为核心内涵的民主模式，强调交往过程的民主性，认为民主是一种程序。哈贝马斯认为，民主的模式大致可以分为三种，分别是自由主义民主、共和主义民主和程序主义民主，其中程序主义民主对技术评估思想有很大的影响。技术从产生到实施，到稳定运行，再到推广是一个过程。其中，种种环节都可以进行技术评估，应在技术评估的活动中加入民主的思想，使评估过程民主化。可见，民主程序化技术评估中的民主不是一般意义上的民主，而是一种行为方式，是程序上的民主，具体的表现形式可以是在进行技术评估时，让可能受到技术影响的利益相关者共同参与评估过程。

民主程序化技术评估是托马斯·吉尔所言的民主式技术评估。他认为，技术评估不必过分苛求结果，技术评估活动的社会价值充分体现在其民主听证、评议、审核的程序上。他指出，技术行动的结果固然重要，但不应该为了结果而忽视过程，有时评估中的决策、评议和审核等过程也十分关键，其重要性甚至凌驾于结果之上，因为结果是经历若干过程之后达成的目标。这种新的民主式的技术评估的核心内容就是，在进行技术评估的时候，让评估人员和受技术影响的群体之间进行更多的交流和互动。这个群体的构成多样，有技术专家、政策制定者、科技工作者、公众等。具体而言，其形式可以是多方面参考专家的意见，辅助政府制定技术使用规范，让科技工作者论证技术的合理性，听取公众的诉求等。以上种种都可以作为技术评估活动的参考。另外，在民主式技术评估的过程中，应当逐渐把交流行为透明化、法治化、制度化和程序化，使这一过程更加公正公开，更具有说服力和实践性，并保障民主技术评估活动的实施环境。

2. 民主程序化技术评估的步骤

民主程序化技术评估大致有四个步骤。

第一步，技术评估目标和实践的可能性分析。在这一过程中需要秉持民主的思想，即尽可能周全地考虑技术评估主客体相关因素，包括作为主体的评估人员，也包括作为客体的各个利益相关者，以及经济指标、社会效益、环境影响等，围绕技术目标和实践进行交流对话、权衡利弊。

第二步，制定评估程序和规范。为了评估问题得到妥善处理，有针对性的评估程序可以帮助评估者更好地进行评估。与功利主义技术评估不同的是，民主的技术评估进程更需要制度化和规范化的体制保障，甚至需要制定和颁布法律进行约束和规范。

第三步，制定技术方案并制定决策。这一步骤需要体现前两步中民主的意向和程序，决策的结果要体现各方的利益诉求。

第四步，技术活动的监管和评估。在技术活动过程中进行监管以确保技术活动符合预期，在达成阶段性成果之后进行阶段性技术评估，在此过程中，积极听取来自技术人员、消费者、利益相关者等的反馈，监控技术发展对经济、社会、环境的影响，调整技术方案和技术活动，确保技术活动更加完善合理。

3. 民主程序化技术评估思想的优点

民主程序化技术评估重视评估过程，这种思想试图将评估过程制度化和规范化，通过科学合理的评估流程得出科学合理的评估结果。民主程序化技术评估思想的优点主要体现在其具有民主性、规范性和精确性。

（1）民主性。民主程序化技术评估认为，好的评估结果是民主评估程序的必然结果，技术评估程序是民主的载体，当技术评估程序建立和完善之后，才能达到民主。这样民主的程序使以前无法参与技术评估活动的群体有机会维护其自身利益。

（2）规范性。民主程序技术评估可以使技术评估活动更加制度化和规范化，而这些制度和规范对建立技术监管体系会有启发作用。

（3）精确性。民主程序化技术评估的发展可以使技术评估活动更加量化和精确化，进而通过建立各项准则来减少评估活动的随机性，使技术创新处于正确的监管之下。

4. 民主程序化技术评估思想的缺点

（1）在确定评估目标和分析实践可行性时，由于要尽可能考虑主客体相关因素，所以要进行大量的先期调查，这一过程会消耗大量时间，有可能使技术错过推广和发展的最佳时间点。

（2）建立民主的程序需要有完善的规章制度，而合理的评估制度需要充足的实践和案例研究来论证，好的制度应当是有弹性的，允许技术评估程序有一定的自由度，而把握规范和自由度之间的平衡也需要长时间的验证。在这个过程中，由于规章制度的不成熟，技术评估的标准可能出现混乱，有可能对技术、人员、社会、经济和环境等造成不利影响。可见，民主程序化技术评估的程序的建立需要长时间的探索。

（三）格伦瓦尔德的技术评估思想

格伦瓦尔德（Armin Grunwald）是德国哲学家，1960 年生于德国索斯特，1983 年获得德国大学理学硕士学位，1987 年获得科隆大学博士学位，1987～1991 年任科隆单位系统研究实验室的负责人，1991～1995 年是德国航空航天中心分析部成员，后来又在马尔堡大学继续修读了哲学专业，并于1999 年 10 月成为技术评估研究所的负责人，自 2002 年起担任德国技术评估办公室主任。格伦瓦尔德的技术评估思想来自其早年在航空航天中心分析部的工作经验。2002 年以来，他发表了很多技术评估方面的文章和著作（丁潇意，2016）。

1. 格伦瓦尔德技术评估思想的理论前提

格伦瓦尔德认为，技术伦理学问题都源于风险，技术评估的规范性和伦理学之间存在紧密联系，技术评估在技术风险伦理中扮演了关键角色。他指出，准确判断出技术风险伦理的特征，并把握它对技术决策的影响，才能更好地进行技术评估活动。这里的风险不等同于危险，因为风险包含着机遇，具备活力并含有创新的观念。技术伦理学问题都源于风险，技术评估要预期将要发生的风险。技术风险受到多种社会因素的影响，包括经济、政治和文化等因素，这些因素的共同作用使技术伦理学在应用于实践时必须具备跨学科和应用性的属性。

首先，技术风险存在人为性。技术在为人类带来进步的同时，也带来了风险，这些风险可以说是"人造风险"，源于科学与技术的"未受限"的推进。

其次，技术风险存在不确定性。技术风险发生的时间和原因都具受随机性和突发性等因素的影响，这些因素导致难以系统地找出风险所在。

再次，格伦瓦尔德认为，虽然社会普遍呼吁技术伦理学，但是它不能指出未来社会发展的方向，社会未来发展方向只能由社会自身来决定，伦理学只能提供方法论。在这种方法论的指导下，人们可以更清晰地认识技术的本质，从而寻找创新方向。

最后，格伦瓦尔德认为，技术伦理学的思考不能代替政策，单独依靠技术伦理学，无法解决技术发展所造成的社会冲突。再加上当今技术的应用不再局限于一个地区，而是扩展至整个国家，乃至全世界，因此，将科学技术、政治、道德文化等方面系统结合，才能更好地应对社会冲突，这体现了技术风险的复杂性。

2. 格伦瓦尔德技术评估思想的特点

格伦瓦尔德的技术评估思想认为，技术评估不仅仅是一种理论的阐述过程，需要通过必要的技术调查、技术研究、技术试验等一系列方式来证明技术是否可行。因此，技术评估是一种系统的、跨学科的、指导未来行动的研究活动，并具有以下特点：第一，技术评估具有预测性。它是面对未来的研究，其目的是能够做出正确的并有利于人类发展的决策，修正技术内容并防止或解决公害技术。第二，技术评估具有跨学科性，涉及范围较广，其包含对科学技术客观评价的思想体系，并具有政策相关性和未来性的特征。自然科学、预测科学、政策分析相交叉而形成技术评估，与其他学科不同，技术评估具有自己的科学范式。第三，技术评估也是一门政策科学。技术评估能够为科学技术政策和社会公共政策提供决策基础，技术评估的政策分析的目的就是有效地控制科学技术发展过程。

此外，他在强调人们需要规范性的技术评估的同时，也提出要对技术评估进行改革，尤其是在技术评估的选择问题上的改革。他还区分了道德和伦理之间的关系，提出了道德反思的重要性。

3. 格伦瓦尔德技术评估思想的内容

（1）技术评估的基本动力。技术评估的基本动力来源于社会风险的前瞻性分析和必要的机会管理程序所需要的预防原则。格伦瓦尔德深入系统地对技术评估驱动力展开论述与探讨，并以此作为其理论研究的出发点。他认为，技术带给人类的不仅是福祉，还有灾难。在明确这一点之后，就必然要求我们对新技术要具有前瞻性的分析。他还认为，加强科学工作者的技术伦理意识，提高他们的参与度与责任感，是技术评估活动得以顺利展开的必要条件。

（2）格伦瓦尔德的技术评估理论认为，技术伦理是技术评估活动的基础。他指出技术伦理学问题都源于风险，技术评估的规范性和伦理学之间存在紧密联系，技术评估在技术风险伦理中扮演了关键的角色。他认为，准确判断出技术风险伦理的特征并把握它对技术决策的影响，才能更好地进行技术评估活动。

（3）技术评估责任创新，即让技术评估能够紧密结合时代发展的特征。格伦瓦尔德从四个层面阐述了技术评估责任创新，包括作为政治决策的技术评估、媒体参与的技术评估、直接塑造技术的技术评估，以及技术评估的创新过程。首先，作为政治决策的技术评估指的是，技术评估活动的目的在于为政策制定者提供建议。其次，媒体参与的技术评估强调公民、消费者和用户等不同社会群体采用不同的方式参与技术评估活动，它可以使技术得到民众的广泛认可。再次，在直接塑造技术的技术评估方面，他认为应该在技术开发过程中增加技术的反思，在工程方面应用建设性技术评估，并通过伦理思考来应对产品和系统的开发。最后，增加技术评估的创新可以解决一些国家面临的经济问题。

4. 格伦瓦尔德技术评估思想的局限性

格伦瓦尔德在技术评估理论上有独到的见解，他的技术评估理论推动了德国技术评估的发展。然而，这一技术评估理论并非没有局限性，其局限性主要体现在信息反馈和沟通两个方面。

（1）缺少信息反馈。格伦瓦尔德虽然指出技术评估活动中技术使用者参与的重要性，但是他并没有提出技术使用者对技术反馈的相关理论。缺少健全的反馈机制可能导致评估者对技术使用者应用新技术时的感受产生错误估计，而建立完善的信息反馈机制可以让评估者实时掌握新技术的动态变化，有助于指导新技术的开发与应用。

（2）忽视了与技术参与者之间的沟通。不同技术参与者之间的沟通会影响技术评估的结果。例如，技术决策者、技术创造者、技术使用者和潜在受众都是技术参与者。技术评估活动是技术决策者采用的活动之一，因此倾听来自其他技术参与者的声音会影响他们做出科学的决策。技术创造者需要将技术的使用方法和预测传达给决策者以确保技术被正确规范，同时也要传达给使用者以确保技术被正确运用。而格伦瓦尔德没有重视各个技术参与者之间沟通平台的建设问题。

第二节　技术评估的发展

一、理论研究发展

技术评估是一个发展较为成熟的研究领域。首先以"SU =（'技术' OR '科技'）AND SU =（'评估' OR '评价' OR '分析'）"为检索表达式，在中国知网（CNKI）中文核心数据库（包含 CSSCI、CSCD 和北大核心）中进行检索，限定论文发表日期为 2023 年之前，检索时间为 2023 年 2 月 5 日，检索结果得到 409 篇与技术评估有关的文献，以"TS =（technolog *）AND TS =（assess * OR analy * OR evaluat *）"为检索表达式，在 WOS 核心数据库（包含 SCI 和 SSCI）中进行检索，检索日期为 2023 年 2 月 5 日，限定文献语种为英语，论文发表日期为 2023 年之前，共得到 724581 篇与技术评估有关的文献（高被引文献 8241 篇）。由于技术评估这一研究领域经过长时间的发展，研究成果十分丰厚，以被引频次对检索到的中英文文献进行排序和筛选，在深入阅读技术评估领域中英文的高被引文献后发现，国内外与技术评估相关的研究主题可分为以下几类：技术风险评估、技术经济评估、技术环境评估、技术社会评估，以及技术预测与机会识别。

（一）技术风险评估

技术风险评估是对新技术的潜在风险进行评估，包括安全、环境、健康和社会风险等，主要关注技术的安全性和社会责任，是技术引入前的重要环节。例如，有学者认为，当前重金属污染监测、管理和治理方面的进展缺乏系统的风险评估标准，并提出应以技术风险评估作为治理技术选择的前提，通过综合考虑污染时间、污染物浓度和性质等因素，确定技术选择和治理方案（Wang et al.，2022）。还有学者基于企业供应链金融数据，评估了基于区块链技术的供应链金融给企业带来的风险，以帮助企业更有效、更安全地使用区块链技术进行供应链金融活动（Meng，2022）。松村等（Matsumura et al.，2020）提出了信息技术（IT）服务风险评估模型，该模型基于资产与IT服务之间关系的强度来分析和评估IT服务的风险，并对其风险评估精度进行了验证，发现其精度优于传统方法。詹雄等（2019）研究了智能电网安全风险评估方法，提出了基于模糊层次分析法的国家电网边缘计算信息系统安全风险评估方法，可以综合考虑智能电网的设备层、数据层、网络层、应用层和管理层等多个方面的因素。姜茸等（2015）用德尔菲法建立云计算技术安全风险评估指标体系，凝练了云计算环境下技术风险的主要因素，并用模糊集与熵权理论对其进行评估，通过实例分析，验证了该方法的可行性、有效性。

（二）技术经济评估

技术经济评估是对技术的经济效益和成本进行评估，包括技术的市场前景、投资回报率、生产成本等。该领域主要关注技术的商业化和市场竞争力，是技术商业化前的重要环节。例如，有学者基于生命周期理论提出了一个综合技术经济评估框架，以系统化的方式评估技术的成本和环境效益，并以东南亚的家用空调行业为例，评估了该行业减排的最优技术路径和减排成本（Li et al.，2021）。有学者采用技术经济分析和生命周期评估来比较不同的煤矿废弃物甲烷回收技术，比较煤矿水同步抽放式甲烷回收（MEWD）和直接甲烷抽提（DME）两种回收技术的甲烷排放动态模式，并评估了它们的综合效益（Liu et al.，2022）。索哈尼等（Sohani et al.，2021）研究了使用侧面镜和太阳追踪技术对不同模式下太阳能蒸馏器性能提升的影响，并对其进行深入的技术和经济评估。吴菲菲等（2012）从新兴技术的内涵出发，分别从新兴技术经济效应的评估内容和评估方法两个方面对新兴技术经济效应进行了阐述，并提出运用"震级法"评估新兴技术经济效应的方法和基本步骤。耿世平等（2022）基于交直流配电网运行的技术、经济、社会等各方面因素构建评估指标体系，并综合使用模糊层次分析法和熵权法、TOPSIS 等方法，对交直流配电网进行技术经济评估。

（三）技术环境评估

技术环境评估是对技术的环境影响进行评估，包括资源消耗、废弃物排放、能源效率等。该领域主要关注技术的环境友好性和可持续性，是技术开发和应用过程中的重要环节。例如，戴尔—安杰洛等（Dell-Angelo et al.，2021）讨论了炼油厂利用再生热反应器将硫化氢和二氧化碳转化为有价值的产品和无害化合物的一种新工艺，并基于主要工艺参数对该技术的环境影响进行了评估。萨拉萨尔等（Salazar et al.，2022）使用生命周期评估方法对厄瓜多尔两个小型污水处理厂进行了评估，主要评估了污水处理过程中从絮凝—凝聚到消毒的不同阶段的环境可持续性，并基于评估结果提出了最优处理方案。奎利亚尔—弗兰卡等（Cuéllar-Franca et al.，2016）对电力和工业中常用的碳捕获、储存和利用技术（CCUS）的全生命周期环境影响进行了评估。此外，还有学者使用机器学习、生命周期评估和经济分析相结合的方法，对生物炭生产的环境和经济影响进行了综合评估，并对使用缓慢热解技术生产生物炭作为负排放技术的可行性进行了分析（Cheng et al.，2020）。周谧等（2023）通过构建纯电动与天然气两种网约车的全生命周期成本及使用阶段环境碳排放的模型，利用全生命周期评估方法，对这两种网约车在经济成本和环境碳排放两个维度进行评估。马艺等（2020）基于生命周期评价方法，对陆上风电场的风机设备生产制造、运输、风电配套设施建设和运营维护等阶段的环境影响进行了量化分析。

（四）技术社会评估

技术社会评估是对技术的社会影响进行评估，包括就业、社会关系、文化和伦理等方面的影响。该领域主要关注技术的社会影响和社会接受度，是技术开发和应用的重要环节。例如，布雷（Brey，2010）探讨了经验转向后的技术哲学，将技术哲学从纯理论层面转向实证研究，探讨了科技与社会之间的相互作用，以及技术与价值观之间的联系。布朗和迈克尔（Brown and Michael，2003）分析了"期望"的概念及其在科技与社会互动中的作用。他们重点关注对"期望"的研究方法、范围和应用，并讨论了如何将"期望"作为研究科技与社会互动的关键概念。格兰和施特（Grin and Schot，2010）研究了可持续发展转型的概念及其在长期转型中的作用，并关注转型过程中的技术因素，探讨如何通过政策、制度和技术的变革来实现可持续发展转型。徐祥运和赵燕楠（2021）指出，无人驾驶技术的应用不仅在伦理上面临"电车难题"，还会造成就业破坏、社会分化、认知冲击和技能退化，并将挑战现有社会规则。国家应及时制定切实可行的科技政策、产业政策、财税政策、伦理原则等，助力无人驾驶汽车产业健康发展；3D 打印技术作为增材制造领域的一种集成性高新技术，其技术应用正在向社会的诸多领域渗透。徐祥运和刘洪佐（2017）在研究中讨论了 3D 打印技术对于传统制造方式的颠覆、对社会带来的影响，以及对于人类思维与认知方式的冲击。

（五）技术预测与机会识别

技术预测与机会识别是指，通过对技术发展趋势和创新方向的研究，提前预测可能出现的技术风险和机遇。该领域主要关注技术的未来发展趋势和方向，为政策制定和决策提供支持和指导。例如，塞奥（Seo，2022）提出了一种基于专利的技术机会识别方法，旨在识别与企业内部能力相符的潜在技术机会，预测技术趋势的变化方向，以帮助企业发现未来可实现的技术机会和改善企业的研发规划能力。有学者提出了一种将主题建模、语义 SAO 分析、机器学习和专家判断相结合的混合方法，以识别新技术的技术主题和潜在的发展机会，并基于太阳能电池有关的专利数据，对该方法的有效性进行了验证（Ma et al.，2021）。有学者基于专利数据中的 IPC 分类号，从技术融合的角度预测空缺技术，通过分析专利数据和确定融合技术来实现识别铁路车辆电动机的技术机会（Cho et al.，2021）。杨恒等（2022）以人工智能领域专利数据为研究对象，利用 LDA 主题模型、Word2vec 词向量模型两种模型，识别出核心专利技术主题，并结合技术演化分析结果与专家评价进行技术预测，发现未来十年人工智能领域的研究热点有语音识别、人脸识别等。黄鲁成等（2022）利用语义挖掘和空间向量模型深入探析了专利主题与技术内涵以识别技术空位，并嵌入更具前瞻性的实时专家网络评论文本进行社会感知分析，有效识别并评估了养老科技潜在新兴技术。

（六）研究述评

技术评估是一个涉及技术、社会、环境等多个方面的跨学科研究领域。其中，技术风险评估、技术经济评估、技术环境评估、技术社会评估，以及技术预测与机会识别是技术评估的主要研究方向。其中，在技术风险评估领域，研究人员主要关注技术开发和使用过程中可能涉及的各种风险和安全问题。在技术经济评估领域，研究人员则主要探讨技术创新和应用所带来的经济影响和效益。而技术环境评估领域的研究则着重于探究技术发展和应用对环境的影响和风险。技术社会评估领域则关注技术与社会互动的复杂性，并探讨技术对社会产生的影响及其可持续性。而技术预测与机会识别则是预测技术发展趋势和机会，以便制定科学的技术规划和发展战略。这些研究领域的发展不仅有助于解决技术应用过程中可能出现的问题和难题，也有助于制定科学的技术发展战略，推动技术进步和社会经济的发展。这些研究领域相互关联，构成了技术评估的综合研究体系，为科技创新和社会发展提供了重要的支持和保障。

二、技术评估的发展趋势

当前全球经济社会发展面临着许多新形势，如数字化转型、全球化、人口结构的变化、环境保护与可持续发展等。新形势下的技术评估需要考虑更多的因素，由此对技术评估提出了新的要求，主要体现在以下几个方面：创新评估、负责任创新、道德技术评估、可持续发展与环境技术评估、面向未来的技术分析等。这些新的要求将在新形势下保证评估结果的准确性和有效性，促进技术的可持续发展和社会进步。

（一）创新评估

全球化市场的竞争压力和硅谷式的技术企业家精神，结合快速的在线研究合作和技术融合，加速了从实验室到市场的产品路径。企业在压缩开发周期的同时，面临着市场窗口期的挑战，必须提高创新能力并尽早发布新产品。然而，在评估新技术可能带来的风险时，往往晚于开发和市场推广的时间，因此提前对创新进行监测和相应的风险评估变得非常必要（Phillips and Oh，2016）。

创新评估（innovation assessment）是对新技术、新产品、新服务、新模式等创新实践进行评估的过程。它旨在评估创新的贡献、优劣、风险、市场潜力、社会影响等，以帮助创新者、政策制定者、投资者等相关利益方做出决策。创新评估可以促进技术进步和社会发展，保护消费者利益和公共安全，促进创新意识和创新能力，促进社会可持续发展，是创新过程中不可或缺的一环。创新评估和技术评估都是评估科技创新的方法，但它们的评估对象和评估内容有所不同。技术评估通常是对成熟技术或正在研究开发中的技术进行评估，包括技术的科学性、技术可行性、技术成本、技术影响等方面的评估。技术评估通常关注的是技术的可行性和可实施性，包括在技术研发过程中对技术进行风险评估、效果评估等。而创新评估则侧重对新产品、新服务、新模式等创新实践进行评估，包括创新的市场潜力、社会影响、贡献度、风险等方面的评估。创新评估在技术评估的基础上，更加关注新技术对社会、环境、经济等方面的影响和意义，注重创新的综合评估和规划。可以说，创新评估是技术评估的补充和延伸，是在科技创新中评估创新价值和社会影响的重要手段。因此，虽然创新评估的概念和方法是在技术评估的基础上发展而来的，但它们的评估对象和评估内容有所区别。

（二）负责任创新

负责任创新（Responsible Research & Innovation，RRI）是近年来获得欧盟委员会支持的一个政策概念。当前，确定了负责任创新的几个关键因素，包括性别、道德、开放获取、参与和科学教育，这些因素已成为欧盟资助项目的主要关注领域。虽然负责任创新很少在国家层面作为一个术语被明确使用，但其许多关键因素在各国的科学政策中发挥着重要作用（Parodi et al.，2022）。负责任创新作为一个新概念的出现，通常伴随着对"重大挑战"的强调，如健康老龄化或可持续性，旨在提高预测性和灵活性，促进治理中的制度反思，整合利益相关者和更广泛的公众，并应对新出现的知识和公共价值观（Van Lente et al.，2017）。

负责任创新是一种新的科技创新管理方法，旨在确保科技创新符合社会、环境和伦理要求，同时保持科技创新的发展动力。它强调在科技创新的全过程中，科研人员、政策制定者、企业和公众等各方都应该积极参与和负起责任。负责任创新和技术评估的目标都是推动科技创新与社会发展的平衡和协调，但它们的角度和方法略有不同。负责任创新强调在科技创新过程中关注全方位的社会、环境和伦理要求，注重创新的可持续性和公众参与；而技术评估更加注重技术的科学性、可行性、风险等方面的评估。因此，负责任创新和技术评估虽然有相似的目标，但是它们是两种不同的方法。负责任创新可以为技术评估提供参考和指导，帮助评估人员更全面、更深入地评估技术创新的社会、环境和伦理影响。同时，技术评估也可以在实际工作中体现负责任创新理念，确保科技创新的风险和不良影响得到及时评估和管理。

（三）道德技术评估

技术的道德意义在技术伦理学研究中至关重要。首先，它强调需要对技术本身进行伦理反思，而不仅仅是对人类如何设计、使用和实施技术进行伦理反思。其次，技术的道德意义意味着伦理反思不能局限于外部评估。它应该伴随着技术的"内部"开发和实施。当技术形成道德框架时，用于评估道德框架的标准受到技术本身的影响，意味着技术评估必须考虑与其所处理的技术相关的标准。此外，道德反思不仅应关注发展技术的可取性，还应关注技术的设计和使用。因此，技术的性质及其评估标准将发生变化，道德标准不能被视为外部标准，也不能独立于它们所评估的内容（Kiran et al.，2015）。

道德技术评估（Ethical Technology Assessment，eTA）是指，在技术评估

的基础上，进一步加入道德考虑的评估方法。它不仅关注技术的科学性、可行性、成本、风险等方面，还注重技术的道德和社会影响，如隐私、公平性、安全、自主性等。通过对这些方面的评估，道德技术评估旨在帮助科技创新更好地服务于社会，并在技术应用中最大限度地保护公众利益。道德技术评估是对技术评估的补充和发展，更加强调技术在社会中的道德和伦理问题。在技术飞速发展的今天，技术本身的发展已经不能单独决定其应用和使用的合理性与合法性，也需要考虑技术在社会中的影响以及可能带来的风险和不良影响。因此，道德技术评估是技术评估的一种新发展，它充分考虑了技术在社会中的伦理和道德问题，并将这些问题纳入评估范畴，以维护公共利益和社会正义。

（四）可持续发展与环境技术评估

1. 可持续发展与技术评估

可持续发展与技术评估有着密切的关系。可持续发展是指，在满足当前需要的前提下，不损害未来世代满足自身需要的能力，即经济、社会、环境三方面的平衡。而技术评估则是通过评估技术的潜在和实际影响，为决策者提供决策支持，帮助实现可持续发展（Shrader-Frechette，2012）。

可持续发展对技术评估提出了新的要求。可持续发展强调在技术评估中要考虑经济、社会和环境三个维度，以确保评估的技术是可持续的。具体而言，包括重视全局性、加强公众参与和强调长期性三个方面的内容。（1）重视全局性：可持续发展要求技术评估考虑环境、经济和社会的全球影响，而不仅仅是本地或区域影响。（2）加强公众参与：可持续发展要求技术评估应该积极鼓励公众参与，以便公众可以理解技术评估的结果，并在决策过程中发表意见和建议。（3）强调长期性：可持续发展要求技术评估应该考虑技术的长期影响，而不仅仅是短期影响，以确保评估的技术对未来的可持续性产生积极的影响。因此，可持续发展对技术评估提出了更高的要求，要求技术评估要更加全面、系统、长远地考虑技术的影响，以确保评估的技术对可持续发展目标的实现具有积极的促进作用。

2. 环境技术评估

环境技术评估是一种评估技术对环境影响的方法，主要用于评估和管理技术对环境的潜在和实际影响。它主要关注技术对环境的影响，如污染、生态系统破坏等，并考虑如何减少这些影响，从而推动可持续发展。环境技术评估可以包括许多方面，如环境影响评价、生命周期评估、碳足迹评估等。通过对技术的影响进行评估，环境技术评估可以帮助政策制定者和技术开发者更好地了解技术对环境的影响，并推动技术发展与环境保护的协调发展。

环境技术评估可以看作是技术评估的一种特殊形式，它将技术的环境影响作为主要评估指标之一。虽然它不是技术评估的全新形式，但在全球环保意识不断提高和环境法规日益完善的背景下，环境技术评估在技术评估中的重要性越来越大，因此是技术评估的一个重要发展方向。

（五）面向未来的技术分析

诺曼·梅勒（Norman Mailer）曾说，今天的科幻小说可能会在明天以报告的形式呈现。他的这一名言表达了科幻小说启发和指导未来技术发展的潜力，而面向未来的技术分析（Future-oriented Technology Analysis，FTA）也具备这样一种潜力。它是指一种面向未来的技术预测和评估方法，通过分析技术发展趋势和应用场景，预测技术未来可能的影响和发展方向，为决策者提供支持。面向未来的技术分析包含了更广泛的技术评估方法和工具，如预见、预测、情景规划等。目前，面向未来的技术分析已得到欧盟委员会的认可，欧盟委员会建立了欧洲战略和政策分析系统，作为预测和分析未来技术趋势的机构（Hasselbalch，2018）。

与技术评估相比，面向未来的技术分析更加注重预测和预防可能的技术影响。面向未来的技术分析对技术评估提出了新的要求（Bechtold et al.，2017），包括：（1）强调未来性：面向未来的技术分析要求技术评估考虑技术的未来发展趋势和可能的影响，以预测和预防技术可能带来的风险和机遇；（2）加强技术前瞻性：面向未来的技术分析要求技术评估具有更强的技术前瞻性和预测能力，能够预测未来技术的发展方向和应用场景；（3）注重多维度分析：面向未来的技术分析要求技术评估不仅要考虑技术的经济和社会影响，还要考虑环境、文化等多个维度的影响，以确保评估的技术是可持续和全面的。因此，面向未来的技术分析对技术评估提出了更高的要求，要求技术评估能够更加全面、前瞻、多维度地考虑技术的影响。面向未来的技术分析作为一种系统的、科学的、非定量的方法，应该强调环境扫描，以更好地了解技术发展的社会、政治和经济环境，并使用多种未来研究方法和工具来提高预测准确性和预测可信度，以确保评估的技术对未来的可持续性和社会福祉产生积极的影响。

第三节　本章小结

技术评估的概念起源于 20 世纪 60 年代的美国，旨在为美国国会和公众提供关于科学和技术问题的中立、可靠的信息和建议，并为制定政策提供参考和支持。通过评估技术应用的短期和长期影响，包括社会、经济、道德和法律后果，技术评估是对新技术进行全面、客观和综合的评估，不仅关注技术本身，还关注技术背景下的社会和环境问题，以确定其可行性、可接受性和可持续性。技术评估已经逐渐发展成为一个国际性的研究领域，其理论和方法不仅应用于新兴技术的评估，也扩展到了其他领域的评估，如能源、环境、卫生、社会政策等。

技术评估自提出以来，经过半个多世纪的发展，取得了丰厚的研究成果，已经成为一种跨学科的研究领域，涵盖了自然科学、社会科学、人文科学等多个学科。通过文献回顾可以发现，技术评估的主要研究方向包括技术风险评估、技术经济评估、技术环境评估、技术社会评估，以及技术预测与机会识别。技术评估是一个跨学科研究领域，涉及技术、社会、环境等多个方面。这些研究领域相互关联，共同构成了技术评估的综合研究体系，不仅有助于解决技术应用过程中可能出现的问题，也有助于制定科学的技术发展战略，推动技术进步和社会发展。同时，在技术评估迅速发展的时代，出现了不同的技术评估思想，如功利主义技术评估思想、民主程序化技术评估思想和格伦尼瓦尔德的技术评估思想，不断促使人们深入理解技术评估的本质。

当前，全球经济社会发展面临数字化转型、全球化、人口结构变化、环境保护与可持续发展等许多新形势，技术评估也面临一些挑战和困境，对目前的技术评估构成了重大挑战。因此，需要考虑更多的因素，需要采用跨学科的方法，结合科技、社会、经济和伦理等因素，积极探索和尝试各种方法和工具，以提高评估的科学性和有效性。由此，也催生了创新评估、负责任创新、道德技术评估、可持续发展与环境技术评估、面向未来的技术分析等新的技术评估方法，这些新的方法将在新形势下保障评估结果的准确性和有效性，促进技术的可持续发展和社会进步。

思考题：

1. 什么是技术评估？技术评估有何作用？
2. 尝试比较中外技术评估动态。
3. 通过学习技术评估思想流派，选择一种谈谈自己的理解。

第二章

技术评估基础

技术评估主要对新技术的开发、使用和扩散在经济、社会、文化、政治、生态、伦理等方面可能产生的影响进行研究和评估，寻求实现社会总体利益的最佳方案。通过本章的学习，旨在掌握技术和技术评估的基本概念，理解它们的内涵与外延，明确技术评估的对象、目标和原则。总结五种技术评估类别，全面认识技术评估的适应性评估过程，为深入学习技术评估奠定基础。

第一节　技术的内涵和分类

一、技术的内涵

技术（technology）作为一个术语，起源于希腊语，是应用于明确目的的科学或知识。技术是一个广泛的概念，涉及工具和工艺的使用和知识，以及如何影响、控制和适应社会和物理环境的能力。技术可以指对人类有用的物质对象，如机器、硬件或器具，也可以包含更广泛的主题，如系统、组织方法和技术。这个术语既可用于一般领域，也可用于特定领域，如建筑技术、健康技术等（Banta，2009）。在 17～18 世纪，技术所表达的是各种生产技能相联系的过程和活动领域。这一时期的"技术"已经从原来的"技能"转到技术方式、技术方法或技术体系。在理论界产生巨大影响的约翰逊·贝克曼（Johon·Beckmen）于 1777 年最早将技术定义为"指导物质生产过程的科学或工艺知识"（苏嘉荣，2022），他对技术的定义和我们今天的技术定义相近。从本质上来说，技术的存在取决于人们的需要，并满足其需要。早期人类创造及使用技术是为了解决基本需求，如今的技术则是为了满足人们更广泛的需求，并需要一个庞大的社会结构来支撑。

目前，学术界对于"技术"一词的定义尚未达成一致。根据孙圣兰（2002）的研究，学者们主要从哲学、社会学和人类学等角度来界定技术。（1）哲学角度：海德格尔、德绍尔、邦格艾斯、H. 贝克、弗里德曼等从形而上学、认识论角度定义技术，试图把握技术的超社会、超历史的本质，即给出技术概念哲学意义上的元理论，虽然具有较大的积极意义，但是太过抽象，缺乏实际效用（雷环捷，2022）。（2）从社会学角度来说，技术是社会中的一个决定性因素。埃吕尔将技术定义为"在一切人类活动领域中通过理性得到的、具有决定有效性的方法的整体"，这类定义虽然强调了技术的社会价值，却忽略了技术本质方面的一些内容（雷环捷，2022）。（3）从人类学的角度来看，技术是一种人来活动。例如，R. E. 麦吉恩认为技术同科学、艺术、宗教、体育等一样，是人类活动的一种形式；而梅森则把技术定义为"人的解放"。从这样的角度看技术会发现，技术的定义既狭窄又宽泛：一方面，技术本身的定义就包含知识和活动的成分；另一方面，用活动来形容技术太过于宽泛，科学、艺术、政治等行为都是人的活动（雷环捷，2022）。

还有学者从其他的角度定义技术，如罗波尔从系统的角度，把技术归类为三个方面：自然技术、人类技术和社会技术；米切姆从功能的角度提出技术的四种方式，分别是作为对象的技术、作为知识的技术、作为过程的技术和作为意志的技术。

实践中，世界知识产权组织（WIPO）在 1977 年发布的《供发展中国家使用的许可证贸易手册》中提出了技术的定义：技术是制造一种产品的系统知识，所采用的一种工艺或提供的一项服务，不论这种知识是否反映在一项发明、一项外形设计、一项新型产品或者一种植物新品种，或者反映在技术情报或技能中，或者反映在专家为设计、安装、开办或维修一个工厂或为管理一个工商业企业或其活动而提供的服务或协助等方面。特别是，当技术应用于商业领域的时候，由于技术具有成本并能增强企业竞争力，政府和法律会给予保护，技术就成为知识产权，这也是国际上关于技术的最为全面和完整的定义。

在我国，技术概念的界定经历了三个发展阶段。（1）传统的技术。技术最早出自《史记·货殖列传》"医方诸食技术之人，焦神极能，为重糈也"，这里的技术指的是医生和方士所必须具备的技艺和方术，也有行业的意思。后人将技术的概念扩展到了"技""机""器""术"及它们的衍生概念。但受限于技术水平，古人对技术内涵和外延的理解并不成体系。（2）近代的技术。受日式译词的"技术"的影响，在我国近代"技术"的含义发生了一定的转变。与传统相比，近代"技术"概念摈弃了方技、术数的内涵，仍然具备技能、技艺的内涵。（3）当下的技术。当下的"技术"逐渐和科学联系起来，科学是技术的理论基础，技术是科学的应用手段和评价标准（雷环捷，2022）。

尽管理论和实践对技术内涵的界定尚未达成一致，但大体上可分为广义的技术和狭义的技术。所谓广义的技术，是指人类改造自然、改造社会和改造人本身的全部活动中所应用的一切手段和方法的总和，即一切有效的手段和方法都是技术。所谓狭义的技术，就是人们通常所说的技术，是技术工作中的基础，是生产技术、工程基础、医疗技术，是针对人与自然关系的技术（孟建伟，2005）。

综上所述，技术的存在取决于人们的需要，并满足其需要。一般而言，技术是人们在遵循自然规律，在长期利用和改造自然的过程中逐步积累起来的知识、经验、技巧和手段，是人类利用自然改造自然的方法、技能和手段的总和。它需要有确定的实践对象，并且形成了较为统一的概念，需要经过系统的学习训练才能掌握，侧重于实用。综合以上说法，本书将技术定义为用于特定目的的科学或知识。另外，本书中的技术不特指某一项技术，再加上技术评估的对象不应局限于特定的技术领域，还应当包含与技术有关的项目、实施等内容。因此，本书中的技术更偏向于广义的技术，既包括技术本身，也包括技术的实施（谭斌昭，2005）；既可以是生产技术，也可以是非生产技术；既可以指物质性的可见技术，也可以指非物质的不可见技术；既可以是硬技术，也可以是软技术（Lindberg，1992）。

二、技术与相关概念的联系和区别

（一）技术与科学的联系和区别

1. 技术与科学的区别

虽然科学和技术常常被一同提及，并简称为科技，但事实上科学和技术之间存在很大的区别。科学（science）源于拉丁文 scientia 一词，原意是指学问和知识。科学的概念和哲学的概念分不开，早期社会科学被认为是哲学的一个分支（Lindberg，1992）。之后，人们在实践中发现了哲学和科学的不同，卡尔·雅斯贝尔斯（Karl Jaspers）在《论历史的起源与目标》中提出了科学和哲学的三条界限：方法论认识，即人们可以借助科学获得知识；令人信服的确定性，即科学中没有绝对的确定性，只有与假设有关的确定性；普遍有效性，指的是科学作为一种"知性"，可以被不同智力、不同国界的人体验领悟，并信服，且保持意见一致（Jaspers，1951；梦海，2007）。有国内学者认为，科学应当是"正确反映自然、社会或思维的知识体系"（倪天成，1987）。相比技术，科学更强调研究和探索，强调知识的发现与创造，其目的在于进一步认识世界。

过去，人们认为科学活动的产物是阐明自然现象的本质、特点和规律，即理论成果；技术创新的产物则是新技术、新工艺、新产品和新办法，即技术成果（张彦，1998）。科学研究和技术创新活动都有其自身的发展轨迹，技术和科学水平在不断提升，但是它们提升的方式存在差异，科学的发展来源于基础研究的积累和突破，技术的发展来源于应用研究水平和开发研究水平的提升（董坤等，2018）。结合前人的研究，表 2-1 列出了科学和技术的区别。

（1）提升方式不同。科学的提升方式通常在于技术研究的积累和突破，而技术更依赖于应用和开发水平的提升。

表 2 - 1 　　　　　　　　　　　技术和科学的不同之处

区别	科学	技术
提升方式	基础研究的积累和突破	应用和开发水平的提高
表现形态	通常表现为知识形态	总是具有一定的物质形态
目的	认识世界	改造世界
衡量标准	注重深度，评价科学成果的标准较为模糊	目的性更强，评价技术的标准更清晰
经济和社会效益	具有不确定性，以及一定的滞后性	更容易衡量，不确定性较低

资料来源：参考颜亮（2005）的研究总结而来。

（2）科学和技术的表现形态不同。科学一般表现为知识形态，科学研究成果往往是理论上的成果；即使技术需要配套的说明和应用体系才能使用，但技术总是具备一定的物质形态。

（3）目的不同。科学的主要目的是认识世界，回答生活中的现象"是什么"，探究它们的本质"是什么"，以及"为什么"的问题；而技术的主要目的是改造世界，解决我们应该"做什么"以及"'怎么做'才能解决问题"的问题。

（4）衡量标准不同。科学研究的探索性更强，自由度更大，更加注重研究的深度，因此更具有不确定性，导致评价科学成果的标准较为模糊；技术创新一般是在现有技术的基础上的创新，或者解决已有的问题，给技术创新设立了一个预先的框架和目标，因此技术创新的目的性更强，评价技术的标准更清晰。

（5）经济和社会效益不同。并非所有的科学成果都能转化成效益，科学探索带来的社会和经济效益具有更高的不确定性。此外，只有将现有的知识应用于某一方面，才能转化成经济或社会效益，因此科学具有一定的滞后性。新的技术带来的经济和社会效益更容易衡量（如核能发电、新能源汽车等），其不确定性较低且更多来源于市场、政策等外在因素，而非技术本身。

2. 技术与科学的联系

恩格斯曾说过，技术在很大程度上依赖于科学的需要，而科学却在更大程度上依赖于技术的状况和需要。社会一旦有技术上的需要，则这种需要就会比十所大学更能把科学推向前进。由此可见，技术和科学之间紧密联系，主要体现在"应用"这一行为上（颜亮，2005）。一方面，科学为技术提供了理论支撑，技术上为了实现某一目标或解决某一问题，需要应用现有的知识作为工具，知识积累是技术开发的基础和前提；另一方面，科学研究的成果经过转化之后才能成为技术，同时技术上的需要会驱动科学为满足这一需要而探索新知识，而技术得到运用之后带来的经济、社会等成果又会为科学发展提供必要的经济基础（如科研经费等）和社会基础（如政策帮扶、科研人员素质提升等）。

（二）技术与工艺的联系和区别

与技术联系密切的另一个术语是工艺。早期的学者对技术和工艺之间差别的认识较为模糊，认为工艺和技术在本质上是相同的，它们之间只是名称不同，应用场合不同。后来，苏联学者舍梅涅夫提出技术知识分为设计知识和工艺知识，但是他认为在设计知识和工艺知识之间划分界限是一件困难的事情。国内学者远德玉、陈昌曙在《论技术》中指出，技术系统的功能要依靠一定的工艺才能发挥出来。在这一时期，人们通常将工艺视为技术要素或者技术的同义词，虽然意识到了工艺和技术之间存在差别，但没有清晰而系统地说明技术和工艺的联系和差异。

传统的工艺指的是在加工过程中采用的方法，可以根据类别不同划分为热加工、冷加工和装配。后来，有学者认为工艺不应局限于加工过程，工艺的概念被扩展为"使各种原材料、半成品成为产品的方法和过程"（房贵如，1994）。本书根据中国国家标准《机械制造工艺基本术语》（GB/T 4863—2008）中的定义，将工艺定义为"使各种原材料、半成品成为成品的方法和过程"[1]。

现代工艺多见于制造过程中，如机械制造工艺等。随着现代信息科学、材料科学等学科迅猛发展，现代制造工艺正在传统工艺的基础上实现高新技术产业化或传统工艺高新技术化，人们不断追求具有更加优质、高效、低耗

---

[1]　https://openstd.samr.gov.cn/bzgk/gb/newGbInfo?hcno=2E3A0DEBA3FC791DACFBB70AEFDD32D8.

能、清洁等特征的新工艺和新材料，由此产生了一系列数控加工、柔性制造、精密/超精密加工、特种加工、微纳制造、生物制造等新兴工艺（马自勤，2009）。正如《辞海》（第七版）对工艺的描述，工艺是一个"工艺技术过程"，是利用劳动工具改变劳动对象的化学及物理构成，使其变成预期产品的方法和过程[①]。虽然未来会出现新的劳动对象，新兴的信息技术、自动化技术会大幅度改善和重构转变过程，劳动对象会表现出优秀的化学或物理结构，但是现代工艺和传统工艺在本质上并无太大差别。

技术可以理解为是利用科学和知识解决已有问题、满足客户需求的方法、技能和工具的总称。工艺是技术的一个的不可或缺的环节，但同时工艺也反映了技术的运用。工艺在设计和制造之间建立联系，产品从设计变成现实需要经过加工。在产品形成过程中，工艺涉及技术系统的各种要素（物质手段、能力、知识）、各个子系统之间的运作方式（如火力发电厂不仅需要采用物理技术将热能转化成电能，还需要采用某些化学技术提高燃烧效率、降低环境污染），以及时间序列和数量关联（杨丽娟，1994）。

和工艺相关的术语有工艺过程、工艺规程等。工艺过程是改变生产对象的形状、尺寸，以及相对位置或性质等，使其成为成品或半成品的过程。工艺过程体现了科学技术成果的一种物化，也是科学技术是第一生产力的一种具体体现。

工艺规程指的是规定产品或零部件制造工艺过程和操作方法等的工艺文件，是一切有关生产人员都应当严格执行的纪律性文件。此外，它还是进行产品生产准备、生产调度、工人操作和质量检验的依据。

表2-2列出了技术和工艺的概念与联系。

表2-2　　　　　　　　　技术和工艺的概念与联系

项目	技术	工艺
概念	利用科学和知识解决已有问题以及满足客户需求的方法、技能和工具的总称	使各种原材料、半成品成为成品的方法和过程
联系	是利用技术解决问题的环节之一	工艺过程需要利用各种技术

资料来源：根据相关文献整理得到。

[①]　https：//www.cihai.com.cn/baike/detail/72/5370065?q = % E5% B7% A5% E8% 89% BA.

三、技术分类

技术是技术评估的重要对象之一，虽然评估流程的框架具有相似性，但对不同类型的技术仍然应当采取不同的评估方式。技术可从不同角度进行分类。

（一）根据生命周期划分

按照技术生命周期阶段进行分类，可以将技术划分为实用化前技术、研究开发中的技术、投入阶段的技术、实用化技术。

1. 实用化前技术

实用化前技术包含研究开发前或开发初期阶段的技术、投入阶段的技术。对于那些处于开发之前或开发初期阶段的技术来说，技术评估的目的是决定技术是否开始或决定技术研制方向。此时，由于仅包含预先收集到的内容，且还没有经过系统的验证，技术的知识和信息是不充分的，因此无法进行严密的评估。

2. 研究开发中的技术

对于那些研究开发中的技术来说，技术评估的目的在于决定研究开发是否继续进行、终止或是修正方向。技术开发阶段会出现一些实际的问题，这些问题或在预料之中或在预料之外，都为技术接下来的开发提供指引，研发人员需要依据这些信息来检查技术研发方向是否正确。

3. 投入阶段的技术

对于那些投入阶段的技术来说，进行评估的目的是决定是否将新技术引入社会。重点在于考察该技术是否适用于当下社会；如果推广使用该技术，会对社会造成什么影响。此时，技术已经开发完成，技术相关信息是具体明确的，使评估技术的适用性具备了可能，需要对新技术进行全方位的、详细的技术评估。

4. 实用化技术

实用化技术可以分为发展阶段技术、成熟阶段技术。发展阶段的技术已经形成了较为系统的知识体系，技术应用于社会的可行性得到了初步验证，技术逐渐推广和扩散开来。对此阶段的技术进行评估的目的在于发现伴随技术规模扩大和利用形态变化而产生的负面影响，重点在于确定投入阶段的影响，针对不利影响制定对策，即对实用技术的过程进行监视和控制，尽可能早地发现技术的负面影响，在对社会造成危害之前修正技术方案。对于成熟阶段的技术来说，持续关注和评估仍然有必要。技术的实施受到多种因素的影响，在过去适用不意味着在当下和未来也适用，因此要对技术的现实影响及将来波及状况进行详细分析，这就意味着要关注技术应用于新领域的表现情况，同时还要研究影响对策和技术的替代方案。

（二）按照技术类型划分

按照技术类型进行分类，可以将技术划分为生产技术和社会开发技术。

1. 生产技术

生产技术是那些用于进行物质生产的技术。一般而言，产品经历生产、流通、消费到废弃整个过程。生产阶段的技术评估要探究产品生产地的自然环境、社会、人口居民的影响，检查技术在生产现场到生产废弃物过程中发挥的作用，测评生产装置的安全性，对员工劳动环境进行分析，分析资源和能源的使用效率和使用状况。流通阶段的技术评估要对经济系统的影响进行分析，持续关注产品对环境的影响，进行安全性检查。消费阶段的评估涉及对新产品安全性的检查，对环境影响的分析，新产品对心理、精神的影响分析，对行为的影响分析等方面。在废弃阶段，评估的主要内容有对废弃物发生状况的分析，对废弃物对环境影响的分析，对废弃物回收资源的可行性分析。

2. 社会开发技术

社会开发技术对人们生活的影响更为直接和深远。常见的社会开发技术有新市镇建设等。这类技术在事前进行预测的困难较大，因此评估主要发生在计划论证阶段。此外，项目建设阶段会源源不断地反馈信息，这些信息与之前的评估结果相互印证，可帮助项目管理者控制项目发展和修正计划。社会开发技术的发展阶段可以分为政策研究阶段、制订计划阶段、实施计划阶段和运用阶段。其中，在政策研究阶段，分析主要包括相关政策、社会、环境等。

（三）根据技术的发展模式划分

根据不同的发展模式和影响的突发性，可以将技术划分为颠覆性技术和持续性技术。颠覆性技术和持续性技术作为明确的概念，最初均由克里斯坦森和鲍尔于 1995 年提出（Bower and Christensen，1995）。

1. 颠覆性技术

颠覆性技术源于经济学范畴，而后在军事部门和国家科技政策领域引起广泛关注。美国在 1958 年创立的美国国防高级研究计划局将技术突破性、效果颠覆性和研发高风险等理念应用于尖端科技研发，产生和孵化出一系列颠覆性技术。颠覆性技术从一开始便与经济发展、国家战略和科学革命的相关思想相关联，成为一个具有多重视角的复杂概念。后来，克里斯坦森用"颠覆性创新"替代"颠覆性技术"，延伸了其理论的应用范围，内容涵盖技术、服务和商业模式创新（Yu and Hang，2010）。即使颠覆性技术和颠覆性创新在内涵上有所差异，但是后续研究中两者经常同时出现，并没有严格的界限。克里斯坦森等提出的颠覆性技术都是低端的，而明星等（2020）发现低端颠覆难以解释智能手机、固态硬盘等颠覆现象，将颠覆式创新的概念扩展为"导致行业领先企业市场地位更替的新技术"，不再局限于低端和行业内部。

颠覆性技术的颠覆性体现在技术和市场两个方面。一方面，颠覆性技术从既有的技术体系中产生，逐渐走向成熟并最终取代已有技术体系（开庆等，2021）。另一方面，采用颠覆性技术的新产品和新模式变革现有市场（曹阳春等，2022）。除了技术和市场两个层面以外，颠覆性技术还和国家战略相关，可能会影响到国家安全性和军事力量。总而言之，颠覆性技术是一种脱胎于原有技术体系，和国家战略密切相关，发展迅猛并最终会建立新技术体系和价值网络的新生主导技术。由此可见，颠覆性技术带来的冲击是全方位的。

2. 持续性技术

持续性技术是指对正在使用的技术做增量改善的技术。克里斯坦森等（1995）认为评估一项持续性技术的潜力大小对企业来说十分重要。在过去，有条件的企业会定期邀请主流客户，特别是那些对新想法进行实际测试的重要客户来评估创新产品的价值。企业之所以选取这些客户来评估持续性技术，是因为这些客户最为积极地追求更高品质产品，换句话说，他们是最努力推动产品性能提升并使其领先于竞争对手的人。无论是何种持续性技术，它们都是面向主流市场，以稳定速度推进产品性能改进，也就是说，它们在顾客关注的属性方面给予顾客更多或更好的东西。例如，1982～1990 年磁盘驱动器中的薄膜元件逐渐取代了传统的铁氧体磁头和氧化物磁盘，使信息能够更密集地记录在磁盘上。颠覆性技术则立足低端或新市场，以简单、方便为最初特征，随着技术的持续进步，最终取代已有技术。

卡西西等（Kassicieh et al.，2002）从商业角度研究持续性技术和颠覆性技术的差别。他们的研究表明，收入的存在、研究支持的可用性以及潜在市场的存在四个因素是决定公司是否进行技术开发和商业化的重要因素。持续技术公司比颠覆性技术公司更重视新产品和市场，而颠覆性技术公司更加重视研究支持。卢光松（2011）则从技术路线图、市场化、研发路径、市场接受程度、需求预测和基础设施等方面更为详细地说明了持续性技术的颠覆性技术的差别，如表 2-3 所示。

表 2-3　　　　　　　　　　持续性技术和颠覆性技术的差别

差别	持续性技术	颠覆性技术
技术路线图	持续性技术路线图的制定方法已较为完善，其对技术发展趋势的预测一般是基于过去与现在的性能数据以及相关领域的技术数据	几乎没有有关颠覆性技术的历史数据，可供参考的信息也极为有限，时间序列分析或其他趋势外推法无法预测颠覆性、跳跃式的变化
市场化	持续性技术的市场化可以依赖于现有的供应链来实现，一般不需要对现有价值链和利益关系做大的调整	颠覆性技术需要对现有的价值网络进行根本性变动，或需要构建全新的价值网络，其难度和受到的阻力远远高于持续性技术

续表

差别	持续性技术	颠覆性技术
研发路径	研发路径的风险较低	每条研发路径都存在极大的风险，而且不同的路径需要不同的支撑条件
市场接受程度	技术并不要求使用者较大改变自己的消费行为，市场接受较为容易	往往要求使用者从根本上改变自己使用产品或服务的方式，但大多数人不轻易接受改变
需求预测	具有相关的市场数据可供参考	缺乏相关市场数据，必须采取更加灵活、动态的方式来定义、分析和预测市场需求
基础设施	现有的基础设施可以较好地支撑持续性技术发展	支撑其产业化的必要软硬件基础设施较为有限，基础设施具有不确定性

资料来源：卢光松，卢平. 企业颠覆性技术路线图制定研究［J］. 科技进步与对策，2011，28 (11)：81 – 86.

（四）按照作用对象划分

按照作用对象，可将技术划分为软技术和硬技术。软技术指的是那些以人为作用对象的技术，硬技术指的是以除了人以外的事物为作用对象的技术。马庆国等（2005）受到了这一观点的启发，将软技术定义为"是为了某一目的，协调不同操作者（人）之间，以及操作者与工具之间进行共同协作的规则体系"，而硬技术则作用于工具内部、工具与操作对象之间。

张道民（1992）曾在《软科学基础》中将软技术定义为"智能化形态的技术"，将硬技术定义为"物质化形态的技术"。这种观点以技术是否具备物质形态为界限进行划分，具有物质形态的技术就是硬技术，不具有物质形态的技术则是软技术。

技术和科学通常被一起提出，同样地，与软技术相对应的软科学被定义为"一门以社会系统为研究对象的综合性学科，它综合运用自然科学、社会科学、数学和哲学的理论与方法，研究现代各种复杂的社会现象和问题，探讨经济、科学、技术、管理、教育等社会环节之间的内在联系及其发展规律，从而为它们的发展提供最优化的方案和决策"①。有学者认为，软技术的

---

① https：//www.cihai.com.cn/baike/detail/72/5495332?q = % E8% BD% AF% E7% A7% 91% E5% AD% A6.

概念来源于软科学的深化研究，软技术被视为软科学的方法和应用。

软技术曾经被认为是管理技术，与之对应的硬技术则是工程技术。根据这种观点，硬技术指的是新设备、新材料和新工艺，软技术则是用于提高组织管理水平的组织管理手段和方法。也有学者根据作用对象的差异来区分软技术和硬技术。金周英和白英（2009）认为，技术是具备解决问题的潜力或具有创造价值的潜力的知识体系，根据知识来源和操作对象不同，可以划分为硬技术和软技术。硬技术指的是那些知识来自自然科学知识，通过操作物质世界来解决问题的方法或手段；软技术的知识则来源于非自然科学或非传统的科学知识，是通过操作精神世界或人类行为来解决问题的方法或手段。

第二节　技术评估的概念

在说明技术的内涵之后，我们可以了解到技术和科学、工艺之间存在差异，本节将对技术评估的概念进行初步介绍，说明各类组织机构、国内外学者对技术评估的定义。

（一）各类组织机构对技术评估的定义

技术评估概念最早起源于 20 世纪 60 年代，由 E. 戴达利提出。他指出，技术评估是政策研究的一种形式，为政策制定者提供了一个平衡的评估；技术评估确定政策问题，评估替代行动方案的影响，并给出调查结果，是一种系统评价技术方案的性质、意义、地位和价值的分析方法，旨在揭示其后果是不是可取的、不确定的（Arnstein，1977）。因此，在技术评估发展的早期阶段，特别是在其发源地美国，技术评估通常被定义为一种政策研究形式，用于审查技术应用的短期和长期后果（包括社会、经济、道德、法律等方面）（Banta，2009）。受美国开展技术评估的影响，其他国家和组织也随之展开技术评估活动，这些技术评估活动共同促进了技术评估的发展和普及。人们逐渐意识到，技术带来了各种便利，而伴随着便利的各种负面影响更应该被观察到并加以避免。以下简要介绍技术评估在发达国家的发展历程。

1983 年，法国成立议会科学和技术选择评估办公室（OPECST），将技术评估活动定义为"收集信息、启动分析计划并进行评估，找到选择科学和技术选择的后果并通报给议会"[①]。1986 成立的荷兰技术评估机构将技术评估定义为"阐明科学、技术和创新如何有助于应对社会面临的紧迫挑战，同时牢记公共价值观"[②]。1989 年，英国成立技术评估机构，致力于确保现有的最佳研究证据和信息可以被应用于政府的立法程序和审查过程[③]。

1990 年，欧洲技术评估网络（EPTA）正式成立。和美国技术评估办公室一样，欧洲技术评估网络最早采用预警式的技术评估，主要面向未来的长期议题，如气候变化、生物多样性、老龄化社会、能源与可持续发展等；也面向三年到五年的中期议题，如核废弃物的储存、电子香烟的规制等。这种由议会主导的技术评估通过规范性立法来约束新技术的滥用，从而消除新技术的消极作用（韩秋明，2022）。欧洲技术评估网络认为技术评估探索科学、技术和社会之间的关系，是一种概念，将来自不同学科（如商业经济学、社会学或生物学等）的研究人员聚集在一起，分析技术发展如何影响世界。技术评估是一个科学，是一个互动和交流的过程，旨在促进公众和政界形成科学和技术社会方面的意见。欧洲技术评估网络认为技术评估包含以下三个层面：认知层面，创建与决策相关的知识概述；规范层面，建立对话以支持发表意见；务实层面，建立有助于做出决策的过程。

2001 年，日本科学技术厅并入文部省，成立文部科学省[④]。该机构认为技术评估就是综合检查、评价技术的直接效果、副效果和潜在的可能性，将技术控制在整个社会所希望的方向。日本未来学研究所主任研究员近藤悟指出，技术评估是为了科学技术和人类社会协调发展，在研究开发及使用科学技术时，事先从正面和负面对科学技术带来的影响进行预测、评价，将其引导至所期望的方向（王宁钧，2005）。

[①] https：//www2. assemblee-nationale. fr/15/les-delegations-comite-et-office-parlementaire/office-parlementaire-d-evaluation-des-choix-scientifiques-et-technologiques/articles-caches/about-opecst.

[②] https：//www. rathenau. nl/en/about-us/what-we-do.

[③] https：//post. parliament. uk/editorial-policy/.

[④] https：//www. keguanjp. com/kgjp_keji/kgjp_kj_etc/pt20191108000004. html.

（二）学术界对技术评估的定义

早在 1969 年，本特利·格拉斯（Glass，1969）就提出技术环境的变化促使学者们寻求将环境因素考虑在内的新型技术评估。理查德·卡彭特（Carpenter，1969）认为技术评估作为一个概念，运用技术评估可以更多地了解应用科学的后果——技术对自然和社会环境的影响。巴蒂斯塔和霍奇（Battista and Hodge，1995）认为，技术评估活动是技术评估者为了影响政策制定者而"包装"信息，将技术评估的主要目标从增加抽象知识转向为使用这种抽象知识来做出具有实际意义的决策，并认为技术评估是一个跨学科的整合过程。罗等（Lo et al.，2007）认为，当技术评估被应用于生产和商业领域时，通常被描述为一个过程，通过该过程来评估一项举措对商业运营的影响，该举措可以是一项拟议或现有的政策、计划、项目、立法或当前的实践或活动。阿明·格伦沃尔德（Grunwald，2021）认为，技术评估的使命是提升远见和反思的能力，从而促使科学和技术进步，并最大限度使用科学和技术的成果。

国内学者对于技术评估的研究最早可以追溯到 20 世纪 80 年代，虽然国内技术评估研究起步较晚，但是仍然产生了很多独到的见解。顾镜清（1982）认为，技术评估是一种价值判断，向决策者提供可靠的、客观的、中立的信息和意见，不同于企业预测估计新技术和项目那样从本身利害的观点出发，真实的技术评估应当被作为未来学重要组成部分来研究，而不考虑狭隘的利害关系。熊本和（1983）提出技术评估包含两种含义：它是对技术的一种新认识、新观点，人们已经意识到了技术给人类带来的坏处，应当在技术开发和应用之前预测不利影响并给予限制和调整；技术评估是一种科学方法和程序，它提出了如何预测、调整、评价、控制技术发展的一套科学程序。于得胜和顾淑林（1984）在总结前人研究的基础上提出，技术评估是由专门机构负责，通过收集有关采用技术的有关资料，考察其过去和当前状况，推测未来可能出现的前景，找出各种有利和不利的影响因素，进而分析现行政策或新政策的作用和影响，供决策者在对该技术进行选择时参考的一种系统的、有组织的活动。蔡兵（1998）从马克思价值观的角度出发，将技术评估定义为评估者根据自己的技术价值观，对人与具体技术活动的价值关系及其所产生的效果认识、评价的过程，其本质是一种价值判断活动。而邢怀滨和陈凡（2002）则从技术本身出发，指出技术评估的本质包括对技术的预测分析和实际介入两个方面。王黎（2009）认为，技术评估是对技术大规模的意想不到的后果进行的思考。《辞海》给出技术评估的定义是：对技术的性能、水平和经济效益，以及技术对环境、生态乃至整个社会、经济、政治、文化和心理等可能产生的广泛影响进行全面系统分析的方法[①]。张怀宇（2020）认为，技术评估是通过标准化流程，在调研、试验、测定和分析基础上，充分确认并评价技术的特性、水平和经济效益及其对环境、生态、社会的影响，进行全面系统分析、权衡利弊，从而做出合理选择的方法。金前程（2023）将技术评估定义为"通过当前或者过去的相关信息来评价某一技术的现状或者未来趋势"，收集到的资料可以用来确定未来的技术发展，因为一项技术的未来变化受当前和过去有关技术变化的影响。当前，国内学界对技术评估的研究深入到各个细分领域，如环评报告技术评估是指环评报告技术评估单位针对收到的环评报告，抽取评审专家，采用函审、盲审和会议评审等技术评审方法进行报告评审，并在报告评审意见和报告报批本基础上，出具环评报告技术评估报告的方法，它可以被视为传统技术评估在新领域的应用（蒋世友，2021）。也有学者提出，应该将技术评估视为必要的生产力工具，通过合理的流程、方法、指标体系等手段，推动城市给排水工程技术的成熟、发展和应用（熊本和，1983）。

综上所述，技术评估着重研究一项技术的引入给社会带来的潜在的、间接的、不可逆的和滞后的后果。技术评估主要对新技术的开发、使用和扩散在经济、社会文化、政治、生态、伦理等方面可能产生的影响进行研究和评估，尤其是负面影响，其目的是在技术选择和开发中趋利避害，寻求实现社会总体利益的最佳方案。

（三）技术评估与技术评价

目前，学术界存在"技术评价"和"技术评估"两种术语，对于两者

---

① https：//www.cihai.com.cn/baike/detail/72/5403647?q = % E6% 8A% 80% E6% 9C% AF% E8% AF% 84% E4% BC% B0.

的看法也存在两种不同的观点。

一种观点认为"技术评价"与"技术评估"是有区别的，两者的研究对象和研究目标不同。技术评价的研究对象针对某一具体的技术或工程，而技术评估的研究对象是对国家甚至世界发生重要影响的技术方向和技术领域。技术评价的目标是对技术进行可行性研究，进行一系列的市场分析，评估可能采用的技术以及使用这项技术后所产生的影响；而技术评估研究的目标是社会总体利益最佳化，要考虑技术对社会的潜在影响和长远结果，对技术发展的风险进行评估，决定技术发展的方向。

另一种观点认为"技术评价"和"技术评估"的本质相同。两者的对象都是技术，都按照目标对象的属性进行效益分析，经过决策决定技术是否被采用，以及如何选择与发展。本书中认同第二种观点，即"技术评价"和"技术评估"本质一样，所以统一采用"技术评估"一词。

第三节　技术评估的对象与目标

一、技术评估对象

技术评估对象就是技术评估活动中的客体，评估活动评估的是技术评估对象的属性，如新技术的先进性、需要性和可行性等，而不同的评估对象具备不同的属性，应用不同技术造成的影响也不同。因此，明确技术评估对象是技术评估活动的基础和前提，一切后续的评估活动都是建立在此基础上的，评估活动的步骤和原则需要根据评估对象进行调整。

技术评估的直接对象是技术、技术规划和技术政策，其着眼点是社会，其目的是评估技术对社会的影响。可以作为技术评估对象的技术既包括自然科学领域的技术，如土建、水利、电子、原子能技术等，也包括社会科学领域的技术，如人口、就业、教育、住宅、环境、国防、国际关系等。在技术评估发展较早的美国，技术评估对象还包括法律的制定、社会制度的设想。技术评估的研究对象包括技术从计划到研究开发，再到将技术投入社会并进行推广和普及，直至衰退并被其他技术取代的全过程（熊本和，1983）。无论是以技术、法律还是社会制度作为技术评估对象，技术评估都将其置入一个社会宏观系统中，技术评估的对象超过了被评估的技术、法律和社会制度本身，不局限于经济效益问题，而是广泛涉及各种社会因素，即社会宏观系统（杨长桂，1994）。

在资源有限的条件下，技术评估活动要有选择性地展开，应当关注：（1）受影响人数多、影响范围广的技术或项目，将其作为优先评估的对象，如农药、化肥、医药、教学设备、广播电视等；（2）可以给社会带来巨大利益、普及快，但同时不利影响扩散也快的技术，如汽车、计算机、遥感、激光、遗传工程等；（3）消耗能源资源大或环境影响显著的技术或项目，如炼铁、火电、油船事故、围湖造田、建造大坝、城市开发等；（4）消耗巨额资金的技术或项目，如宇宙开发、钢铁联合企业、石油化工联合企业、核电站建造等；（5）已经产生了问题，并亟待解决的技术或项目，如大气污染、水污染、城市交通等。接下来，本书以新技术和政策为例，作为评估对象进行详细阐述。

（一）以新技术作为评估对象

对新技术的技术评估将技术作为评估对象，这是最原始，也是最基本的评估。技术是技术政策和技术项目的基础所在，以新技术作为评估对象进行评估，就要评估技术的性能、水平以及经济效益，评估技术对环境、生态以及整个社会、经济、政治、文化等可能产生的广泛影响，进行全面系统的分析。评估一项技术可以从三个方面入手：首先是技术的环境评估，其次是技术自身的评估，最后是技术对组织影响的评估（宋艳、银路，2007）。

1. 技术的环境评估

一项新兴技术是否具有价值，首先要看外部环境对这项技术的"态度"，这里的外部环境包括宏观环境和微观环境。评估一项新技术需要评估这项技术所面临的人口、经济、自然、政策、法律、文化、伦理、道德等方面的不确定性。例如，政府对某一技术金融政策的支持将直接影响到围绕该技术的创新活动，企业能否在政策的扶持下获得充足的资金是应用新技术的重要环节。企业要想研发并应用一项新技术，就要考虑研发资金来源和产业链变更的成本，还要考虑社会对该项技术的接受程度。例如，转基因技术属于技术创新发展的范畴，自出现以来，在政治、经济安全、社会伦理、生态环境等领域争议不断（Herring and Paarlberg，2016）；种植转基因大豆可以带来良好的经济效益，但是多次使用相应的配套农药会导致害虫和杂草出现耐药性，还会损害种植土壤环境，考虑到这些隐含的成本，种植转基因大豆的成本并不比种植传统大豆的成本低（于文领等，2022）。

2. 技术自身的评估

当外部环境对于一项技术来说是积极的，就要评估这项技术本身能否达到预期，通常会从技术性能和技术应用两个层面进行评估。之所以要评估技术性能，是因为新技术通常来源于原有技术基础的改变，如传统的摄影以化学感光材料"胶片"来记录影像，数码摄影则用电子感光芯片和快速存储卡共同取代了传统胶片的感光和存储功能（柯杉，2015），或者是因为新技术来源于采用的新材料、新工艺和新方法，而这些新的变化总是伴随着风险，如新技术本身成熟度不够，技术寿命不确定；缺乏新技术的技术标准和产品规范，可能面临原材料供应问题；同时，技术应用带来的技术责任和产品责任也要求人们对新技术进行全方位的评估。评估技术应用意味着评估新技术在人们生活中的应用和扩展，新技术能否改变整个技术环境，正如数码摄影相机取代传统相机那样？如果能够改变整个技术环境，它会怎么扩展自身的影响力？又有哪些领域会受到影响？如果不能改变技术环境，该技术又会怎样根据技术环境进行修正？毫无疑问，评估技术本身就是要寻求以上问题的答案。

3. 技术对组织影响的评估

组织是一个复杂的系统，运用新兴技术会给组织带来风险。组织是否采取一项新技术，除了考虑技术本身和外界环境以外，更要衡量技术对本组织可能的影响。宋艳和银路（2007）将组织面临的风险分为显性风险和隐性风险。显性风险指的是资金风险、生产风险、信息风险、人才风险、管理风险等，更容易被观测到，采取针对性的行动见效更快。隐性风险则指的是来自企业家的决策能力、高层团队的认知水平、组织学习能力以及组织文化等的风险。

企业通过研发或购买的方式引进一项新技术会给企业资金周转带来压力，除了研发和购买支出以外，如果与新技术有关的设备、原材料和人力资源没有随之就位，将导致技术被束之高阁，新的项目无从展开，前期投入也无法收回（周寄中、薛刚，2002）。企业还要评估一项新技术的资金持续投入情况，如果在产品生产过程中出现资金供应不足，可能会导致生产设备损耗过大、原材料不足、技术人员离职等问题，进而出现新技术工艺不相称、产品质量下降、生产规模不足和单位成本上升的问题。

此外，组织文化会影响组织成员的行为方式，在有些企业中，偏保守的组织文化使员工抵制变革，不愿意接受新鲜事物，也难以面对新技术带来的不确定性，这会给新技术在组织中的普及和应用带来消极影响，因此技术评估时有必要评估企业现有的文化环境是否有利于新技术的应用。

（二）以政策作为评估对象

科学技术政策（简称科技政策）会极大地影响技术进步过程，一方面，科技政策作为引导，明确科学技术发展方向；另一方面，科技政策作为保障，确保科学技术朝着规划的方向发展。科技政策是国家产业政策的重要组成部分，是指导科技开发、应用和发展的纲领性文件。科学地评估科技政策对于科技政策合理规划和顺利实施具有重要作用，科技政策会促进某些技术的发展。因此，当我们评估一项技术的前景时，需要考察与技术有关的政策，而评估科技政策就成了技术评估的重要扩展。

1. 科技政策评估的发展历程

科技政策评估是在原来公共政策评估的基础上发展起来的，西方的政策评估方法起源于20世纪30年代，当时的社会学家史蒂芬（Stephan）用实验设计方法评估了"新社会计划"（New Deal Social），使政策评估开始步入较大规模的系统科学范畴（李德国、蔡晶晶，2006）。李志军和张毅（2023）总结了国内外公共政策评估发展历程。20 世纪 60 年代，美国联邦政府引领的社会项目评估让实证评估技术和方法得到大范围应用和迅速发展，初步形成了公共政策评估的通用理论和框架。随着公共政策评估的发展，20 世纪 80 年代公共政策评估逐渐产业化，其专业化逐渐增强，公共政策评估知识体系也逐渐成熟。20 世纪 90 年代以来，公共政策评估开始受到更多国家和国际组织的关注，公共政策评估开始在发达国家制度化。进入 21 世纪以来，更多的学科被纳入公共政策评估领域，学科交叉性逐渐增强。

在我国，公共政策评估实践可以追溯到新中国成立初期关于重大工程的可行性研究，研究内容主要有项目建设的必要性、可行性以及建设成本和收益等。从 20 世纪 80 年代开始，我国政府部门开始自行或者委托其他机构进行公共政策评估，咨询公司、学者以及半独立的民间社会调查机构等第三方机构发挥了重要作用，这一时期我国的公共政策评估实践迅速发展。自 2002 年开始，对重大决策和政策进行评估逐步成为法定事项。进入新时代以来，政策评估制度化步伐加快，2015 年中共中央办公厅、国务院办公厅印发《关于加强中国特色新型智库建设的意见》，指出要建立健全政策评估制度，加强对政策执行情况、实施效果和社会影响的评估。[①] 重大改革方案、重大政策措施、重大工程项目等决策事项出台前，要由政府部门和第三方评估机构合作评估，以增强评估结果的客观性和科学性。[②]

2. 现代公共科技政策评估的内容

现代公共科技政策评估是指评估主体遵循标准的评估程序，采用专业的评估手段，在合适的架构和标准范围内，实现对科技政策的有效作用及其价值的评判，并对该价值的体现过程予以分析，最终得到相关的决策信息（李曼，2015）。建立公共科技政策评估体系意味着不仅要考虑科技政策本身的成本效益情况，还要考虑政治、经济、人文和道德伦理等因素，而科技政策的制定、执行、落实、效果和后续影响等各个环节也应当纳入评估体系中。

---

①② 中共中央办公厅、国务院办公厅印发《关于加强中国特色新型智库建设的意见》
https：//www.gov.cn/xinwen/2015 – 01/20/content_2807126.htm.

美国和欧洲的科技政策评估发展较早，目前已经建立起了"议会—政府—科研机构"上中下三个层次的多层次、多元化的评估体系。

公共科技政策的评估主体通常是专业人员和专业第三方机构，具有较强的专业技术性能力和较高的个人综合素养，并且其本身就具备分析政策利弊的能力；但是，由于个人的价值观和社会价值观之间可能存在分歧，他们可能会尝试通过科研活动来实现自身利益的提升，这就可能会违背科技政策的初衷。此外，也可以将评估主体划分为内部主体和外部主体。内部主体指的是参与评估的政府部门，其具有制定政策的职责和独特的信息收集优势，评估结论会更偏向政策制定者；外部主体通常是专业评估机构和评估人员，其给出的评估结论相对公允，但权威性不如内部评估主体。

公共科技政策的评估客体是公共科技政策，按照类别划分可以分为基础研究、应用研究以及试验开发研究三种；也可以纵向划分为战略、计划和执行三个层次。战略层次的科技政策作为纲领性政策，需要考虑国家整体的发展目标以及实现目标的科技政策的影响；计划层次则根据国家发展中短期目标规划要求而制定科技政策导向和思路；执行层次强调操作和实施，这一阶段的具体科技项目不属于公共科技政策，不是公共科技政策评估的客体，但它是科技评估的对象。

二、技术评估目标

技术评估具有三种形式，分别是项目评估、面向问题的评估和面向技术的评估。项目评估指的是利用现有的技术，对一个具体建设的项目进行评估。面向问题的评估重点在于解决面临的问题，在寻求解决方案的过程中要围绕问题，并利用现有技术。面向技术的评估指的是评估一项技术对社会的影响，评估的对象一般是新发明的技术。

（一）项目评估目标

项目是指那些作为管理和控制的对象，按限定的时间、预算和质量标准完成的一次性工作和任务。项目包含技术因素，技术因素包括在项目中使用的工艺、技术、设备等。

传统意义上的项目评估指的是在项目可行性研究的基础上，分别从宏观、中观微观的角度，对项目进行全面的技术经济的预测论证和评估，从而确定项目的投资经济效果和未来发展的前景。但是，新时代对项目评估提出了新的要求，项目评估的内涵得到扩展。项目评估的新定义包括两个方面：一方面是在项目的生命周期全过程中，采用合适的评估尺度，运用科学的评估理论和方法所进行的评估活动，旨在更好地管理项目和进行决策；另一方面指的是对项目评估这一活动的过程。

项目评估论证和评价了一个项目的优势和劣势，从正反两个方面提出意见，为决策者选择项目及实施方案提供了多方面的参考。项目评估力求客观准确地将与项目有关的资源、技术、市场、财务、经济、社会等各个方面的数据资料真实、完整地收集起来并呈现给决策者，使决策者可以利用这些信息获得尽可能贴近实际情况的认知，帮助决策者比较项目中所采用的技术、实施方法的优劣，从而做出正确、合适的决策，同时这些信息也为项目的执行和监管奠定了基础。项目评估主要内容有技术评估、财务评估、经济评估、社会评估、不确定性分析、风险评估等。

项目采用的技术十分关键，分析这些技术也十分必要。对项目中的技术进行分析的目的是对所采用的技术的先进性、适用性、安全性和经济性进行评定和估价。技术是保证项目运营的根本性条件，先进的技术通常意味着较高的产出效率，项目采用相对先进的技术可以保障长期利益。相对先进的技术可以在相对较长的一段时间里被运用，也可以应用于其他的项目。事实上，对一项技术的熟练运用可以减少项目的风险。但对于一个特定的项目而言，项目所在地区的外部环境可能无法保证技术发挥设想的效益。也就是说，一项技术在其他地区行之有效不意味着在这个地区同样有效，或者说技术对当地的条件缺乏适应性。

以下将根据项目所处的不同发展阶段，介绍采取评估策略、项目评估的基本原则和项目评估等内容。

1. 评估策略

按照项目生命周期进行划分，可以将项目评估活动分成项目前评估、项

目中评估和项目后评估

（1）项目前评估就是传统意义上的项目评估，在项目开始实施之前就对项目可能的实施结果进行研究，预测项目中技术和预期结果之间的关系，强调预测，因此项目前评估应当尽可能全面，制订周密的计划，对将要发生的事情做出应对。项目前评估的缺点在于评估结果是相对静止的，评估过程中会将当下的情况作为参考，最后形成一份评估结果并提出指导，传统的项目评估到这里就结束了。然而，外界环境不可能是静态的，外部条件在评估结束后可能出现一些意想不到的变化，使得之前的评估结果不合时宜，甚至使项目在实施过程中遇到问题。

（2）项目中评估指的是在项目开始运行之后进行的评估。项目中评估涵盖整个项目过程，包括项目的发展、实施、竣工三个阶段。分析项目中评估的目的在于检测项目实施的实际状态与目标状态之间的偏差，并找到可能的影响因素，及时反馈，以便做出决策，采取必要的管理手段来完成计划。项目中评估需要对项目运行情况进行实时监控，还要对项目运行的外部环境进行持续关注，对项目状态和项目进展情况进行衡量和监控，对项目中已经完成的任务进行评价，为项目管理和决策提供所需信息，并指明项目接下来的管理重点和发展方向。在项目中评估过程中，需要对企业的外部环境持续关注并结合项目实际进展进行分析，确保项目顺利实施。

项目中评估与项目前评估的区别在于它具有以下特性：①现实性，因为它是伴随着项目进行的，做出决策的数据来源是项目现实发生的真实情况；②阶段性，项目实施每一阶段的评估结果虽然相比项目前评估更加贴近项目实施的实际情况，但是每一阶段的评估反应的依然只是那个阶段的状况，而非整体的状况；③探索性，尽管项目实施者不希望项目实施过程中遇到意料之外的情况，但总有一些情况出乎项目实施者的预料，项目中评估需要分析项目现状，发现这些"意外"并探索解决问题的可行方案；④反馈性，项目中评估的评估结论可以为项目下一步的规划提供参考，为接下来的项目管理提供决策依据，指明努力方向；⑤适度性，进行项目中评估的目的是让项目更好地实施，但要注意的是，进行评估本身就可能会对项目的实施造成影响，技术人员检查设备运行状况时也会干扰已经设定好的生产过程，在评估人员采集信息、实地调查时也要花费相应的人力物力，因此项目中评估应当掌握好一个合适的度，避免影响项目的正常进行。项目中评估和项目后评估的差别主要体现在项目中评估中的阶段性和适度性两个方面。

（3）项目后评估是发生在项目结束之后的评估。项目后评估也非常重要，它可以从整体上回顾项目的周期，从中找到没有达到预期之处，查明原因，也可以在一定程度上弥补之前的过错。有些项目是一个持续的过程，开展、实施并竣工不是全部，还有后续的维护管理，而项目后评估可以为项目后续运行以及项目后续的监管提供信息、帮助和支持。项目后评估的主要内容包括项目验收评估、项目经济后评估和项目管理后评估。项目验收评估指的是在项目结束后验收结果，考核项目是否按照计划完成。项目经济后评估指的是对项目带来的经济效益进行评估，这时需要对比项目展开前的预期经济效益。项目管理后评估是指当项目竣工以后，对项目之前经历过的开展、实施阶段的项目管理工作进行评估。

2. 项目评估的基本原则

（1）进行评估时要客观、科学、公正，减少因为评估者偏见而造成的评估结果偏差。选择那些具有专业评估技能和经验的评估者，从项目影响以外的人员中进行选择。

（2）坚持综合评价、比较择优的原则。项目评估需要从项目的多个角度出发，避免过于强调某个特定的视角，对项目形成整体的评价，制订具备可行性的实施方案并进行比较，选择最佳方案。

（3）坚持项目之间的可比性原则。将各个对项目的评估置于同等的前提条件下。

（4）坚持定性分析与定量分析相结合的原则。充分使用辅助决策的工具，如大数据等，挖掘项目背后的深层次信息。

（5）坚持技术分析与经济分析相结合的原则。对项目中采用的或计划采用的技术进行评估，确保这些技术有助于项目的实施。

（6）坚持微观效益分析与宏观效益分析相结合的原则。既要考虑项目实施给企业带来的利益，也要考虑受到项目影响的其他利益相关者的利益，还要分析项目对社会的影响，包括经济性和非经济性两方面。

3. 项目评估的内容

当今的项目评估主要应用于投资活动，即在投资活动中对投资项目进行可行性研究的基础上，从企业整体的角度对拟投资建设项目的计划、设计、实施方案进行全面的技术经济论证和评价，从而确定投资项目未来的发展前景。项目评估要求的分析内容包括以下四个方面。

（1）投资必要性评估。判断项目是否符合行业规划，可以通过市场调查获取信息，预测项目成功的可能性，对产品市场供需情况及产品竞争力进行比较分析，对投资项目在企业发展中的作用进行评估，明确评估可以给企业带来多少效益。

（2）项目条件评估。企业的资源是开展项目的前提，如在实施以矿产资源为原料的项目之前需要确定是否拥有相关机构批准的资源储量、开采价值等报告。

（3）项目技术评估。项目中的技术评估要评估投资建设项目采用的工艺、技术和设备在经济合理的条件下是否先进、适用，是否符合国家的技术发展政策，是不是综合比较各项技术之后所能获得的最大效益；为了实施项目所引进的技术和购进的设备是否符合投资实际，是否配套，并进行多方案比较；投资项目所采用的新工艺、新技术、新设备是否经过科学的试验和鉴定，检验原材料和测试产品质量的各种手段是否完备；产品方案和资源利用是否合理，选择的工艺和设备是否能够满足产品生产纲领的要求。

（4）财务效益评估。这是项目评估中最主要的部分，是根据项目财务与建设基础数据，对整个寿命期内的财务成本与收益情况进行评估。这是决定项目是否可行，是否能获得贷款的基本依据。

除了以上介绍的项目评估活动的划分、项目评估的原则和项目评估的内容以外，还有两种新型的项目评估值得我们学习：可持续性项目评估和研究与试验发展（R&D）项目评估。

4. 可持续性项目评估

项目评估中的可持续性评估正在成为人们关注的重点，特别是在全球环境问题日益突出的今天，全球各个国家采取了一系列的行动来应对环境变化，如设定碳达峰、碳中和的目标和方式等。可持续发展是 1987 年世界环境与发展委员会率先提出的概念，它的定义是可以满足现在需要而不危及后代满足与需要的发展。在提出这一概念之后，人们就不断对可持续的技术、方法进行研究，对于可持续发展的定义也随着时间推移而逐渐深化，逐步完善。可持续发展是把人类社会的发展目标建立在生态可持续基础上的一种发展模式，它是自然、经济、社会的持续、稳定和健康发展。人们希望所有的项目都能有利于经济和社会的和谐发展，使环境得到改善，而对于项目的负面影响，至少可以进行预测，从而控制或避免负面影响的出现。

项目建设的技术手段无疑是整个项目中最容易影响环境的环节，而技术手段应当平衡经济效益、社会和生态环境三者之间的关系：从经济效益角度来说，项目应当尽可能利用有限的资源和现代技术，从而帮助项目受益人获得最大利益；从社会角度来说，项目应当以人为中心，在满足利益相关者利益的同时，将自身置于整个社会之中，探究其对他人的影响；从生态环境的角度来说，项目应该努力保持生态系统的完整性、和谐性和环境的长期自我修复能力。从长远来看，这三者的目标具有一致性，如果人们过分追求经济效益而忽略对自然界的影响，污染和环境恶化将会影响人类自身的生存，也会成为影响社会安定的负面因素。但从短期来看，高效率的技术可能带来高污染，治理伴随项目产生的污染或采用效率较低的清洁技术就意味着放弃一定的经济效益来换取环境保护，也意味着投资成本的增加和利润的减少，因此对项目进行全面评价是非常必要的。

可持续性相关的项目评估主要涉及以下几个方面：项目在技术、经济上的可靠程度和合理性；项目所处的自然环境，项目能够获取的经济资源和自然资源，项目对所处环境的影响；与项目有关的政策和法律法规；项目的风险和规避方法，项目风险对项目效果的影响；项目所产生利益的分配和利益相关者群体的接受程度；保证项目有效实施的机构设置和运行能力。

5. 研究与试验发展项目评估（R&D 项目评估）

研究与试验发展项目评估（R&D 项目评估）指的是对研究与实验发展项目进行的评估。进行 R&D 项目评估的原因包括：首先，资源是有限的，为了更好地利用资源，需要评估资源分配是否合理，投资是否必要；其次，进行评估是为了把握项目进展，了解项目进度，解决出现的问题，控制项目进度；最后，从整体的角度来评估项目绩效与项目的整体执行情况，并将评估结果作为后续决策的参考，辅助后续决策工作。

（1）因资源分配产生的评估需求。在资源稀缺和需要获得支持或资助的项目很多的背景下，如何用有限的资源来满足无限的需求持续引发人们的探讨。资源包括经费、设备、人员，甚至是机会。要在多个候选项目之间进行抉择，预测各个项目可能带来的收益。例如，企业生产新产品、引进新设备、采用新技术来重构生产，都需要进行分析。项目评估应当减少人们主观带来的负面效应，但是制定决策的决策者自身就存在对项目评估方式的偏好，决策者的偏好受到其理念、价值取向和看待项目的方式的影响，这也是项目评估没有一个万能模板的原因之一。总而言之，无论决策者的偏好如何，他们做出评估的目的都应当是保证资源的利用率最高，产出水平最高。对于那些具有资源分配权的决策者来说，他们在分配和投资选项中的选择受到多种因素的影响，如技术因素、环境因素、组织结构、行为因素和外部经济环境变化等，在评估时要建立包含这些因素的指标。具体而言，要考虑多个有冲突的目标以及如何在不同组织层面上平衡各种优先权；解决项目未来的产出和可能结果的预测与度量之间存在的分歧；在项目进行过程中持续关注项目与外界之间的联系。

（2）因过程控制带来的评估需要。为了了解、控制并及时对项目进行调整，项目管理部门和人员必须在项目运行过程中持续追踪并评估。对 R&D 项目进展的评估可以从三个方面来考虑。第一，要看项目有没有按要求执行，分阶段目标实现情况如何；第二，要根据环境变化，判断是否有新的变化因素促使项目需要改变和调整，如技术、市场、竞争者的行为等情况变化都可能引起项目执行计划的变动，考虑 R&D 项目能否适应这种变动；第三，要考虑未来的期望，项目是否需要继续加大投入，或有没有再继续执行的必要。根据这三个方面的考虑，对项目阶段性评估可能有三种后果：继续按照最开始的计划执行；做出调整，减少项目投入，甚至终止项目；做出调整，增加项目投入，扩大项目产出。

（3）因绩效和收益产生的评估需要。R&D 项目的产出主要有三类：一类是技术型或知识型的产出，如专利、新产品、技术报告，以及新知识、新信息、新的论文著作等；一类是经济型的产出，如财务收益、销售量、生产率、投资回报等；还有一类是社会效益，如环境质量改善、社会福利增加、国家实力增强等。对绩效和收益的评估发生在项目结束之后，属于技术后评估的一部分。对项目绩效进行评估需要对项目目标的整体完成情况、项目实施过程和效果以及项目影响进行评估，评估过程中的分析应当具有系统性、客观性和公正性，评估结果可作为今后项目投资或决策的参考，可以在项目刚刚完成、项目稳定运行一段时间之后或达到预期设计的生产能力时进行。这三种方式各有优劣。刚刚完成后就立即评估的优点是可以对项目迅速形成整体了解或进一步加深对项目的认识，缺点是难以预测将来发生的事情，因为项目运行具有不确定性。项目稳定运行一段时间后再进行评估可以更好地观测实际运行状况和预期之间的差异，但缺点是在调查项目没有达标的原因之前就已经造成了损失。在项目达到预期设计的生产能力时进行评估的优点在于更容易找准参考的指标，缺点是未来的不确定性难以预料。

评估方法回答的是如何进行评估的问题。R&D 项目的评估方法有定性评估、定量评估以及定量和定性评估相结合三种方法。定性评估方法有决策者行政指令、同行评议、回溯分析、经验趋势外推、Delphi 法等。定量评估方法有现金流 NPV 法、GP、AHP、多指标多决策者的 MCDM 模型，以及各种预测与决策模型等。定性与定量评估相结合的方法如同行评议与 MCDM 的结合，Delphi 法、AHP 和 GP 等的集成方法。虽然 R&D 项目评估方法众多，但是不存在唯一正确和对所有项目都适用的评估方法，项目运行的复杂环境、项目本身的多样性意味着不能照搬某一具体方法，而应该从方法论的角度来进行针对性评估，具体情况具体分析（杨列勋，2002）。表 2 - 4 介绍了几种常见的评估方法。

表 2 - 4   常见的评估方法

评估方法	描述	特征	应用对象或案例
同行评议	由该领域的专家对项目的质量和水平进行评估	客观，有深度	适用于基础研究，如 NSF、NS-FC 等项目的选择评审
回溯分析	回溯项目实施过程中的决策，分析成功或失败的原因	耗费时间较长、成本高、针对单个项目（针对性强）	适用于特定项目的回顾或跟踪调查评定，如美国 Project Hindsight/TRACES 的项目评估
层次分析法（AHP）	将复杂问题简单化，对要素进行两两比较，判断要素的重要性	简洁、实用，可以与其他方法配合使用；要素较多时，难以运用	应用广泛，适用于各类项目
多准则决策（MCDM）	对具有相互冲突、不可共度的方案集中进行选择的决策	多决策者、多指标、动态决策、多个项目	适用于投资与决策评估
文献计量	对发文量和引文构成进行分析	定量分析，基于客观事实；需要文献库和专利库	适用于研究类项目

资料来源：根据杨列勋（2002）等文献整理得到。

此外，在大型项目建设中，项目风险评估具有举足轻重的地位。进行恰当的项目风险分析，能够加强项目评估和分析，从而有效地降低项目的风险。

（二）面向问题的评估目标

面向问题的评估也称为问题解决型技术评估，这类评估常常对某一特定问题提出对策或探索相应的替代技术。它的目的是评估现有技术对解决问题的贡献大小，并探究是否有更优秀的替代技术。

按照纵向划分，可以将技术评估的问题划分为企业级技术问题、地区级技术问题、国家级技术问题和全球性技术问题（见表 2 - 5）。

表 2 - 5　　　　　　　　　不同层级的面向问题的技术评估

问题层级	评估对象	评估目标
企业级问题评估	技术带来的新工艺、新产品	降低生产和销售中的不利影响，提升企业技术水平和竞争优势
地区级问题评估	技术和与技术有关的政策	为政策制定部门提供依据，保障当地企业的利益，建立技术实施监督体系，为更大范围的技术应用提供参考
国家级问题评估	关乎国计民生的重大技术项目	满足国家整体利益，决定未来发展方向
全球性问题评估	影响全人类的技术、全球性问题	作为参考结果，辅助各国开展技术评估，解决影响全球的问题

资料来源：根据相关文献整理得到。

（1）企业级技术问题主要从企业的角度出发，围绕企业能否从采用的新技术中获得利益来开展评估研究。企业进行技术评估的目的在于对新产品、新工艺在生产和销售过程中可能产生的有利和不利影响进行预测估计，对可能产生的不利影响采取相应对策，发展和推广最佳技术，提升企业的技术水平，帮助企业在市场竞争中占据优势地位。

（2）地区级技术问题立足于某一地区，根据该地区的实际情况，对涉及该地区的重大技术和政策问题进行预测和评价，评估结果可以为该地区决策部门提供科学依据。地区级技术问题的评估可以为国家整体分析提供参考。地区级技术评估问题会对该地区的企业造成影响，因此各个地区在进行评估时需要考虑当地企业的利益。同时，还要建立监管体系，确保那些根据评估结果制定的政策有效运行。

（3）国家级技术问题是从国家整体利益出发，对关系国计民生的重大项目开展评估研究。评估内容包括制定有关技术评估政策，确定发展方向，研究评估方法和建立监控系统。国家级技术问题将国家视为一个整体，各个地区就成为评估的重要参考。然而，在进行国家级技术评估时，对地区的划分应当具备一定的灵活性，根据评估的问题不同和政策的影响范围灵活地进行划分，确保国家整体利益得到保证。此外，政策制定和实施还要考虑地区的发展程度、人文地理等因素。

（4）全球性问题评估就是把全球作为一个有机整体，从全人类的角度出发来评估一项技术或一个重大问题的相关因素和后果。对于那些致力于解决全球性问题的机构而言，它们会对人口、资源、能源、战争、宇宙开发等影响全人类的全球性问题进行分析、预测与评价，为受到影响的国家提供参考对策，并交流技术评估的资料、方法，辅助并推动各国开展技术评估。例如，克隆技术。

☞ **延伸阅读** ☜

克隆，即无性繁殖系（asexual reproduction），是英文"clone"的音译，最早是指植物通过无性繁殖得到的群体，而无性繁殖的手段有多种，包括孤雌生殖、卵裂球的分离与培养、胚胎切割和细胞核移植等。克隆技术就是指相应的技术操作。随着分子生物学的发展，克隆的含义有所扩展，包括基因克隆、细胞克隆和生物个体克隆等。1997年克隆羊多利的诞生开创了动物克隆的新历史，而产生克隆动物的方法则称之为动物克隆技术。

克隆技术的发展前景非常广阔。在畜牧业生产中，利用优良动物品种的体细胞为供核体克隆技术，可大大缩短育种年限，加速动物育种。在动物杂种优势利用方面，可增强选育种畜的性状稳定性，提高育种效率。克隆技术在抢救濒危珍稀物种、保护生物多样性方面可发挥重要作用。以濒危稀有动物的体细胞为供核细胞进行种间核移植，可以解决濒危稀有动物卵母细胞成熟不够、卵母细胞数量不足等问题。将体细胞核移植技术和转基因技术结合，可以应用于解决人体器官移植来源问题，进行医药生产和疾病治疗，探索生物学基础理论等。

克隆技术除了以上种种发展前景以外，也存在很多问题。克隆将减少遗传变异，通过克隆产生的个体具有相同的遗传基因，具有相同的疾病敏感性。也就是说，会对其中一个个体造成严重伤害的疾病也会对其他克隆个体造成严重伤害，甚至一种疾病的出现可以毁灭整个克隆产生的群体。人们倾向于利用克隆技术来大量繁殖现有种群中最有利用价值的个体，而不是按照自然规律促进整个群体的优胜劣汰，从这个角度上说，克隆技术会干扰自然进化的过程。

与克隆动物无法分割的是克隆人，人们不能接受克隆人实验的最主要原因在于传统伦理道德观念的阻碍。克隆技术引起争议的焦点在于是否允许对发育初期的人类胚胎进行遗传操作。当前，我国对于生殖性克隆人实验持不赞成、不允许、不支持、不接受的态度，认为克隆人是对人类尊严的巨大威胁，并且可能引发严重的社会、伦理、道德、宗教和法律问题。2021 年，最高人民法院补充了《中华人民共和国刑法》的相关罪名，增设了非法采集人类遗传资源罪、走私人类遗传资源材料罪，以及非法植入基因编辑、克隆胚胎罪。

（三）面向技术的评估目标

面向技术的评估，即技术导向型的评估，也称为问题发现型技术评估。这种类型的技术评估要考虑的因素比较多，对新技术的评估应当是综合而全面的。面向技术的评估目标以技术为导向，其目的在于发现技术可能带来的问题并提出解决方案。对于可能出现的问题，可以从经济性、可行性、潜在影响性几个角度加以考虑。

1. 经济性问题

经济性问题可被视为"是否值得采取这项技术"。它要求考虑应用新技术的成本和可能收益，如果新技术带来的后续收益不能覆盖先期的投入成本，那么新技术不值得采用。面向技术经济性问题的评估目标在于找到新技术的成本和收益的可能来源，控制新技术应用的过程。

2. 可行性问题

可行性问题，即能不能采用这项技术。相比经济性问题，可行性问题范围更大，从成本收益角度扩展到了文化、观念、学习能力等更广阔的领域。从文化角度而言，企业需要考虑现有企业文化是否有利于新技术的引进和新技术可能导致的组织变革；政府需要考虑新技术是否会对现有道德伦理造成冲击。例如，基于"神经网络"构架的软件在机器学习能力方面的进展，在引起人们探讨其可能的应用领域以外，也让不少人焦虑乃至恐惧，原因在于学习能力曾被认为是人类特有的能力，机器难以胜任（翟振明、彭晓芸，2016）。可行性作为技术评估的重要评估目标之一，是技术能否真正实行的关键，即使某些技术的成功应用可以带来经济效益，但是对于能否成功应用这项技术的过程本身就必须进行详细的考察和评估，以找到促进或抑制新技术应用的影响因素。

3. 潜在影响性问题

潜在影响性问题，即这项技术将来会带来什么影响。它要求考察随着时间推移，应用该技术产生的社会后果和生态后果，还要着重研究那些非预期的、间接导致的和滞后发生的后果。不仅要考虑应用技术带来的持续后果，还要考虑技术带来的累计后果。事实上，后者在初期可能是一些微小的问题，很容易被忽视，但当人们意识到问题时，很可能已经造成了损失。以技术作为评估目标，要求评估者尽可能全面和长远地考察技术可能带来的正面或负面影响，只有这样才能避免技术被用于负面途径。

第四节　技术评估的原则和过程

一、评估原则

进行技术评估的原则包括系统性原则、需要性原则、预测性原则、可行性原则和动态性原则。坚持这些原则可以使技术评估具备批判性，充分预见应用新技术可能出现的负面效应。

（一）系统性原则

社会是一个系统，是一个有机整体，这个系统的各个部分之间相互影响、相互作用。因此，进行技术评估时，需要将技术置于整个社会系统中，考察技术与各个因素的联系，全面权衡技术带来的利益和弊端，从而实现整体优化。

（二）需要性原则

根据科学技术发展需要和人类社会发展需要，进行综合评价。技术发展不是自然而然的，相反，技术基于人类的需求，人们当下的需求就是技术发展最大的动力。一项技术能否得到发展和运用，必须评价人们是不是真正需要这项技术，以及对其当下的需求体现在哪里。

（三）预测性原则

技术评估不仅要将现实需求纳入考量，还要预测人们对技术存在的未来需求；不仅要考察应用技术可能导致的近期后果，还要将目光投向未来，尽可能长远地预测该技术可能带来的影响。

（四）可行性原则

坚持可行性原则意味着对技术的评估要从需求与可能、现实与未来、政治与经济、经济利益与道德观念以及技术基础与开发能力等多方面展开。可行性研究是综合性技术评估中的重要组成部分。

（五）动态性原则

技术及其相关因素具有相对稳定性，但是社会、经济等技术使用的背景又处于不断变化之中，因此技术评估需要坚持动态评估。有时候技术评估不是一次性完成的，而需要根据变化的情况及时调整。技术评估是一个持续的过程，分析内容应当随着技术所处的动态环境变化而变化。

二、评估过程

技术评估没有统一的、不变的程序，技术评估过程与评估对象的性质、内容及其所处的环境有着密切的关系。技术评估的过程有以下四个大步骤，而每个步骤的具体内容要根据评估的技术来确定（见图 2 - 1）。

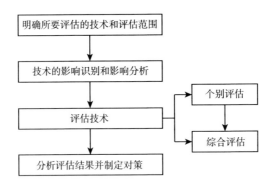

图 2 - 1　技术评估的过程

　　第一步，明确要评估的技术和评估范围。在这一步，需要确定要进行评估的技术和存在的问题，明确评估对象、范围和前提条件，并制定评估任务作为指导。评估人员需要收集与所要评估技术相关的信息和资料，掌握技术的发展历程。

　　第二步，技术的影响识别和影响分析。将在第一步收集的技术信息与当下的情况和未来的期望相结合，预估技术造成影响的可能性、影响的种类、影响的对象等。对技术造成的影响要尽可能详细和全面，包括显性影响和潜在影响、短期影响和长远影响。

　　第三步，评估技术，既包括个别评估，也包括综合评估。在明确技术所造成影响的对象、程度和范围之后，就要对这些影响加以分析。对某一种影响进行分析，即个别评估，要求尽可能深入地研究，力求做出精准判断。在对技术所造成影响的各个方面进行单独分析之后，要进行总体分析，然后将各个方面的判断综合起来，形成整体的评估，即综合评估。综合评估应当尽可能全面，同时也要对不同方面的个别评估进行对比分析，从而确定综合评估中单一方面影响的优先级。

　　第四步，分析评估结果和制定对策。在分析了技术的影响之后，需要采取措施，技术评估的最后一步就是制定对策并分析。进行技术评估的最终目的在于应用那些有益于人类的技术，所以对技术形成评估结果不意味着结束，而是实施的开始。在这一步，要根据上一步的评估来制定对策，形成实施方案。

第五节　技术评估的类别

前几节中，我们介绍了技术评估的对象、目标、原则和一般过程，但是不同的技术评估活动之间存在差异，本节将介绍五种技术评估类别，分别是学术技术评估、工业技术评估、议会型技术评估、行政权力导向的技术评估和实验室型技术评估。

一、学术技术评估

在学术技术评估中，技术评估项目研究的是理论基础，这种类型的技术评估将促进技术评估作为一种具备科学性的跨学科领域的发展。具体而言，学术技术评估要开发、实施并评估新的技术评估方法和理论进展，将技术评估成果融入技术和科学的理论中，并促进理论发展。技术评估的目的是达成目标，而不是为了使用方法进行分析。也就是说，评估时采用的方法始终是在预算和时间的限制内能够产生最佳验证和最可靠信息的方法。学术技术评估主要由学术型研究机构展开，包括高校及研究所等。学术技术评估应当针对方法的效率和有效性进行系统考察，但是这个过程应当作为探索技术评估理论过程中的一部分。学术技术评估需要致力于开发合适的技术评估理论框架，并改善技术评估的流程。学术技术评估是一个较新的领域，还没有得到很好的发展，原因在于技术评估是一项客户导向型的实践活动，它服务的客户都有独特的要求，它应用的环境也都有独特性。

二、工业技术评估

在工业技术评估中，技术评估活动成为一项辅助制定战略技术的工具，这种情境下的技术评估活动被称为创业规划或应用型技术评估。这种类型的技术评估被视为企业内部决策过程的一部分。目前，技术评估是一些主要的国际大公司规划过程中的一个固有部分，是一系列范围广泛的分析技术，这些技术旨在尽可能定量评估工业产品及其制造过程对人类健康和生活福利以及地球生态系统的影响。工业技术评估活动往往和企业的战略计划密切相关，其结论能够为制订战略计划提供参考。从这个角度来说，技术评估不再是一项独立的活动，这也是工业技术评估通常被称为创业规划或应用型技术评估，而非技术评估的原因。如今，人们对可持续性的关注日益增加，而可持续性对技术的发展提出了新要求，工业技术评估活动也随之日益受到关注，人们开始关注工业在发展和生产过程中产生的社会次要影响。

三、议会型技术评估

在议会型技术评估中，技术评估的目标是向议会成员（议员）提供关于科学技术决策的建议（例如，当议员要筹建某个项目时，为他们提供采用不同技术所需要花费的预算）；提供那些依赖于科学或技术发展的决策的建议（例如，议员想要设定二氧化碳税时要考虑排放二氧化碳的行业和企业有哪些，哪些生产环节可以通过技术更替来减少二氧化碳排放，哪些技术可以给高耗能行业带来能源使用效率的提升和二氧化碳排放的降低。此时，技术评估可以为其提供相关的信息和建议）。美国技术评估办公室使用的技术评估属于议会型技术评估。美国技术评估办公室负责进行技术评估，其长期和国会议员进行互动，为他们提供决策支持。在欧洲，进行议会型技术评估活动的组织更多地作为技术评估的组织者，并将技术评估研究的结果以议员们能够理解的方式呈现出来，同时充当议员和技术评估研究人员之间的沟通桥梁。

四、行政权力导向的技术评估

行政权力导向的技术评估成为政策制定者用来评估和支持其政策的工具。政府可以将这种技术评估纳入国家科技计划，如果政府这样做，可能会出现两种情况：第一种情况是，进行技术评估的部门采取议会型技术评估的运作模式；第二种情况是，该部门采取学术技术评估或工业技术评估的模式。总而言之，以上两种形式中的技术评估都成为用来制定、应用和发展经济和科学政策的工具。

五、实验室型技术评估

实验室型技术评估是研究人员自行开展的技术评估，评估结果主要用于指导研究人员正在开发的技术。这种类型的技术评估力求提高研发管理的整体效率，并增强社会责任感。实验室型技术评估一般发生在特定的研究环境中，如研究所或大学，因此实施实验室型技术评估的方法受到研究任务和科学文化背景的制约。也就是说，进行这种技术评估需要系统的流程，还要考虑机构研究背景的特殊性。

第六节　本章小结

本章介绍了技术和技术评估的基本概念，包括其内涵与外延。技术和科学、工艺之间存在联系和区别。根据生命周期理论，可以将技术划分为实用化前技术、研究开发中的技术、投入阶段的技术、实用化技术。也可以根据类型，将技术划分为生产技术和社会开发技术、颠覆性技术、软技术和硬技术。随着人们对技术评估的认识逐渐深入，技术生命周期、技术评估指标等概念随之产生。以新技术和政策作为评估对象，发现技术可能出现的问题，并解决这些问题。在项目中综合使用各种技术，需要坚持系统性、需要性、预测性、可行性和动态性五项原则，针对不同类型的技术评估采用适当的评估过程，以确保最终顺利实施相关技术。

思考题：

1. 什么是技术？哪些是你感兴趣的技术？谈谈你的认识。
2. 简述技术和科学、工艺之间的区别与联系。
3. 什么是技术评估？简述技术评估的内涵。

| 第三章 |

技术评估理论

技术评估思想主要有功利主义技术评估思想和民主程序化技术评估思想两种流派，本章对技术评估理论及其演变进行梳理总结，详细分析了包括预警式技术评估、建设性技术评估和参与式技术评估在内的传统理论，以及综合性技术评估、实时性技术评估代表的现代理论。通过本章的学习，旨在明确技术评估理论及其演变历程，为技术评估的实践奠定理论基础。

第一节 技术评估理论演变

从 20 世纪 60 年代的早期预警式技术评估、80 年代的建设性技术评估和参与式技术评估、90 年代的综合性技术评估到近年的实时性技术评估，几十年来，技术评估理论不断发展（见图 3 - 1）。根据技术评估出现的时间，可以将技术评估归纳为传统技术评估理论和现代技术评估理论两个阶段。传统技术评估理论包括早期预警式技术评估（Early Warning Technology Assessment，EWTA）、建设性技术评估（Constructive Technology Assessment，CTA）和参与式技术评估（Participatory TA，PTA）。现代技术评估理论包括综合性技术评估（Integrated Technology Assessment，ITA）和实时性技术评估（Real-Time Technology Assessment，Real-time TA）。

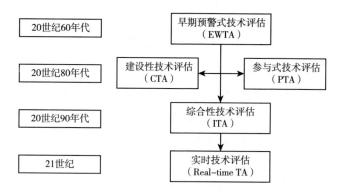

图 3-1 技术评估理论的演变

传统的技术评估概念认为，技术评估在科学发展中占据主导地位，对一项技术的评估将决定这项技术能否应用。也正是如此，持有这种观点的学者认为其研究潜力很大，对其抱有很大期望。技术评估的产出结果只是对技术的研究报告，同时，进行技术评估活动的也只有单一技术评估研究机构。传统的技术评估对当下应用技术时可能遇到的问题关注较少。传统的技术评估强调理性制定决策，在这一过程中信息被当作工具来使用。技术评估的结果自动纳入决策过程，进行技术评估被视为政策制定者的职责。

新的技术评估概念认为，技术研究人员和技术使用者是平等的，他们共同决定一项技术的发展方向。人们认识到他们做出的技术评估不是完美的，对自身研究的潜力的期望不如传统技术评估那样高，他们对研究潜力抱有适度的期望。参与者的增加使得技术评估的输出内容变成了对研究报告和研究结果引发的讨论，新的技术评估非常注意确定当下可能存在的问题。技术评估者从单一群体发展成了一种聚合体，他们需要具备多种形式的技术评估研究能力。新的技术评估在以政治考虑为主导的决策过程中概念性地使用收集到的信息，注重技术评估过程与决策的协调。技术评估活动成为一种具有社会性、民主性和反思性的活动（Nguyen et al.，1996）。

新旧技术评估的更替让技术评估的目标和任务越来越具体化，技术评估要考虑的因素也越来越多，同时必须保持高度的责任感和客观性。传统的技术评估面临巨大的挑战，需要通过改进和创新来适应社会和技术环境的变化，以完成其使命和实现目标。现代的技术评估以明确地处理技术评估和选择为特征，这是与过去方法相比较为明显的区别。然而，这并不要求完全拒绝过去评估技术的方法，即使这些方法是隐含的。相反，需要研究这些方法并探索如何将它们整合到更现代的方法中。例如，技术风险并不仅仅是计算可测量的因素，还涉及人们的信仰、价值观和世界观，因此在评估技术的时候，需要将这些因素考虑在内，以便更全面地理解技术与社会之间的相互作用。随着传统技术评估的不断改进和创新，技术评估在评估方式、对象、模型等方面都获得了新的发展。

技术评估的发展不仅在于新的评估方式。近年来，随着科技的不断发展和应用范围的扩大，技术评估的对象、模型和理念也在不断发展和创新，逐渐出现了数字技术评估、立法技术评估、评估模型创新和差异化技术评估。（1）数字技术评估。随着数字技术的飞速发展，数字技术评估成为重要的评估领域。数字技术评估包括评估人工智能、大数据、区块链、物联网、云计算等技术对社会、经济和环境等的影响。（2）立法技术评估。立法技术评估是指，在制定新法律或修改现有法律时，对技术因素进行评估，以了解技术对新法律的影响和可行性。立法技术评估可以帮助政策制定者更好地了解技术和政策之间的关系，从而减少法律的不确定性和风险。（3）评估模型创新。评估模型创新包括使用新的评估模型、工具和方法，以更好地评估技术的影响和风险。例如，系统动力学、多准则决策分析、生命周期评估等方法都被广泛应用于技术评估。（4）差异化技术评估。差异化技术评估是指，在评估过程中，考虑特定地区文化、社会、经济和环境等因素的差异，以更好地了解技术对特定地区的影响和适用性，从而可以根据不同地区的差异，制定更符合实际情况的技术政策和措施。

第二节　传统技术评估理论

在技术评估不断发展的几十年中，人们对技术评估理论和方法的探索从未停止，在这个过程中产生了早期预警式技术评估、参与式技术评估、交互式技术评估、建设性技术评估、综合性技术评估和实时性技术评估等多种技术评估。本书将早期预警式技术评估、建设性技术评估和参与式技术评估三种技术评估统称为传统技术评估，原因在于它们提出时间较早，发展较为成熟，已经形成了较为完整的体系。

一、早期预警式技术评估

（一）早期预警式技术评估的概念

预警式技术评估是最初的技术评估理论，该理论强调确定科学和技术发展对社会的影响。预警式技术评估被视为决策过程中的一个环节。预警式技术评估对科学家和工程师的成就进行分析，而这些分析将成为决策制定者制定决策时的依据。预警式技术评估的评估过程基于实证主义的假设，该实证主义的假设认为预测技术和科学发展的社会影响是可行的，而决策制定者将会在决策的过程中利用这些"客观"的预测。因此，预警式技术评估也被称为"事实性的中立决策"，也就是说，这种技术评估在技术发展方向的结论中包含了决策制定者的立场。

预警式技术评估是发生在实验室之外的实践，更有甚者，发生在技术科学界之外。这一阶段的技术评估缺乏从事技术开发工作的科学家或大众的积极参与；相反，预警式技术评估理论认为，政策制定者通过最大化积极影响或最小化消极影响来操控技术的发展，而让大量的群众参与其中反而会带来不确定性。

（二）早期预警式技术评估的实施

早期预警式技术评估的实施框架如图 3 - 2 所示。这个实施框架展示了技术评估过程中的重点和要素，而非硬性规定（Wad and Radnor，1984）。

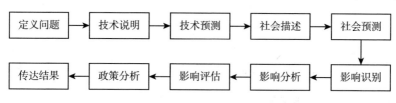

图 3 - 2　早期预警式技术评估实施框架

资料来源：Porter, Alan L. , Rossini, F. A. , Carpenter, S. R. and Roper, A. T. A Guidebook for Technology Assessment and Impact Analysis. New York, North-Holland, 1980.

1. 定义问题

这是进行实际评估之前的一项活动，为后续技术评估活动奠定基础。它要求确立问题的适当范围和建立研究限制参数，即确立边界。早期预警式技术评估认为有必要明确限制评估的范围，因为如果不加以限制，研究很可能变得越来越复杂和烦琐。这一阶段还包括批判性地审查展开评估的必要性，这有助于确定一个有用且具体的评估主题。此外，有关问题重要性、研究中的基本假设以及利益相关者的问题也需要在此阶段提出。

在早期预警式技术评估看来，以定义问题展开评估是十分重要的，因为资源是有限的，确定技术活动的边界十分重要，明确边界可以使技术评估活动在给定资源限制内系统地进行。可用于限制研究的六个参数，即时间范围、地理范围、机构范围、技术和应用范围、影响部门和政策选择。此外，评估人员还必须决定输入来源或研究的限制，并确定最终输出的用户。需要注意的是，确定边界不是确定了就不再变化的一次性行为，而是一个随着研究进展而不断微调的过程，需要对外界的变化做出灵活的反应。边界的约束力量包括技术评估的发起人、技术本身以及技术发展和预计的跨度、预期的社会价值结构的选择。技术评估的发起人通常确定评估的主要目的和预期的用户，并提供评估工作必须遵守的预算和相关限制。评估团队有责任确保边界约束符合主题技术的逻辑和可行预测，然而满足这项责任可能需要扩展或放宽由发起人建议所带来的约束；同时，技术评估发起人和评估团队共同负责预测一系列未来的社会环境。

2. 技术说明

早期的技术评估十分重视技术说明，这是技术评估定义问题和边界任务结束之后的第一个功能元素，通常也是存在数据最多的环节。此阶段的主要目标是对要评估的技术进行全面描述，并预测其未来的发展，这项任务的组成部分有确定边界、采集数据并进行技术预测，其中最主要的组成部分是数据采集。这些数据是与技术本身相关的具体数据，而非技术潜在影响的数据。

3. 技术预测

预测技术的未来表现并制定几个相互排斥的技术替代方案，对于进行比较影响和政策分析至关重要。进行预测的目的并不是为了做出选择，而是确定可以选择的范围，以便后续进行影响评估并确定一系列备选方案可能带来的或大或小的影响。在确定和选择一项技术之前，要从五个方面关注这项技术：（1）将重点放在基于过去规划未来发展方向上，而不是定义开发技术的理想未来目标上；（2）制定高水平和低水平技术替代方案；（3）明白替代方案的选择时间点不只在当下，还在未来；（4）确定描述技术变化的方式；（5）利用建模或模拟的方法来帮助制定技术替代方案。一般而言，可以通过学术研究、对专家进行个人访谈、检索文献、召开会议和研讨会以及调查问卷的方式收集信息，其中，专家意见是技术相关信息的最常见来源。

4. 社会描述

由于技术评估的核心目的是审查技术对社会的影响，因此描述技术的使用环境也十分重要。尤其要注意社会上那些特别容易受到技术影响的因素，因为这些因素反过来也会影响技术。对社会的描述可以从三个层次来进行：第一层是在可预期的未来不会发生的部分，比如当社会和国家的稳定时，这部分的描述是将来不会爆发战争、意识形态和价值观不会出现重大转变；第二层的社会描述涉及社会的宏观指标——经济、人口、工业农业结构、教育等；第三层描述的是社会的具体方面，这些描述将成为特定评估的重要参考。将社会宏观指标进一步划分为全国各地区的数据、特定社会群体的信息、不同经济阶层的数据，如某一地区中产阶级家庭子女的受教育情况。第三层次相比前两个层次要复杂和具体得多，除了上述因素以外，还有那些和技术相关的意识形态因素。例如，发展中国家和发达国家的社会经济条件不同，发展中国家在社会、文化和经济特征方面也各不相同，因此正确描述一个国家的社会状况十分重要。

5. 社会预测

早期预警式技术评估中，技术评估主要取决于对社会未来状态的某种感知，因为潜在影响的性质和影响大小由当时社会的具体特征决定。这里的预测可以说是对未来社会的研究，根据阿姆斯特朗等（Armstrong et al.，1977）的研究，确定了社会预测四项基本原则：（1）社会系统具有连续性，特别是在社会结构和文化结构方面；（2）社会系统具有自我一致性并具有强大的凝聚力，这使得即使没有解决方案，紧张的局势也难以长时间持续或者扩大；（3）社会系统由利益相关者群体组成，这些群体可能导致紧张和冲突，从而成为变革的根源；（4）社会中存在因果关系，从某些已经发生的事情中可以得出逻辑结论，如某种产品价格上涨将导致对这种产品的消费减少。虽然这四项基本原则描述了社会行为的基本概念，但不意味着它们是完全正确的。这四项原则有其自身的局限性，比如，有的国家社会破坏频率很高，使人们对连续性产生了质疑；有的国家存在严重的内部矛盾，否认了社会的自我一致性准则；如果国家规划失败，则会使社会的因果关系受到质疑。

6. 影响识别

在确定问题、边界、描述技术和社会并确定预测任务之后，就要将视角聚焦于技术行为方面，识别、分析并评估技术行为带来的影响。另外，需要注意的是，前五步中的活动不是按照次序依次进行的，它们之间相互联系，可以同步进行，互相验证。

影响识别主要包括系统地产生有关技术和社会的知识，这些知识将被用于评估特定技术发展模式可能产生的后果，识别方法有还原法和整体法两种，如表3-1所示。

表3-1　　　　　　　　　　　影响识别方法

方法	还原法	整体法
基本思想	根据预先标准，将各种影响划分为较小的分组	让研究过程中受影响领域显现
具体识别方法	按照学科、利益相关者群体、技术功能的维度、逻辑类别等方式进行分类	扫描技术或追踪技术

（1）还原法。还原法根据预先标准，将各种影响划分为较小的分组，划分标准如下：

按照学科划分，将受影响的领域划分为不同的学科，再让技术评估团队中的研究人员根据学科组成不同的学科组，如技术评估的影响范围可以细分成环境、社会、法律、经济、技术、政治、制度、心理和文化等。

按照利益相关者群体进行划分，这种方法的重点是明确进行评估的技术会影响到的各方，这也是难点所在。该方法更适合重视公共投入和审查的技术评估。

按照技术功能的维度进行划分，一项技术可以分成多个环节，研究每个技术环节带来的影响，分别制定策略以应对这些影响。

按照逻辑类别进行划分，根据技术可能造成的影响进行先验逻辑分析，将所得信息作为技术评估时的影响分类依据，可以采用形态学分析、检查表和相关树等方法来达成这一目的。

（2）整体法。整体法采取的策略是，让研究过程中受影响领域显现，而不预先进行类别构造，这种方法更加灵活和全面。影响识别过程可以是一个使用直接、直观、单阶段方法扫描技术的过程，也可以是一个使用间接、按顺序、多阶段方法追踪技术的过程。采用扫描技术要求研究人员发挥想象力，尽可能找到不同的可能影响，确保主要和显著的影响不会被排除在评估之外。追踪技术中的步骤十分明确，它将一系列影响按照逻辑或时间的顺序排列。

此外，影响识别阶段还要考虑人力资源问题，考虑个人和团体对研究的投入、内外部人员的安排、受到潜在影响的群体，以及第三方代表等。

7. 影响分析

在确定了影响范围之后，需要对这些影响加以分析。这就要求根据影响的重要性、出现概率、可能的时间点、影响大小和受影响者组成来多方面评估每项影响，并评估可能出现的后续影响和更隐晦的影响。影响分析是技术评估的主体，这个环节涉及各种各样的技术以及技术活动。影响分析既包括对一项技术的总体影响分析，也包括具体的分析，如对环境、经济、文化等方面影响的分析。

分析影响可以采用三种方法。第一种是使用科学学科中的方法进行分析。由领域专家进行分析，采用的技术分析工具多为各自领域现有的方法，如使用成本效益分析的方法来分析经济影响，使用空气和水的扩散模型来分析环境影响等。第二种是使用跨学科和预测的方法进行分析。这种方法涵盖面广泛，包括系统分析、专家意见、类比推理、建模分析、趋势分析等。第三种是采用适合进行社会影响分析的方法。这种方法有定量测量、形态学分析、专家意见和投票等，其重点是分析技术造成的社会影响。除了以上方法以外，建模也被用于分析技术活动带来的影响。

8. 影响评估

在明确、分析影响之后，要对影响进行评估，这个阶段得到的评估结论将指导政策的制定。评估应当是系统的、全面的，包括对技术活动想要达成目标的评估，也包括对达成目标实际程度的评估。影响评估要尽可能提高评估的客观性，而采用的评估方法在一定程度上会影响评估的客观性。波特等（Porter et al.，1980）列出了三种不同的评估方法。一种是由评估小组独立完成评估。在这种情况下，需要阐明小组成员的基本价值观、偏见和经验。另一种是让利益相关者进行表述，可采取的方法有团体角色扮演、会议、与利益相关者商谈或让他们参与评估过程，从而听取他们的诉求。还有一种是进行参与式评估。这种方法比第二种更进一步，让利益相关者从自己的角度进行评估。

影响评估应该将各个部分的评估结合起来，这一阶段的输出将成为下一阶段政策分析的输入。

9. 政策分析

技术评估的最终目的是为政策提供有价值的输入，而政策分析的目的是向决策制定者提供一套可行方案的比较分析。阿姆斯特朗等（Armstrong et al.，1977）将政策分析划分为两个层次。第一个层次是分析每个可行备选方案的具体实施政策，可分为四个步骤：第一步，根据可行的备选技术制定相应可行的政策备选方案；第二步，对不同的政策备选方案进行单独分析，评估各个方案可能造成的影响；第三步，综合各项备选技术以组合成最佳方案；第四步，对最佳方案进行综合比较，找到可行方案，用于指导技术开发。第二个层次是分析所要采用的技术可能带来的不确定性、冲突、障碍等负面效果。

和影响识别一样，政策分析贯穿技术评估的整个过程。一项全面的政策分析应当能够为政策制定者提供各种可用替代方案，并且其可行性经历了客观的验证和分析，并被如实描述。

10. 传达结果

将技术评估的结果传达给相关各方。这一阶段的困难之处在于使被传达的对象正确理解技术评估的结论，因为这些传达对象可能处于不同的阶层，在学识、经验等方面存在差异。

此处列举几个可能出现沟通问题的环节。在传达用于制定政策的相关结果时，政策制定者要清楚了解不同路径和选项的优缺点，了解各个备选方案将带来怎样的后果，还要了解技术研究的流程和系统，以对技术形成全面的认识。有关评估项目的信息也需要特别沟通，如在技术评估时需要向研究人员提供正确的研究边界参数，将评估进展的信息传达给技术评估的发起人，将影响利益相关者的信息传达给这些利益相关者。沟通机制也可能带来沟通问题，信息的匮乏会让人产生不确定性，从而降低安全感和期待值。因此，在与不同人沟通时，采取不同的沟通策略，可以采用量化且简单的指标和直接的行为措施来传递相关信息，以与不同区域、不同群体的人们进行良好的沟通。

此外，还有一些障碍会影响到技术评估中沟通的有效性，如敏感性障碍、可能性障碍和风险性障碍等。可能会出现敏感性障碍的原因是很多技术评估用来应对的敏感问题，这些问题往往存在争议，可能增加沟通的复杂性。可能会出现可能性障碍的原因在于，技术评估的用户可能不熟悉评估所采用的概率方法，而采用确定性的方法有助于缓解这一障碍。对于风险性障碍，技术评估团队将得出的结论递交给技术评估的用户，这些结论将用于制定决策，而技术评估的用户可能是某个地区的代表，他们的选择和采取的行动将会影响其所在区域，进而影响他们自身，而这就意味着风险。面对风险，不同的人会采取不同的行为，因此他们可能质疑评估结果，甚至对评估结果抱有不信任的态度。

二、建设性技术评估

建设性技术评估是指，在评估过程中不仅是对技术进行评估，同时还要关注技术的发展和应用，以及与技术相关的社会和政治问题。建设性技术评估强调技术的设计和使用应该考虑社会和环境因素，通过评估结果提出建设性的技术政策和措施（Genus，2006）。

（一）建设性技术评估的概念

20世纪80年代出现了建设性技术评估的评估理论。建设性技术评估是荷兰在针对当时的技术管理方法，特别是在研究技术评估方法失败原因——没有实现技术和社会之间的融合——的基础上开发的。此时，技术评估的地理中心也从美国转移到了欧洲。建设性技术评估的一个基本原则是，技术开发应当是一个更加广泛、充满互动的过程，除了技术专家以外，还包括各类社会人士。扩大技术设计过程的好处是设计师、用户、公民和决策者的想法和价值观能够很早就被表达出来，并在技术开发过程中进行协商和重新判定。采用这样的形式可以改变技术一直以来从开发到投入市场、再到后续监管的普遍趋势，并且允许更持续地评估和修改那些正在开发中的技术（Schot，2001）。

建设性技术评估与预警式技术评估的不同之处在于：（1）它强调尽可能指导技术发展，而不是操控技术发展；（2）建设性技术评估理论反对预警式技术评估采用的方法；（3）建设性技术评估对实证主义的假设有不同的看法，认为假设可以提供关于技术发展的中立信息，因为所有的次要影响都取决于评估者的立场。学者们发现，位置理论和技术评估理论之间存在相关关系。

在建设性技术评估阶段，评估成为一项由所有可能的参与者或利益相关者共同参与技术开发、实施和消费的活动。此时的建设性技术评估被视为社会与科技发展之间的桥梁，建设性技术评估成为一种尝试让受技术影响的所有人参与评估过程的实践。尽管如此，建设性技术评估依然是一项在实验室之外组织的实践活动，科学家们并不参与评估过程，而是在结束之后才参与进来。

（二）建设性技术评估的参与者

建设性技术评估的参与者大致可以分为四类。第一类是技术行为者，指的是那些投资和维护技术开发计划的人。第二类是那些受到新技术、旧技术影响的人，如用户、工人。第三类是监管人，他们负责制定规则并代表着某种集体的利益。第四类参与者在建设性技术评估中负责促进和调节其他类型参与者之间的沟通。事实上，这些参与者类别之间并不冲突，一个人或一个组织可以是监管人，同时也发挥调节作用，如各种政府机构可以是任何类别的参与者。对于一项建设性技术评估活动来说，参与技术开发流程的各个参与者之间产生互动是第一步，也是最重要的一步，要想实现紧密交流的效果，可以采用专注技术的战略。

建设性技术评估的理念可以被许多参与者接受和实施，尽管这些参与者采用的方式不一定相同。它的支持者包括那些肩负着与用户和社会团体进行跨界合作任务的公司、制定技术政策和技术评估的政府机构，以及致力于讨论技术影响的消费者平台。

建设性技术评估代表了一种基于早期技术管理和政策见解的方法，它与技术的社会塑造和增量决策相关，并试图提高技术决策的社会稳健性。建设性技术评估的灵感来源于对解决技术推广和控制技术之间矛盾的需要，人们想要发扬技术好的一面的同时，也控制技术不利的方面。建设性技术评估想要同时实现推广和控制的目的，而不是在事情发生之后再采取控制行为，想要在事情发生之前就明确发展的道路并洞察技术未来的影响。它的目的是找到能够在社会中检验技术的方法，从而找到并尽可能避免技术带来的负面影响，以这样的方式来改善技术发展的过程。

（三）建设性技术评估的标准

根据吉鲁斯和柯勒斯（Genus and Coles，2005）的研究，建设性技术评估应当具有三个级别的标准。

第一，提前预测技术将会带来的影响，而不是在技术发展的过程中被动地回应所遇到的问题。尽管建设性技术评估强调预测未来后果的价值，但不能假设所有社会影响都是可预测的，这也是不切实际的。相反，必须假设技术发展是非线性和不可预测的，技术开发过程中的确会出现各种意想不到的情况。路径之间存在相关关系，选择某些解决方案来满足当前的需求将继续推动技术发展。当然，即使将来发生的事情难以预料，但这种不可预测性并不意味着预期是不可能的或毫无意义的，新的分析方法可以用来应对技术发展的非线性和反复无常。

技术发展的不可预测性有两个影响。一是在设计和实施过程中，项目经理需要将预期作为一项常规活动来组织，因为出现了不可预见的影响，发生了不可预料的互动。二是技术开发过程应灵活安排，以便推迟或改变。如果标准设计过程具备了灵活性和可替换性，那么进行技术开发将采取更开放的研究形式，接受更多社会参与者的输入。

第二，深入研究学习，明确并揭示技术设计背后隐含的核心价值。新技术在一个相互学习的过程中得到发展。技术选择、用户偏好和必要的制度变革不是事先就有的，而是创造出来并不断修改的。可以把学习看作是在两个层面上进行：第一阶段的学习是获得能够清晰表达现有市场需求（用户偏好）和监管要求，并将结论与设计特征联系起来的能力；第二阶段的学习则包括质疑现有的偏好和要求，以适应更为激进的可持续技术发展。

第三，提高技术相关人员的自发性，反思各方参与者在开发技术过程中扮演的角色，探索改进技术评估过程的潜在途径。当设计过程中除技术设计专家外还包括许多相关方时，与特定技术方案相关的潜在社会影响比当前实践中出现的要早得多，也更加清楚。这是因为参与者不仅都有其自身的观点，还要在不同的设计团队中协商设计概念。技术带来的影响不仅取决于技术设计师的想法和价值观，还取决于各种社会参与者之间的互动以及这些参与者所处的环境。建设性技术评估的目的是鼓励参与者认识到自己和他人的观点，并正视他们之间的差异，理解每一种设计方案在开发技术方案的同时会产生潜在的社会影响，无论这些影响是理想的或不理想的。自发性是技术相关参与者将技术设计和社会设计视为一个综合过程，并以此为前提采取行动。

建设性技术评估在设计阶段的早期就将技术的利益相关者联合起来，并期望达成共识，但不主张消除争议，而是更早地引发争议。该技术评估理论认为，争议是技术评估过程中的一个正常现象，并且存在解决争议的机制，因此，存在争议不一定是一个问题。然而，事实上，解决项目中的争议容易使项目偏离建设性技术评估的原则。

（四）建设性技术评估的局限性

建设性技术评估也存在局限性，它未能就公众参与的需要或要求提出任何实质性问题。建设性技术评估的设计者认为，采用民主的方式在提高技术评估和决策质量方面不重要，建设性技术评估的支持者们也没有将民主标准放在首位，并且怀疑那些想要民主的人只是为了谋求自身的利益。很多人认为，更多的参与者参与到技术评估过程中是为了改善技术决策，使之更加民主，而不认为有更多的参与者可以提升技术质量。

强调民主不一定能提升决策质量。采用非民主的方法有可能破坏许多社会所重视的结果和价值观。事实上，参与并不意味着仅仅享受便利，而应当是共同探索更好的出路。决策者面临一个两难的困境，他们需要在公众参与之中找到平衡点，如果公众参与不足，研发的技术可能不能得到公众的支持，政府可能进一步丧失其代表社会处理技术发展方向的支持；公众参与过多，各方之间为了自身的利益产生不可调和的矛盾而陷入无休止的辩论，不仅降低了技术研发的速度，还会降低人们对新技术的期待，甚至可能使技术"胎死腹中"。

三、参与式技术评估

参与式技术评估是指，评估过程中利用公众参与、社区参与等方式，增加社会各方的参与度和代表性。参与式技术评估能够充分考虑公众的利益和需求，使评估结果更加准确、客观，提高评估的可接受性和可信度（Hennen，1999）。与参与式技术评估概念相近的是交互式技术评估（Grin and Van de Graaf，1996）。交互式技术评估是指，在评估过程中，技术专家、政策制定者和公众等各方之间的交互作用。这种评估方法强调参与和协作，通过集思广益，共同制定技术政策和措施。交互式技术评估的目的是促进对技术和社会之间关系的深入理解，并促进技术和政策之间的协调和合作。

（一）参与式技术评估的概念

人们在进行技术评估的过程中逐渐认识到民主的重要性（如建设性技术评估），欧洲学者率先提出了参与式技术评估的概念。广义上的参与式技术评估指的是评估社会技术问题的一类方法和程序，这些方法和程序使各类社会成员能够积极地参与到评论和讨论之中。社会成员的构成十分复杂，可以是消费者、环境利益群体、行业协会、教会等民间社会组织，也可以是议员、监管机构、政府部门等国家系统的一部分。在欧洲，社会成员还包括个人利益相关者，尤其是科学家和技术专家。参与式技术评估的目的是评估科学技术超出其纯科学、技术和经济方面的问题，即更广泛的社会、道德和政治方面的问题。

参与式技术评估最初在 20 世纪 80 年代末由少数几个国家实验性应用，其中在丹麦的应用最为引人注目，丹麦技术委员会（Danish Board of Technology）组织了让民众参与的共识会议。建设性技术评估是学术界和工业界共同制定的，其目的是通过互动评估程序，使技术开发过程更好地满足用户需求。为了更好地进行参与式技术评估，欧洲参与式技术评估项目（EUROPTA）应运而生，它的总目标是促进对参与式技术评估作用的理解，并考虑在相关决策和机构层面实施参与性方法的标准。

（二）参与式技术评估产生的背景

根据 EUROPTA 关于参与式技术评估的定义，参与式技术评估有两个不同的视角，分别是实用主义和规范性。实用主义视角认为参与式技术评估的功能是改善和促进决策，而规范性视角则强调使决策民主化这一最初目的。

不确定性和不平等是参与式技术评估的重要前提。不确定性是指现代科学技术的应用给社会带来难以预测的变动，技术评估出现的根本原因就是应对这种不确定性，而不确定性主题成为技术评估和参与式技术评估行为边界的基本构成要素。所谓的不平等，指的是在决策过程中每个人拥有的资源和机会不同。做出技术发展决策的人群可能不是那些受到技术带来伤害的人群，而对于一项技术来说，不同的人群会承受不同的风险，得到不同的利益。

EUROPTA 项目中关于参与式技术评估的理论主要关注应对科学技术在公共决策中的不确定性和不平等问题。政治系统对技术政策的支持具有双重效果，因为国家面临相互矛盾的要求：一方面，国家作为科学技术的推动者，以便利用新技术带来的好处，创新体系中的成员期望国家提供应用新技术的相关支持，同时政治体系也希望创造一个积极的公众氛围，使新技术被人们接受。另一方面，国家负责对技术进行监管，避免技术对公众造成意想不到的负面后果。同时，公众也希望技术可能带来的风险得到控制和监管，从而维护他们自身的利益，但是由于他们无法左右技术创新与发展，因此往往期望通过政策的手段来对技术的应用进行控制。

不平等可以分为三个维度。第一，认识维度。它反映了不同社会成员对科学和技术问题的看法，包括技术对其生活条件的影响。第二，规范维度。这个维度中的规范和价值观经常和利益混淆，有的规范和价值观被认为可能带来更大的利益而备受追捧。第三，实用维度。它反映了技术发展的决策过程中制度化或非正式化影响不平等分配的情况，以及社会成员参与技术发展过程中资源的不平等分配情况，如不是每个社会成员都有机会表达自己的观点，而且他们的观点的分量也不同。

以上三种维度也可以用于不确定性的区分。第一，认识维度。知识生产的加速产生了认识的不确定性，对单现象的理解变得越来越复杂，同时认识的主要局限性也随之出现。第二，规范维度。规范的不确定性在于科学技术发展带来的新问题和新困难，这些问题让传统的伦理原则、规范和标准不再具有指导性和充分性，而新的伦理原则、规范和标准又需要一定的时间才能产生。第三，实用维度。其不确定性在于政治、社会系统和机构都难以得出结论，同时由于技术存在认识和规范上的不确定性，技术也难以在充满变化的社会环境中得到良好的发展和运用。

为了解决与技术相关的国家决策和公共看法之间的不确定性和不平等，根据以下六个维度，可采取不同的措施：（1）认识的不确定性。在制定技术决策时，考虑所有相关学科的成果，尽可能收集"隐性知识"，特别是那些可能受到技术发展的影响的人所需要的"隐性知识"，以建立起全面的认识基础。（2）规范的不确定性。将所有的涉及伦理原则、规范和标准的观点都表达出来，然后依次建立新的伦理原则、规范和标准。（3）实用的不确定性。制定一套尽可能完整的备选方案，考虑所有利益相关者的利益，积极进行协商。（4）认识的不平等。需要考虑产生利益、风险和影响的分配不均的知识，不能默认包括或排除某一特定学科及其发现和观点。（5）规范的不平等。需要考虑观点和价值的多样性，而不是加以反对，不要在一开始的时候就确定某一套规范和标准本身就是最重要的规范和标准。（6）实用的不平等。采取措施以确保所有参与者平等地获得资源，获得平等表达自身意愿的机会。

可以采用政策工具来应对这些不平等和不确定性。在认识维度上，政策工具应当通过决策过程而得以加强，确保决策在现有最佳知识的基础上进行。政策工具还应当使社会成员和机构了解不同的观点和解决方案，并增强成员之间的了解。在规范维度上，政策工具应当让受到技术影响的人和过去被边缘化的人也有发言权，提高决策过程的民主参与程度。在实用维度上，政策工具应有助于奠定今后协商一致性意见或澄清分歧的基础。

技术评估是一种科学—政治的混合方法，它是政策制定问题的一部分，同时也为政策制定问题提供解决方案。技术评估不仅要为制定政策提供科学建议，还要将不同的评价和规范与技术政策结合起来。参与式技术评估的出现有其特定的背景环境。传统的技术评估将技术评估活动视为科学家和政策制定者之间的沟通过程，预测未来是科技评估的价值所在。然而，人们在实践过程中越来越意识到技术后果的预测具有不确定性，传统的技术评估的价值基础逐渐消失。参与式技术评估的出现是为了解决公众对技术的争议，在这个过程中加入参与性的方法。参与这一行为被认为提供了认知、规范和实用的社会合法决策基础，用来应对在技术发展的动态过程、知识的不确定性和有争议的价值观背景下的一系列技术活动。即使参与的方法无法在不同理念的社会成员之间达成新共识，但也可以为探索可行的替代方案和解决潜在的分歧提供帮助。

在技术评估中加入"参与"的原因有以下三个：首先，技术评估需要受影响者的知识投入，以帮助政策制定者制定出考虑到技术各个方面问题的决策；其次，如果已制定的政策合法合规，就有机会被社会所接受，而要想真正被公众认可，就要考虑利益相关者的利益和理念，并照顾到那些没有足够能力表达自己意见的群体；最后，参与这一行为创造了一个调和冲突的机会，并为制定新的解决方案提供了平台。

（三）参与式技术评估的影响因素

不同国家的文化、传统和价值取向存在差异，相应地，不同国家的决策者也存在不同的决策倾向。以下几个因素可能会影响参与式技术评估的方法、实施过程和结果，分别是技术创新体系、政治制度、技术争议与公共领域、社会辩论方式等（见图 3-3）。

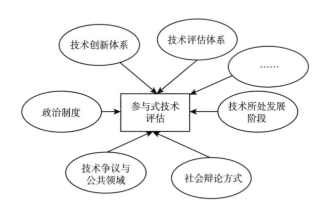

图 3-3 参与式技术评估的影响因素

1. 技术创新体系

创新一直以来被视为一个线性的过程，包含一系列连续的阶段，如研究、开发、演示、传播和应用。创新的动力曾被认为来自技术人员的供给和市场需求。然而，随着时间的推移，现在人们认为创新源于科学技术和市场之间的关联。为了研究创新过程，卡隆等建立了技术经济网络（techno-economic network，TEN）。技术经济网络被视为一组协调的、由多种成分组成的行为体，包括公共实验室、技术研究中心、工业公司、金融机构、用户和公共机构，它们共同参与创新的发展和传播，并相互合作来协调科技研究和市场之间的关系。技术经济网络的五个主要支点是科学、技术、市场、消费和政策。其中，科学支点涉及科学家和研究人员，他们负责生产科学知识，具体而言，经过验证和认证的科学知识由大学或研究所的科学家研究出来；技术支点涉及工程师和技术人员，他们负责在公司、合作中心或实验工厂的技术实验室设计开发产品；市场支点涉及管理人员和经理，他们试图预测新的消费者需求，也要将用户表达出来的需求转化为产品；消费支点涉及消费者，他们负责赋予产品价值并消费；政策支点涉及政策制定者，他们负责刺激和管理创新。以上五个支点中，科学、技术和市场是最主要的支点。

2. 政治制度

政治制度发挥两个重要作用，不仅要促进科学和技术的发展，还要调节科技带来的风险和可能的社会影响。政治制度决定解决分析技术的问题的机构和程序，以及公众、专家团体、行业在此程序中能发挥多大作用。不同国家的技术政策文化将会影响到公众参与技术政策的态度和技术评估机构在技术相关问题上发挥的作用。

3. 技术争议与公共领域

虽然现代社会中的技术是一个有争议的问题，但是不同的问题在公众关注度、激烈程度和公众争议的性质方面存在巨大差异，这些差异使得没法用一种完全固定的程序化行为对技术进行评估，而是需要量身定制评估方案，比如参与式技术评估。进行参与式技术评估需要一个更加开放和公正的辩论环境，如果存在强大的利益集团、各个参与者之间的立场和利益关系无法妥协，则会对公开的技术辩论带来不利的环境影响。在技术争议和公共领域，公众对专家的信任和政治监管体系会起到决定性作用。那么，哪些因素会影响公众的信任？公众过去与专家和政策系统的互动经验可能会影响这种信任。如果历来有让受到决策影响的人参与决策过程的传统，那么人们会对专家更抱有信心。此外，媒体的力量不容忽视，如果所有利益相关者都可以利用媒体发声，则可以在一定程度上增强人们的信任。

4. 社会辩论方式会影响参与式技术评估

与任何类型的辩论一样，社会辩论意味着社会成员之间思想和观点的交流，这种交流不必面对面进行，它的显著特点是超越了私人利益，而关注整个社会的公共利益。社会辩论不能完全制度化。原则上，其在时间、空间和内容方面是无限的，而参与社会辩论的人员的构成、数量和范围都可能存在差异。直接参与关键技术问题的人和不直接参与者都可能参加社会辩论，各个领域的专家和感兴趣的普通公民也都可能参加社会辩论，辩论的规模可能扩大到全国，也可能仅仅局限于一个小学术圈。

5. 技术所处发展阶段

在技术不同的开发阶段，人们需要的决策可能不同，这会影响到参与式技术评估的主题和功能。人们通常在技术的早期阶段确定技术发展的目标，而在技术后期阶段则对技术应用的监管达成共识。

6. 技术评估体系

技术评估的设计、运作和结果将取决于执行或协调项目的组织或机构的制度背景及其与更广泛的社会背景、历史的关系。技术评估的制度通过以下两种方式来影响参与式技术评估：第一，制度可能直接决定参与式技术评估的作用。如果技术评估的制度和政策的决策过程相关联，那么相比不关联的情况，参与式技术评估的结论更有可能适用于这一决策过程。而如果技术评估的制度和政策的决策过程之间关联不强，参与式技术评估可能扮演另一种角色，如为公共辩论提供信息。由此可见，同样的参与式技术评估设计可能在不同的制度背景下发挥不同的作用。第二，制度也可以决定技术评估在不同社会成员对技术评估制度的认知方面的作用。如果一个技术评估机构享有广泛的信任并具有合法性，那么参与式技术评估更有可能受到人们的重视。

此外，技术评估机构的运作模式也会影响到参与式技术评估。财政情况、人力资源情况、完成项目的时间压力以及对主题选择的限制都会影响参与式技术评估的设计。同时，项目的选择、组织和分析方式等内部文化也会影响参与式技术评估的安排。技术评估机构可以采用不同的技术评估方法来应对时间要求，有的方法可以在几周内对技术问题做出反应，有的则需要一年或者更长时间来为技术问题做出解答。如果机构预先设定了这些方法并证明它们是有效的，那么机构可以在大多数时间里同时满足时间要求和评估必备的全面性。这些方法可以说是一种框架，而不是可以生搬硬套在所有问题上的固定程序。

（四）参与式技术评估的过程

与参与式技术评估过程相关的是项目、方法和技术。这里的项目指的是一项旨在实现特定目标的临时性且经常变化的计划。方法是一种人与人之间互动的程序，可以描述项目的整个程序（例如，共识会议是一种在很大程度上描述项目中所有程序的方法），也可以只描述适合项目部分的程序。技巧可以在方法中产生某些结果，提供某些群体动力，利用参与者的创造力，或让参与者优先考虑他们的发现。

参与式技术评估可以分为三个部分：设置和流程，价值观、假设和目标以及结果。设置和流程部分描述了为什么要对参与式技术评估的过程的设计做出某些选择，以及参与式技术评估的过程实际如何运作。价值观、假设和目标部分描述了各个行为者如何看待社会问题，组织者如何将社会问题转化为参与式技术评估的研究问题，以及参与在参与式技术评估过程中对各个行为者的作用和职能。结果部分从产品、媒体报道和影响方面描述了参与式技术评估过程带来的结果。

参与式技术评估的过程由一系列按时间安排的活动组成。如图 3 - 4 所示，参与式技术评估可以分为七个阶段。

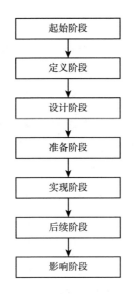

图 3 - 4   参与式技术评估过程

第一阶段，起始阶段。这一阶段要具体化项目的模糊想法，描述项目大致的情况。这一步通常是由技术评估研究所的管理层成员进行的，这一行为可能发生在项目实际开始之前。

第二阶段，定义阶段。这一阶段要对项目的想法进行研究，彻底分析问题或项目的目标，还要制定最终结果的质量标准，并建立项目的工作结构。为了更好地解决问题，有时还会启动初步研究、参访专家或组织研讨会，以正确聚焦并检查技术评估能给出的答案。

第三阶段，设计阶段。在设计阶段，要根据定义阶段提出的要求，找出最佳方案，制定和准备各种备选方案。基于问题的结构和限制来选择要使用的参与式技术评估方法，进行参与式技术评估过程的设计，并计划整个过程中的各项活动。

第四阶段，准备阶段。该阶段是为实现阶段进行准备的阶段。例如，研讨会可以是参与式技术评估的一部分，这一阶段要为举行研讨会而做准备，包括选取合适的地点、邀请选定的参与者以及聘请研讨会负责人。

第五阶段，实现阶段。项目计划的成果会在这一阶段逐步实现。在这一阶段，参与式技术评估要进行研究、研讨会和会议等活动，并且要编写报告，来自各个领域的参与者会参与到参与式技术评估当中。此外，该阶段还涉及将报告结果进行说明，并根据报告制定不同的政策。

第六阶段，后续阶段。实现阶段的完成并不意味着评估的终止，在实现阶段之后是后续阶段。这一阶段的工作是实施并维护结论，该阶段的重点是沟通。技术评估组织需要发布并传播参与式技术评估过程的结果，可采用的传播的方式多种多样，如直接发送报告，围绕参与式技术评估主题组织会议、举办讲座和向大众介绍政策情况。

第七阶段，影响阶段。参与式技术评估的结果将由技术评估组织进行再研究，用以改进现有的技术评估方法，也可以应用于技术评估组织之外的政治领域。原则上，当技术评估组织制作并传播技术评估的结果时，技术评估的过程就结束了，但是技术评估组织所制定的报告将被应用于社会，对人们的生活造成影响，因此，这一阶段依然存在技术评估机构和参与式技术评估参与者的支持。

在以上七个阶段中，前三个阶段，即起始阶段、定义阶段和设计阶段，决定了参与式技术评估的方向，因此是战略性的阶段。准备阶段主要做的是组织工作。实施阶段是参与式技术评估中的核心阶段。而最后两个阶段，即后续阶段和影响阶段，则与政策相关。

☞ **案例** ☜

20世纪90年代，哥本哈根的交通问题成为城市发展面临的一个重要挑战。随着交通量的不断增长，城市亟须对基础设施进行大规模扩建。然而，由于首都委员会这一协调机构被废除，各利益相关方在交通规划上意见分歧严重，导致决策过程缓慢且效率低下。

面对这样的僵持局面，丹麦技术委员会出手干预，引进了一种美国开发的方法——未来搜索会议。该方法的目的在于寻求行动者群体都能接受的一些愿景，并在此基础上建立一个共同的基础，从而制订能够获得广泛支持的行动计划。

会议于1998年3月举行，召集了64名代表不同利益群体的参与者。会议分为五个阶段：回顾过去、评估现状、设想未来、确定共同点和制订行动计划。开始会议时，与会者被要求根据自身的经历回顾哥本哈根过去的情况并评估当前的状况。其中，回顾过去是为了让参与者关注局势的历史背景。在这个过程中，他们可以表达自己的观点和价值观，这有助于他人更好地理解他们。在创造理想的未来场景阶段，进行头脑风暴。在第四阶段，参与者制定共同愿景并相互合作，这一阶段的目标是找到参与者之间的共同点，作为未来政策和决策的可行基础。在最后一个阶段，根据之前步骤确定的共同愿景来制订行动计划，参与者可以与自己的利益相关者小组一起制订行动计划，也可以邀请其他参与者组成特别小组以追求某种共同愿景。

会议最终提出了建立一个新的协调机构的建议，这一建议后来促成了哥本哈根发展委员会的成立。该委员会的目的是协调不同部门的交通规划，以实现更加高效和可持续的城市发展。会议还达成了建设绿色城市的共识，但具体行动方案的执行效果并不理想，且未能成功建立交通咨询委员会。

尽管这次会议为哥本哈根的交通规划提供了新的视角和方法，但它对实际政策的影响在短期内难以评估。部分参与者表示，虽然会议允许进行建设性的讨论，但他们没有足够的时间将共同愿景转化为具体的行动建议。这一案例表明，即使在多方参与和达成共识的情况下，将愿景转化为实际行动仍是一个复杂且充满挑战的过程。

资料来源：Joss, Simon and Bellucci, Sergio. Participatory Technology Assessment: European Perspectives [M]. University of Westminster (Centre for the Study of Democracy) & Swiss Centre for Technology Assessment, 2002.

第三节 现代技术评估理论

本节将介绍两种现代技术评估理论，分别是综合性技术评估和实时性技术评估。这两种理论出现的时间较晚，是在传统技术评估思想的基础上发展起来的。

一、综合性技术评估

综合性技术评估被定义为一种研究实践。在技术研发过程中，研究人员需要不断反思并尽可能地分析其研究的社会后果。将这些反思内容和研究结果应用于正在进行的项目的反馈过程，并尽可能地应用于整个研究计划，以避免产生负面和不必要的后果，从而使研究更具有效果和效率。

（一）综合性技术评估的概念

综合性技术评估理论是近年来伴随着技术评估实践活动的发展而出现的理论。这种评估理论想要通过优化知识生产和运作的流程来改善整个科学与技术的研发流程。

就像预警式技术评估和建设性综合评估的形成是基于其自身的应用背景一样，综合性技术评估也强调技术评估的具体形式应当根据其应用的背景来制定。这意味着技术评估首先都应该坚持科学的标准，用科学的方法进行评估。但随后的一系列制度因素将影响技术评估项目为什么以及如何被建立和管理，这也意味着在不同的制度背景之下，对于不同的参与技术评估的人来说，技术评估项目的目标和期望不同。因此，综合性技术评估没有成为一种成熟的、稳固的制度化流程，而是处于不断发展之中。

综合性技术评估的概念与主动型技术评估不同。主动型技术评估的目的在于防止特定技术对社会造成不利影响。例如，在使用某项技术之前就对其后果进行评估，根据这种评估制定的决策确实在一定程度上是有效的。

综合性技术评估没有固定的方法，它是一种实践理念，虽然有一套可以应对各种研究和背景的运作流程，且研究者在一定程度上享有自由，但是采取何种方法进行综合性技术评估，还需要研发经理和专业的技术评估顾问来系统地确定。他们制订计划、选取方法的方式可以通过程序、检查表和专业建议的方式，也可以通过研发过程中的协调工作进行。此外，综合性技术评估采用何种方法，还要考虑到研究人员的意愿、能力和具备的条件。因此，综合性技术评估必须基于参与者的意愿和技术评估意识。研究人员工作的开展也离不开机构的支持，需要找到机构目标和人员意愿之间的平衡，因为没有机构和研究人员的共同努力，综合性技术评估无法顺利展开。

开展研究工作的能力不仅仅是指当下已具备的能力，研究人员还要不断学习，只有在机构和人员相互协调共同学习的情况下，才能提升能力。实施综合性评估的首要任务就是确定学习过程，这个任务要求根据研究类型和研发人员的构成来针对性地提供相应的工具。典型的研究工具有特定的程序、协议、检查表等。这些工具不一定是现有的，如果有必要，还要开展特殊研究工具的培训。此外，还涉及组织的决策和运作模式。进行综合性技术评估不是一个简单的、自上而下的程序，而是涉及整个组织的全方位行动。

（二）综合性技术评估的流程

根据贝洛兹尼克和冯朗根霍夫（Berloznik and Van Langenhove，1998）的研究，综合性技术评估理论应当称为一种研发（R&D）过程中的内置监控。因此，他们提出了一个概念框架，展示管理过程如何与科学家和研究机构有机结合起来。他们认为，所有的研发项目都涉及人员、机构、资源和行动计划，而一个项目要想取得成功，需要具备两个前提：一个前提是这个项目进行了科学的工作，采取创造性思维设计实验，系统地建立实验，严谨地执行实验，并根据实验结果撰写论文等；另一个前提是利用了可利用的条件，比如获得财政和人力资源。技术评估可以被视为一种监控项目进程的可利用条件，有助于降低研究成本，并使研究人员承担由开发技术这项活动带来的社会责任。他们将研发分为三个层次：研发环境、研发机构和研发过程、研发项目管理。

1. 第一层：研发环境

研发环境包含三个部分，分别是经济市场、学界和政界。由工业科学领导的生产活动将产生对使用者有价值的产品，而产品有价值就意味着生产产品的技术也有相应的价值。可以说，技术研发是经济市场的一部分，是竞争力的重要来源之一。进行技术评估的评估人员是科学家和工程师，他们是学界的成员，他们的名誉、学术地位和同行对他们的评价很重要。政界也会影响研发进展，影响的方式可能是通过委托研究人员研究专门的技术、为研究者提供资助或者是研究本身就是发生在国家控制的研究机构之中。多种因素相互交错，相互作用，共同构成了复杂的研发环境。在这样的环境中，进行运作的行动者包括大学、行业公司、政府和超政府机构。例如，在欧洲，存在不同的技术评估理论和实践。在政策层面，占主导地位的技术评估理论仍然是早期预警式技术评估理论，但与此同时，大多数欧洲技术评估参与者（那些制定技术评估报告的研究人员）都致力于采用建设性技术评估的模式。

综合性技术评估活动的目标是提高科研人员对研发环境的认识。这就要求他们不仅专注于自己的专业领域，还要考虑工作环境中的其他因素，这些复杂因素共同构成了他们的研发环境。

2. 第二层：研发机构和研发过程

实际进行研发的机构主要由科学家、管理人员、支持人员等构成，他们可以被视为利益相关者。也就是说，研发机构的绩效和成果与他们息息相关。而研发机构的绩效可以被分成两个部分，即研发的实际成果，以及将研发文化新的方面纳入组织的创新过程，这两个部分共同构成了研发机构中的研发过程。研究计划在研发过程中扮演了输入端的角色，它由组织内部行动者负责制定，并受到同行和赞助商偏好的影响。可以说，组织内部人员、同行、赞助商等共同制定了研究计划的标准。这一层的内部表现由三个方面构成：研发项目的主要人力、资金资源的管理，对项目本身的管理，以及对创新的管理。研发过程的产出通常先是通过出版物和专利发表科学成果，而研发机构的产出是达到投入目标的程度，不一定是科学成果，且该产出会受到研发机构自身性质的影响。例如，在工业研发组织中的产出可以是市场表现。

这一层次中的综合技术评估活动应该以提高对研发机构的既定和实际目标的认识为目的。明确而具体的任务目标可以帮助研发人员确定他们当前的研发项目和预期的目标之间的差距，因此明确的任务陈述对于确定不同的正在进行的研发项目十分必要。评估取得成功的 R&D 项目，并在 R&D 项目中建立起学习交流程序都只可能发生在组织具有任务声明中所述的共同价值观和研究计划中所述共同目标的情况下。

3. 第三层：研发管理

实际进行管理的参与者是参与管理任务的人。虽然人力资源、财务管理和创新管理充斥着各研发项目，但是每个研发项目本身都必须由一定的管理结构来指导研究的进展。这种相关管理意味着要进行影响评估，同时研发管理的成功也会受到人力资源管理的一般对策和创新决策的影响，可以通过创造意愿和提升能力来评估人力资源的决策。

这一层次中的综合技术评估活动成为用来应对正在进行的研发项目以及评估与项目相关的社会、经济、生态和道德问题的工具。需要注意的是，评估研发项目的报告不仅仅在这一阶段才撰写，而应当在其他更早的阶段就撰写报告，并在这一阶段将不同阶段产生的报告进行汇总，生成最终报告。

要想在研发管理的各个层面引入综合性技术评估，研究者必须进行正确的投入以影响内部流程，从而设计出最佳的具有社会性、责任性的技术产品和流程。

实施综合性技术评估模式的动机是双重的：第一，综合性技术评估旨在增加科学家的社会责任；第二，综合性技术评估有助于提高研究的成本效率。这两种动机并不矛盾。进行新技术和新工艺的研发活动可以被视为具有社会影响的活动，显然也会带来经济影响。当前，新技术是否成功的一个重要的衡量指标就是商业化价值，但是将一项新技术送到用户手中就意味着参与研发的人员不仅要对研发阶段的产品和研发过程负责，还要对用户负责，这种行为有利于研究机构和研究人员，从而间接地有利于社会。综合性技术评估也可以作为一种成本效益研发管理方面的工具。研发过程中的错误可能带来严重的后果，使用综合性技术评估可以尽可能避免这些错误，确保研发带来创新。纠正研发中已经出现的错误和引导研发将来的方向都十分重要。研发的方向不只是追求经济价值，还有社会标准，如不对环境造成危害，符合可持续发展的理念，保障安全等。综合性技术评估可以避免研发出社会不能接受的产品或工艺，从这个角度来说，综合性技术评估无疑会带来更大的成本效益。

综合性技术评估有一套应对各种研究和背景的运作流程，但这并非是一个简单重复的程序，相反，该流程依赖于研发管理层的决策，而这些决策在应用于各个层次的时候还需要各方的支持，但支持不意味着死板地执行。

☞ **案例** ☜

三峡工程民主评估论证

长江三峡水利枢纽工程（以下简称三峡工程），是迄今为止全球规模最大的水力发电枢纽工程，位于湖北省宜昌市的三斗坪镇境内，其主要功能包括航运、防洪、发电等。三峡工程的决策过程长达 70 余年。不仅如此，三峡工程自提出的那一刻，就引发了巨大的争议，这些争议伴随着三峡工程建设的整个过程，一直到工程竣工投产的今天，这些争议依然存在。

兴建三峡工程的构想最早由孙中山先生提出，1912 年孙中山在《建国方略之二——实业计划》中谈到，需要对长江上游的水路进行改良，防止出现洪水隐患，随后民国政府对三峡工厂进行了勘探和初步设计研究。虽然 1946 年与美国签订了合约，但是受限于当时中国动荡的基本国情而没能真正实施。1949 年新中国成立，三峡工程得到了中央领导的重视，毛泽东要求尽快对三峡工程进行技术评论和坝址勘察。1954 年，长江流域发生了特大洪水，汉口堤防决口，湖北省内数万亩农田被洪水淹没，数百万百姓受灾。灾情促使中央下定决心建造三峡大坝，治理长江水患，并邀请苏联专家完成了长江流域的规划。

三峡工程具有空前的复杂性，受限于当时中国建设重大工程能力与条件，专家们对于三峡工程立即上马出现了意见分歧。支持者认为，三峡是防洪性能最好的地区，修建三峡水库可以应对长江中下游平原地区的洪涝灾害，还可以进行水力发电，并在一定程度上改善川江航道（林一山，1956）。而另外的人则认为，修建三峡工程是一把双刃剑。虽然修建三峡大坝可以解决水患问题，但涉及 125 万人需要从长江三峡地区迁移，120 万亩土地被淹没等问题，这与综合利用的原则相违背。因此，提出先修支流水库，再建干流水库的想法，逐步提升长江防控标准（李锐，1956）。因此，当时的国家领导人虽然希望三峡工程能够尽快上马，但是仍然保持着严谨审慎的态度对待国内外各方面的意见。

在新中国成立之后到文化大革命之前，三峡工程的战略意义、经济影响、社会影响等共同决定了三峡工程是一件国家大事，他需要中国领导人的亲自领导和直接参与，然而即使领导人们对三峡工程有着高度的认同也拥有拍板的权利，也充分发挥了民主作风和实事求是的态度，在重要工作方针决议中汲取专家的科学意见，尽可能提高中国重大工程决策治理的科学性和民主性。

文化大革命给造成的动乱使三峡工程的建设失去了基本的建设环境和资源，因此即使在此之前已经有了科学规范的决策，也无法保证工程的实施。

文化大革命之后，国家从总体上恢复了正常的社会秩序，经济开始发展，用电量也随之提升，再加上长江中下游在 20 世纪 80 年代发生了多次特大洪水，以上种种的背景为三峡工程的建设提供了需求。1983 年长江流域规划办公室编制了《三峡水利枢纽 150 米方案可行性研究报告》，关于蓄水位和坝高又经过了小部分代表的提出、专业人士的验证，最终将方案中的坝高提高到 175 米，正常蓄水位 150 米，三峡工程重新启动。

20 世纪 80 年代，关于三峡工程决策的信息社会化程度比 50 年代要公开得多，主要表现是学术界通过各种渠道和方式介入工程决策问题的讨论，各种不同的意见都得以充分发表。1986 年中共中央、国务院下达《关于长江三峡工程论证有关问题的通知》，文件指出即使在过去的三十多年里持续有相关部门和科研人员进行勘测、研究和设计工作，相关经验和研究资料都很丰富，但是为了使方案更加严谨，还需要对三峡工程的一些问题进行深入的研究讨论。文件提别提出要注意吸收有不同观点的专家参加，发扬技术民主，充分开展讨论。

三峡工程决策是个专题决策的综合，从重大工程决策的学理和逻辑看，还要有一个相反观点的综合方案于原来的综合方案进行深度对比、评价和选择，而不是在唯一的同意建设的综合方案框架下进行分享专题再论证。因此再论证阶段没能做到更加精细，也导致了一些缺陷一直持续到今天甚至更久远。

1989 年，经历再论证程序之后，水电部重新编写了可行性报告，并提交给国务院。国务院还邀请了曾对三峡工程持有怀疑态度的专家再次论证，此时仍然有专家表示反对。随后国务院建立了三峡工程审查委员会，共成立 10 个预审小组，并邀请 163 名各领域专家参与，采取实地考察的方式对可行性报告进行充分审查。之后为了使三峡工程顺利及进行，对三峡工程进行信息披露，使公众更多参与，提高公众对相关信息了解的深度。

综上所述，三峡工程立项论证决策治理历史不仅有国家权利引导与把控，在不同时段又有各领域专家参与决策制定，但是受限于基本国情和重大工程决策的实际水平，三峡工程的评估过程决策权力的配置、专家研究带来的科学性、公众参与的民主性和社会舆论的控制等方面都还有很大的提升空间。

资料来源：盛昭瀚，刘慧敏，燕雪，等 . 重大工程决策"中国之治"的现代化道路——我国重大工程决策治理 70 年［J］. 管理世界，2020，36（10）：170 - 203.

林一山 . 关于长江流域规划若干问题的商讨［J］. 中国水利，1956（5）：9 - 17.

李锐 . 关于长江流域规划的几个问题［J］. 水力发电，1956（9）：5 - 22，59.

吴光祥 . 中央三代领导人与"三峡工程"决策［J］. 党史纵横，2009（11）：5 - 9.

二、实时性技术评估

实时性技术评估是指，评估过程中需要实时反馈和调整，以便对技术进行实时监测和管理。实时性技术评估通常与新兴技术和创新相关，因为这些技术发展迅速，风险和机会都很大。通过实时性技术评估，可以及时调整技术政策和措施，减少技术带来的风险和不确定性，提高技术的成功率和应用效果（Guston and Sarewitz, 2002）。

（一）实时性技术评估的概念

实时性技术评估（real-time technology assessment）是一项较新的技术评估理论，由大卫·古斯顿和丹尼尔·萨雷维茨（Guston and Sarewitz, 2002）结合对纳米技术的评估提出。实时性技术评估是一项社会技术，其目标是重新设计知识的生产和运用流程，以使研发中的设计和其他可行的选择更加明确、清晰、透明，并被理解和参与。实时性技术评估将面向问题的实证研究和技术研究的动力以及伴随技术发展产生的价值观结合了起来。

建设性技术评估强调将技术活评估动反馈到技术的实际建设中（Schot and Rip, 1997），因此古斯顿和萨雷维茨将实时性技术评估建立在建设性技术评估的基础之上。实时性技术评估和建设性技术评估的联系和区别体现在以下三个方面：首先，实时性技术评估和建设性技术评估一样，都要求利益相关者参与评估过程并将技术评估与实际结合，但是实时性技术评估不参与新技术的实验，而是将评估嵌入知识创造过程中，它更多使用民意调查、焦点小组和情景开发等反射性措施来探索不同价值观和潜在的可替代结果。其次，实时性技术评估强调使用社会判断研究和调查研究等内容分析来研究知识、观念和价值观如何随时间演变，以加强沟通并确定新出现的问题。最后，实时性技术评估将技术蓝图和历史回顾与情景前瞻相结合，将技术创新置于历史背景中，使其更容易被理解和调整。

但是，实施实时性技术评估过程中也可能遇到问题。依旧以纳米技术为例。第一，规模问题。纳米技术存在各种各样的潜在应用，包括靶向药物输送、基因治疗、能量储存、超强材料等，这些应用都有巨大的发展潜力，因此单一的技术评估活动无法进行全面的评估。这就是为什么选择很重要，因为好的选择不仅意味着技术评估的成功，还意味着公众可以享受到创新的成果。第二，参与问题。纳米技术在刚刚开始发展的时候，其收益者尚不明确，参与技术评估的利益相关者也无法确定。公众通常是在技术进入市场之后才对其进行关注，因此有必要建立一种模式，使非专家团体也参与其中。第三，组织问题。实时性技术评估的核心是自然科学家、社会科学家和公众之间的密切合作，然而跨学科研究存在大量的障碍。第四，对实时性技术评估的支持问题。国家和国际层面对实时性技术评估的支持十分重要。实时性技术评估要求研究人员认识到技术合作的重要性，还要求他们将其视为研究过程中的一部分。从某种意义上讲，实时性技术评估是技术伦理、法律和社会影响研究的一部分，应该获得来自政府等机构的大力支持。

（二）实时性技术评估的模型

值得注意的是，古斯顿和萨雷维茨没有给出一个固定遵循的实时性技术评估模板，也没有演示总体的制度过程，而是给出了一个可以让评估者自行发挥的模型。实时性技术评估模型包括四个相互关联的组成部分。第一个组成部分是类比案例研究的发展。研究过去转型创新的例子可以为开发预测社会和新技术之间互动的框架提供帮助。第二个组成部分是绘制蓝图来表现相关创新企业的资源和能力。利用这一蓝图，可以确定关键的研发趋势、主要参与者及其扮演的角色、组织结构和组织关系。第三个组成部分是激发并监测利益相关者之间不断变化的知识、看法和态度。基于经验和研究的策略，可以提高有关创新的社会影响的科学交流的质量。第四个组成部分是对潜在社会影响进行分析和参与式的评估。社会认识到创新之后所做出的反应取决于各种社会行为体（包括科学家和普通大众）对创新带来的不断变化的影响的准备程度。以上活动应当同时进行、相互支持并充分融入创新过程中，这意味着要重新定义整个研发过程，使自然科学家、社会科学家、技术人员以及其他潜在的利益相关者都参与进去。

1. 类比案例研究

研究过去的转型创新案例，可以帮助开发、类比、对照和研究框架，以使评估人员理解和预测社会对创新的反应。例如，认识到过去谁对变革型创新做出了反应，以及他们所做出的反应的类型和方式，将帮助人们理解科学新兴领域与可能出现特定社会反应模式之间的关系，而这些社会反应模式会对研究结果产生积极或消极的影响。此外，基于过去案例的方法，可以通过研究，用于管理冲突和分配新科学技术影响的各种战略和战术，以帮助未来研发更有效的方法。因此，提升识别可供参考案例的能力就成为关键。

2. 研究计划蓝图

案例研究可以将不断发展的技术置于其历史背景中进行讨论，研究计划蓝图则可以监测并评估各个地区、国家乃至整个国际社会当前的研发活动。评估单位既可以是单个实验室，也可以涉及整个创新领域，无论规模如何，都要测绘出企业的资源和能力以确定关键研发趋势、主要参与者及其扮演的角色、组织结构和组织关系。可采用的测绘方法有标准文本挖掘、文献计量方法，还可以在研发环境中建立交流网络并进行更正式的访谈。研究计划蓝图将按照地点和行动主体来安排研发工作，既可以回答"谁在做什么"这样的一般性问题，也能够回答"某个国家的某个实验室在追求什么"这样的具体问题。

3. 交流和预警

研究人员、决策者、媒体公众之间的沟通在很大程度上决定了创新负责的社会关系。实时性技术评估的交流和预警提供了基于经验的、基于研究的策略，以提高科学、技术和社会发展之间的交流质量。交流和预警活动的关注重点包括：来源于主要媒体的创新的公共信息的内容分析；公众对创新的发展和应用的关注，以及期望的社会研判；确定公众对于媒体对创新描述的反应，并跟踪公众态度变化的调查研究。交流和预警不仅考虑了知识和观点，还考虑了影响，使实时性技术评估人员能够了解公众态度的历史趋势及其在不断发展的科学能力背景下是如何演变的。交流和预警还帮助确定技术评估和选择活动中要处理的公共优先事项，并使研究人员和公众进行更多更有效的沟通，促进更加开放的技术合作。

4. 技术评估和选择

社会认识到创新之后所做出的反应取决于各种社会行为体（包括科学家和普通大众）对创新带来的不断变化的影响的准备程度，科学技术政策要帮助社会做好这个准备。以纳米技术为例，技术评估和选择活动主要有三个功能，分别是：使用预测、路线图和专家启发等传统方法来评估纳米技术相关研究可能产生的社会影响和后果；制定一个应用于当下情景的审议过程来确定纳米技术研究的潜在影响，并以参与的方式制定技术发展的路径以增强有利影响，减弱不利影响；探讨实时性技术评估活动在纳米技术研究过程中的作用。

☞ **案例** ☜

人工器官技术

安等（Ahn et al.，2021）的研究提出了一种方法，在实时性技术评估中集成社会技术系统（STS）和媒体大数据分析，再将这样的方法用于人工器官技术的评估。技术评估常常遭遇科林里奇困境（Collingridge's dilemma）：一方面，新技术的影响在技术开发完成和应用之前是难以预测的；另一方面，一项新技术一旦在社会中确立，就很难改变或控制它。

人工器官技术涉及健康、公平、分配影响和伦理问题等社会问题的各个方面，并且与如今最活跃的生物技术领域合成生物学和干细胞密切相关。人工器官技术的新技术与人类生活的各个领域，如经济、社会、人们的感知、文化和制度相互作用。采用人工器官技术不可避免地会改变人们的看法，反过来，它将从根本上破坏和重建社会的几乎所有领域，如干预人类感知的变化。

资料来源：Sang-Jin Ahn，Ho Young Yoon，Young-Joo Lee，Text mining as a tool for real-time technology assessment：Application to the cross-national comparative study on artificial organ technology [J]. Technology in Society，Volume 66，2021，101659.

Arie Rip，Technology Assessment [J]. Editor（s）：James D. Wright，International Encyclopedia of the Social & Behavioral Sciences（Second Edition），Elsevier，2015，Pages 125 – 128.

第四节　本章小结

根据评估的主体和目的不同，如今的技术评估可以划分为学术技术评估、工业技术评估、议会型技术评估、行政权力导向的技术评估和实验室型技术评估五种。这些活动发生在社会不同的部门，但是它们的共同之处在于都是研究科学技术可能造成的影响。技术评估思想主要有两种流派，分别是功利主义技术评估思想和民主程序化技术评估思想，这两种技术评估思想在本质上截然不同。此外，格伦瓦尔德的技术评估思想强调技术伦理学在技术发展过程中发挥的作用，试图找到更完善的技术发展方向。根据出现的时间先后，技术评估方法主要有早期预警式技术评估、建设性技术评估、参与式技术评估、综合性技术评估和实时性技术评估。

思考题：

1. 请简述技术评估理论的演变历程。
2. 尝试总结传统技术评估理论、现代技术评估理论的特点。
3. 你还知道哪些现代技术评估理论在实践中的应用？

第四章

技术评估内容与方法

在学习技术评估的理论之后，我们将在本章介绍技术评估的具体内容和方法。对于技术评估的内容，将从技术价值、经济价值、社会价值、环境效应和实施风险五个方面进行说明；对于技术评估方法，将从传统方法和新方法两个视角进行介绍。通过本章的学习，旨在全面掌握技术评估内容，熟悉微观技术评估的内涵与步骤，认识技术应用和实施过程中的风险。

第一节　技术评估内容

在上一章中，我们介绍了技术评估的主要理论及其发展历程。这些不同的理论反映的评估思想各不相同，采用的评估方法也存在差异，但是它们最终都要回归到评估内容上来。这里提到的技术评估内容不同于我们在第二章中的技术评估对象，技术评估内容是建立在技术评估对象的基础之上的。可以说，技术评估对象是评估的客体，而评估内容则是要解答这个客体具备的属性会带来的正面或负面的影响以及这些影响的作用方式。

技术评估是一个复杂的、专业化的，涉及不同层面、不同学术机构的活动。成功的技术评估应当是有计划、有系统的程序活动。技术评估的主要内容包括两点。第一，技术评估设计的方案和提出的政策是针对某一项技术或者为了解决某一个问题，考察采用或限制该技术时可能引起的广泛的社会后果，考察解决问题的举措可能导致的其他领域的连锁反应。这就要求评估时尽可能科学客观地对正面、负面影响特别是非容忍影响做出全面充分的调查分析，从而建立起综合完善的评估指标体系。第二，分析采取的对策在上述后果中的表现。根据分析结果制定政策和采取行动，以尽可能发挥积极作用，减少或者避免负面影响。

这些技术评估内容来源于最早的技术评估，通常是站在全局的视角进行评估，可以被称为宏观的技术评估。那么，从企业的角度来看，技术评估是否也有必要？接下来将介绍微观技术评估。

微观层面的技术评估是与企业发展有关的技术评估，以技术方案或技术系统为对象，以技术系统能否实现方案要求的技术性能、功能、效率等为中心目标，对方案技术系统的可行性、可靠性、适用性、先进性及其综合技术效果进行权衡的研究活动，目的是从众多技术方案中选择一个与技术环境相适应的最佳方案或提出方案改进建议，为研发决策提供依据。概括而言，微观技术评估主要包含十个方面的内容，如图4-1所示。

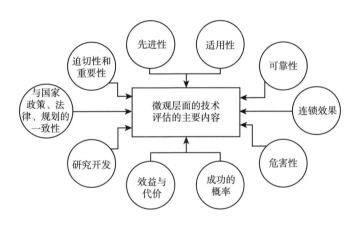

图4-1 微观层面技术评估的主要内容

第一，技术开发的迫切性和重要性。这是指从企业的经营方针和目标出发，衡量技术开发是否需要或者必要，以及迫切程度。这是进行技术开发的企业首先要回答的问题。

第二，技术的先进性。从实用意义和技术水平方面综合评估方案预期的技术优越程度和水平。技术水平通常划分为国际先进水平、国际水平，国内先进水平和国内一般水平。对于企业来说，技术先进性通常意味着竞争优势，企业的技术越先进，企业拥有的竞争优势越大，而更先进的技术也意味着更多的投入和更大的不确定性。但是，不是越先进的技术对企业就越有价值。先进性是一个方面，还要考虑技术的其他方面，如适用性、可靠性等。

第三，技术适用性。这是指方案预期的技术对推动企业生产的发展、满足企业经营和社会需要方面的适应能力，以及企业对预期技术的开发和吸收能力。企业采用新技术可能意味着生产方式的转变，先进的技术可能会增加企业和员工的学习成本。

第四，技术的可靠性。这是指方案预期的技术在使用过程中的可靠程度，即在一定时间内（通常为方案的寿命期内）和正常条件下，发挥技术稳定性能的稳定程度，而稳定程度是企业不断利用该技术的重要前提之一。

第五，技术的连锁效果。这是指预期技术的应用对推动本企业和本行业技术进步、促进相关技术发展所发挥的作用。

第六，技术的危害性。方案预期技术的危害性，如污染环境、破坏生态平衡等，要综合分析危害的有无、大小，以及能否消除、消除的难易程度与费用支出等。

第七，技术成功的概率。这是指方案预期技术应用获得成功的可能性，新技术带来的市场范围、可以提升的用户满意度、相较现有技术的改进点等因素都会影响技术取得成功的概率。

第八，技术的效益与代价。技术的效益是指预期技术产生的企业经济效益、国民经济效益和社会效益。技术的代价是指包括研发费用、投产费用、生产制造费用和其他费用在内的预期技术总费用支出。一般来说，技术的效益与技术代价呈正相关关系，在评估时要求对两者进行综合权衡，根据企业的实际情况量力而行。

第九，研究开发。这是指预期技术开发所需的时间。评估技术开发带来的时间成本同样很重要，企业必须做好技术成功开发之后由于消费者观念和市场变动而无法从中获利的准备。

第十，与国家政策、法律、规划的一致性。这是指预期技术的应用符合国家的技术政策、有关法律规定和行业及地区规划等的程度，包括但不限于社会伦理、污染排放标准等。

以上是在企业层面的微观技术评估所要考虑的内容。那么，在一般情况下，技术评估应当包含哪些内容？接下来，从技术价值、经济价值、社会价值、环境效应和实施风险五个方面说明。

一、技术价值评估

本部分内容将围绕技术本身开展，说明技术价值评估的内涵和特点、评估内容、评估原则、评估标准和评估过程（张艳，2005）。

（一）技术价值的内涵

学术界对技术和价值的关系认知有两种。一种是"技术价值中立"，指技术只是方法论意义上的一种纯粹的工具和手段。这种思想认为，技术以相同的效应标准来体现其本质，与政治因素、社会因素和伦理观念并无联系，技术知识是随时准备为其使用者之目的服务的工具，技术本身不含有任何技术目的或价值判断。这种思想否定了技术与价值之间的联系。另一种是"技术价值负荷"。技术价值负荷是指技术并不只是一种中立的方法和手段，技术本身负荷着特定的社会中的人的价值，技术在政治上、伦理上和文化上不是中性的，任何技术都内含着一定的好坏、善恶以及对错之类的价值取向与价值判断，这种观点又称之为技术价值论。这种思想肯定了技术与价值之间的联系。但随着时间的推移，学者们发现传统的技术中立论和技术价值论都存在着方法论上的错误，技术的内在价值决定技术的自然属性，技术的现实价值决定技术的社会属性。从技术的内在价值来看，技术是价值中立的；从技术的现实价值来看，技术是价值负荷的。而技术的内在价值和现实价值又统一于技术之中，归根结底，技术是价值负荷的。

技术价值包括技术的内在价值形态和现实价值形态，但无论哪种形态，都被称为技术价值。技术价值指的是技术主体化，是技术对主体的效应，它表达着技术对人的需要，发展的肯定或否定的性质、程度，并在技术与人的相互作用过程中不断展现开来。技术价值不同于技术的某方面特殊价值，如技术的经济价值、政治价值，而是技术对于主体整体的一般价值（李宏伟、王前，2001）。本书将技术价值定义为技术活动及其成果对于技术实践主体（通常是人）生存和发展的意义和作用（周玲，2022）。

学者们主要从技术价值和主体之间的联系、技术价值对主体的影响、技术价值的时间因素和作用方式四个方面进行分析，并指出技术价值具有以下特点：由于技术价值直接和主体相联系，因而具备主体性；由于技术价值既有利于主体，也有害于主体，所以具备二重性；由于技术价值的作用无法一次全部展示，因而具备迁延性；由于技术价值表现在多个层面，故具有多维性。

（二）技术价值评估的内容

技术价值评估指的是一定技术价值关系主体对这一技术价值关系的现实结果或预期后果的反映。这种反映并非人们日常对事物、对人的直观印象或判断，它涉及诸多因素和环节，是技术价值是否稳定运行的反馈回路。评估结果告诉我们技术价值的运行是否偏离了已经确立的技术价值目标，以及我们应如何调整技术价值的走向。在我国，技术价值评估是一项富有开创性和探索意义的工作。一方面，它有利于保护技术持有者的合法权益，充分调动科技人员的积极性和创造性，加快科技成果的商品化进程；另一方面，有利于促进企业资产的保值、增值，增强企业管理者对无形资产的营运意识（涂山峰，1995）。

1. 技术价值评估的步骤

技术价值评估的内容主要是通过对技术活动进行系统、全面的分析，判断、评定与预测技术价值的效应，确定技术价值效应的关系、有无、性质和大小（巨乃岐，2013），通常包含四个步骤（见图4-2）。

第一步，明确技术价值效应。明确技术价值评估中技术的价值效应对象是全部技术价值评估的前提和基础。通常情况下，人们所认为的价值都是物对人的价值，而在技术价值评估中，价值不仅仅有此一种含义，因为技术的影响除了人，还包括劳动工具、劳动环境、劳动对象等，所以在进行技术价值评估时，要先明确技术对谁的价值效应。

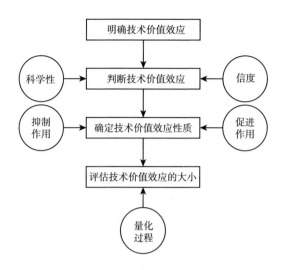

图 4 - 2 技术价值评估过程

第二步，技术价值效应的判断。明确技术价值效应的对象之后，就要进一步判断此时技术的价值效应是否存在，即技术系统及其活动对被作用对象是否真的产生了影响。首先，判断要具有科学性和可信度，否则技术价值评估之后的活动就毫无意义；其次，只要技术的价值活动系统中产生了效应，无论什么性质的效应，也无论多么微小的效应，只要产生了，那么就有技术的价值存在，否则，就没有技术的价值存在。另外，如果技术价值效应在过去发生，则说明技术价值历史存在；如果价值效应在现在发生，则说明技术价值现实存在；如果技术价值效应尚未存在但未来可能存在，则说明技术价值未来存在。

第三步，技术价值效应性质的确定。任何事物都具有两面性，技术价值也不例外。技术价值可能对作用对象产生正向效应，即发生促进作用；也可能产生负向效应，即发生抑制作用。此外，对技术价值效应性质的判断，首先要明确作用对象的本质和需要，然后再对技术所拥有的多种价值效应做出权衡，如经济价值、生态价值等，最后综合分析并进行技术价值效应性质的判断。

第四步，评估技术价值效应的大小。对技术价值效应大小的评估是技术价值评估的最后一步，也是将所准备评估内容量化的过程，要借助一定的经济学、统计学、计量学等知识和方法，最终预测出某项技术的技术效应大小。这是技术价值评估工作中难度最大，但最有意义的工作。

2. 技术价值评估中主客体之间的联系

评估是主体把握客体的观念活动，无论是哪种类型、哪种形式的评估，都要包括评估主体和评估客体这两大基本要素。技术价值主体与客体之间的价值关系及其运动和后果构成技术价值事实，即技术评估客体。技术价值评估、把握、预测这种技术价值事实的人即技术价值评估主体。技术价值评估结构的特殊之处在于，评估主体与价值主体的现实重合性，即评估主体往往同时也是价值主体或是其局部，这便产生了二者相互交错、相互缠绕的自我相关效应。由此可以确定技术价值评估中的主体、客体，以及它们的内在联系，如图 4 - 3 所示。

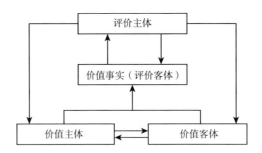

图 4 - 3　技术价值评估主体、客体的关系

技术价值评估主体就是评估者，是评估活动的发起人，即把握、预测技术价值事实的人。评估者可以来自很多不同的群体，可以是个人、集体，甚至可以是社会中的某个群体（马俊峰，1994）。

进行评估的主体可能具有不同层次，每一层次的主体既是现实的，又是历史的。它不可能脱离历史的继承关系，这种关系既为其提供了活动的背景和前提，同时又形成了对其活动的制约。同时，每一层次、每一时代的现实主体在社会实践生活中形成的需要与能力也是多方面的且不断发展，并在不断的发展中形成新的观点与需要。

结合之前提到过的技术价值评估特点，主体的多层次和多样性不但意味着存在不同的主体性，而且在各种主体的相互作用中，也形成了主体的共同性。虽然不同技术价值评估主体有着不同的出发点、不同的标准，但这不能否认其存在共同之处，而这种共同之处是在人类长期发展过程中沉淀下来的思想、观念。

技术价值评估客体即评估的对象，评估活动所指向和所要把握的对象。实际上，如前面论述的，评估客体就是价值事实，价值事实存在于价值关系运动的现实的或可能的结果之中，即价值关系运动后果的事实就是价值事实（李德顺，1987）。但价值事实不仅是指价值关系运动的结果、后果、效果，而且包括价值关系运动自身。可以说，价值关系、价值关系的运动及其后果构成了价值事实。其中的价值关系也存在一对主体和客体，即价值主体与价值客体。技术价值主体是技术价值活动中主动作用于对象的群体，包括社会、群体或个人，在实际的评估活动中，技术价值主体与评估主体表现出某种程度的重合。技术价值客体是价值主体活动的对象，并非任何客观技术都是价值客体，只有作为技术价值主体对象性活动中指向的对象才是价值客体。而当今技术是多方面的、多层次的，真正作用于主体且产生实际效应的是技术结构、层次、属性、功能与文化内涵。这些内在因素才是技术价值客体。上述的技术价值主体与价值客体构成了技术价值关系，价值关系运动及其后果构成了技术价值事实，即技术价值评估客体。

（三）技术价值评估的原则

确定技术价值评估的基本原则有利于保证评估活动的方向性与目的性。技术价值评估应当遵循客观性、整体性、实践性和社会需要性等原则。

1. 客观性原则

客观性原则又叫真实性原则，是指在技术价值评估的过程中应当与实际情况为依据，如实地对技术的价值进行评估，不能凭空捏造，这也是保证技术价值评估有效的首要原则。

2. 整体性原则

整体性原则是指，要把技术评估对象看成由各个元素构成的一个有机整体，这并不等于各个元素性质的机械之和，而是要揭示技术价值的整体性质。在技术价值评估过程中，不能只对某一方面进行片面评估，而要从整体出发，坚持评估的整体性原则。

3. 实践性原则

实践性原则是指，评估主体在对技术价值进行评估的创造性思维中必须参与实践，必须在实践中促进技术价值评估，保证评估结果的正确性。没有实践，技术价值评估过程就失去了活力，而评估结果也会脱离实际。

4. 社会需要原则

社会需要原则是技术价值评估中最根本、最基础的原则，是指技术价值评估应当以具体的、历史的社会需要为基础，依赖于人们共同的、历史发展的社会实践，对技术的价值进行具体评价。马克思指出，自然界没有制造出任何机器，它们是人类劳动的产物，是变成了人类意志驾驭自然的器官或人类在自然界活动的器官的自然物质，因此它会受到一定时期社会占支配地位的价值关键和社会目标的制约。首先，社会需要原则是主体性原则。一方面，指的是历史上不同时期社会主体的需要；另一方面，指的是在不同历史阶段，不同国家和社会具有不同的价值需要。其次，社会需要原则是发展性原则。社会需要不是一成不变的，而是随着社会的发展，从低层次需要发展成高层次需要，从单一需要发展成多样化的需要，从微观具体的需要发展成宏观需要等，所以技术价值评估要根据发展中的社会需要来动态地评估技术的具体价值。最后，社会需要原则是系统性原则。评估主体要用系统的眼光全面、综合地评估技术价值，对技术价值进行总体衡量。

（四）技术价值评估的过程

技术价值评估过程指的是评估主体依赖一定的评估原则，以一定的评估标准对技术的价值进行评估判定，从而形成对技术价值评估性认识的具体过程（孙广华，2000）。技术价值评估的基本过程如图4-4所示。

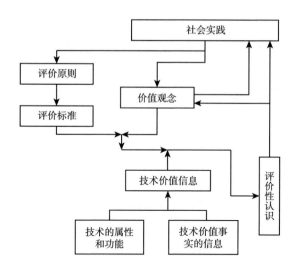

图 4 - 4 技术价值评估的基本流程

技术价值评估的原则包括客观性原则、整体性原则、实践性原则和社会需要原则，而社会需要原则也是技术价值评估标准的基础和原则。在确定技术价值评估原则的基础上，要确定评估标准，而在面对具体技术时，我们也要有针对性地确立评估标准。

价值观念是指评估主体关于技术的价值信念、价值信仰、价值理想等具有社会共同方式的技术价值观念，是在技术价值认知基础上形成的技术价值观念与社会文化价值观念的融合。

技术价值信息主要包括两个方面的内容，首先是关于技术的属性和功能的信息，其次是关于技术价值事实的信息，而对技术的属性、功能的了解和把握是正确评估技术价值的首要条件。技术价值事实的信息则反映价值关系运动的可能或现实的结果，表明技术的功能、属性是否能够满足人们的需要，是否能够或已经在一定条件下创造了符合人们需要的价值。

评估性认识是在技术价值评估基本过程中，在确立评估标准、价值观念、技术价值信息之后，评估主体所获得的综合性、全面性的认识。这种评估性认识最终要通过社会实践的检验，激发社会主体对所评估技术的认识、理解与改进，从而形成新的要求、新的需要，如此再进行下一次的技术价值评估基本过程。因此，一方面，评估性认识成为确立新的价值目标和计划的依据，是价值实现活动的指导；另一方面，它在人的头脑中积淀下来，凝结成相对稳定的价值观念形式，作用于人们固有的价值观念体系。

二、经济价值评估

（一）技术经济价值的内涵

经济价值是事物对于人和社会在经济上的意义。经济学上所说的"商品价值"属性及其规律则是实现经济价值的现实必然形式。经济价值是对经济行为体从产品和服务中获得利益的衡量，是金融系统中金融工具未来的现金流（包括本金和实际利息）折现至当前时点的价值，即未来现金流现值。经济价值可以分为直接经济价值和间接经济价值。

技术带来的经济价值表现在劳动生产率、资源利用率、劳动者的素质和技术水平以及管理技术四个方面。将新技术应用于劳动资料的制造、改造，可以促使劳动资料的进步，提高劳动生产率。研究开发新技术，进而生产新材料可以扩大劳动对象的种类，提高劳动对象的质量，提高资源利用率。劳动者学习和掌握新的技术可以提高劳动者的素质和技术水平，从而提高劳动生产率，增加产品产量，降低消耗，提高产品质量。管理人员学习和掌握了新的管理技术可以提高管理人员的素质，改进经营管理，提高企业经济效益。

（二）技术的经济价值评估内容

技术的经济价值评估主要是对技术的经济性做出评估，指技术在开发、应用、推广等过程中带来的经济成果。评估包括多方面的内容，可以从市场角度进行评估，如市场竞争能力、需要程度、销路等；也可以从效益角度进行评估，如新技术的投资、成本、利润、价格、回收期等。

三、社会价值评估

（一）技术社会价值评估的概念

技术本身具有的经济属性和社会属性决定了技术具有社会功能。技术的社会价值是技术直接或间接为人们提供基本生活保障功能和为社会提供一系列安全功能的综合体现，包括技术的社会保障价值和社会稳定价值。

重大的科学技术进步都会使社会生活发生巨变，技术变革的成果渗透在政治、经济、文化、社会等各个层面，在一定程度上改变社会的生产方式、生活方式，进而改变人们的生存方式。技术的社会价值评估主要是从社会角度对技术做出评估。例如，新技术的应用和推广是否符合国家的方针、政策，是否有利于保护环境和生态平衡，是否有利于社会发展、劳动就业、社会福利以及人民生活、健康和文化技术水平的提高，是否有利于合理利用资源等。

技术的社会价值可以从内在价值、历史价值和现实价值三个维度进行考量（苗阳等，2018）。（1）内在价值。科学技术的目标是探求客观世界的规律。求真、求善、求美集中体现了人类的终极价值追求，即在实践基础上不断认识世界和改造世界，实现自在之物向为我之物的转化。在科学技术活动中，要不断超越个体本身，提高自身实践能力，追求人类的更高境界。（2）历史价值。科学技术是历史发展进程中重要的助推器，对人类历史发展起着推动作用，在历史发展过程中拥有重要地位，具有很强的历史价值。（3）现实价值。随着技术的不断进步与发展，其社会价值中的现实价值首先表现在经济层面，即推动了经济的高速发展，同时颠覆与重构了人类的生活以及生产方式，促进了国家基本经济制度的建立和经济体制的改革。

技术的社会价值评估主要有三种方式：一是技术项目的社会效益评估；二是技术项目与收入公平分配分析；三是技术对社会的影响分析。技术社会价值评估主要是分析评估技术对实现国家或地方各项社会发展目前所做的贡献与影响，是一种评估技术与当地社会环境相互影响的方法。

（二）技术社会价值评估原则

进行技术社会价值评估要遵循一定的原则。在我国，技术社会价值评估要遵循的基本原则包括：（1）认真贯彻党和国家社会主义现代化建设有关社会发展的方针政策与相关法律法规。（2）以国家和地方政府制定的国民经济与社会发展计划中规定的社会发展目标为依据，以近期目标为重点，兼顾远期社会发展目标，考虑技术当前状态、发展与当地社会环境的关系，力求全面分析评估技术会引起哪些社会效益与影响以及影响会有多大，是负向还是正向。（3）不同时期社会发展的重点不同，即使是同一技术，在不同时期进行社会价值评估的重点及各方面影响的重要程度也是不同的。（4）同一时期的不同项目由于功能上的存在差别，其目标存在差异，技术对实现各项社会发展目标的重要程度也存在不同。

因此，要依据技术的实施目标，再结合国家的政策，选定技术社会价值评估的内容，并在综合评估时对各项指标赋予不同的权重，并充分利用现代科技成果，选择先进的分析工具和科学适用的评估方法。技术的社会价值评估应在投资前期与可行性研究同时开始，评估结果还可以用于科学决策。

（三）技术社会价值评估步骤

技术社会价值评估的主要有八个步骤。

第一步，确定评估目标与评估范围。根据技术的主要内容和特征，找出技术的主要社会影响因素，分析技术对社会各方面可能产生的影响，并结合国家或地区在一定时期内重点考虑的社会发展目标，科学选择技术的社会价值评估目标与评估范围。在确定技术社会价值评估的目标时，要确定哪些是主要的，哪些是次要的，同时要分析影响的范围，包括时间范围和空间范围。空间范围一般指技术涉及的区域，时间范围一般指的是技术基础寿命期或可能影响的年限。

第二步，选择评估指标。根据拟定的评估目标和范围来确定评估指标。评估指标要同时包括定量指标和定性指标。指标的选取要反映技术对社会影响的内在特征，反映技术对社会各个方面的影响。

第三步，调查研究，分析现状，确定评估基准。收集技术影响区域现有社会经济、自然资源利用、自然与生态环境等其他社会环境因素的资料。对拟定的评估指标，要先分析现状，并根据相关法律法规确定指标的可变范围。

第四步，制定备选方案。在这一步，评估者要根据技术的目标，对不同的技术工艺、技术路线等，提出若干可选择的方案。此时，这些方案仅仅被提出，还没有进行评估。

第五步，预测评估。提出方案之后，要根据调查与预测所取得的资料，对备选方案进行定性与定量的分析评估。

第六步，选择最优方案。比较各个方案的综合社会效益，选出评估的最优方案。

第七步，专家咨询论证。根据技术的具体情况，召开不同规模的专家咨询论证会，选出最优方案提交专家论证，并同时需要根据专家的意见进行修改和调整。

第八步，撰写技术社会价值评估研究报告。由于技术社会价值评估目的的不同，其研究报告的作用也不相同。一般技术社会价值评估是可行性研究报告的重要组成部分。

（四）技术社会价值评估的内容

技术的社会价值评估主要包含的内容通常包括技术对社会环境的影响和对社会经济的贡献两个方面，共23个社会因素，如表4-1所示。由于各行各业的技术对社会的影响差距较大，具体的评估应当根据技术项目的具体情况，选择其中部分社会因素进行考察，而不用考察全部因素，也可以根据实际情况增加某些评价因素。

表4-1　　　　　　　　技术社会价值评估的主要因素

分类	主要社会因素
对社会环境的影响	民众对某项技术的态度以及参与程度
	政府对某项技术的态度及支持程度
	某项技术对当地管理机构的影响
	某项技术对社会保障的影响
	某项技术对民众基础/生活设施的影响
	某项技术对民众居住条件的影响
	某项技术对社会福利的影响
	某项技术对卫生保健的影响
	某项技术对人们生活供应的影响
	某项技术对人们风俗习惯的影响

续表

分类	主要社会因素
对社会环境的影响	某项技术对人们文化娱乐的影响
	某项技术对民族团结的影响
	某项技术对国家/地方建设与发展的影响
	某项技术对教育事业的影响
	某项技术对历史文化古迹的影响
	某项技术对防治自然灾害的影响
	某项技术对国家、国际威望的影响
	某项技术对国防水平的影响
	某项技术对人口的影响
	某项技术对提高国际竞争力的影响
对社会经济的贡献	某项技术对促进国民经济发展的贡献
	某项技术对收入分配的贡献
	某项技术对就业的贡献
其他	

四、环境效应评估

（一）环境效应评估的内涵

环境效应是指自然过程或者人类的生产和生活活动过程引起环境系统的结构和功能发生的变化。环境效应有正效应，也有负效应。按形成原因，分为自然环境效应、环境生物效应、环境化学效应和环境物理效应，但多数情况下为综合效应。环境保护和环境建设的基本任务就是设法增加环境系统的正效应，降低环境系统的负效应，从而改善生态环境的质量。

自然环境效应是以地能和太阳能为主要动力来源，环境中的物质相互作用所产生的环境效果。人为环境效应则是由于人类活动而引起的环境质量变化和生态变异的效果。这两种环境效应都伴随有物理效应、化学效应和生物效应；环境生物效应是环境诸要素变化而导致生态系统变化的效果，如现代大型水利工程使鱼、虾、蟹等水生生物的繁殖受到不同程度的影响；环境化学效应是在环境条件的影响下，物质之间的化学反应所引起的环境效果，如环境的酸化和盐碱化等；环境物理效应是物理作用引起的环境效果，如噪声、振动、地面下沉等。

技术是人的本质力量的对象化，是实现人的价值目标的中介性手段。科学技术的发展改变了人类的生活方式，也极大地影响和改变了人类赖以生存和发展的生态环境。技术是保护生态环境的推动力量，同时又是损害生态环境的帮凶。技术的环境效应评估主要是从环境影响方面对技术做出评估，如新技术的应用和推广是否有利于保护环境和生态平衡，是否有利于合理利用自然资源，是否对环境产生影响，以及给环境带来的效应是正向还是负向的等。

（二）环境效应评估内容

技术的环境效应评估目前普遍采取的是定性分析，集中对自然资源和生态环境潜在的影响进行分析（李婷婷，2006）。环境效应评估的主要内容包括合理利用自然资源、自然与生态影响两个部分，每个部分又有若干环境因素，如表4-2所示。

（三）环境效应评估的过程

李婷婷（2006）提出用环境费用效益模型来分析技术的环境效应。费用效益分析的任务是评价解决某一环境问题的各个方案的费用和效益，然后通过比较来选择净效益最大的方案并提供决策。它包含以下步骤：

表4-2   环境效应评估的主要内容

分类	主要环境因素
合理利用自然资源	技术对自然资源的综合利用是否有贡献
	技术是否影响当地土地使用的变化（如大坝、灌溉规划、机场、铁路、矿山、工厂建设等）；如何补偿原有土地收入；如何安排原有耕地的作物；当地群众有无意见
	技术建设占地多少；利用情况如何；与同类技术比较，有无浪费国土资源的情况
	技术对当地国土资源的开发是否有贡献；有何贡献
	技术对于当地水资源与人们生活用水有无近期和远期的影响；如果有，采取什么措施解决
	技术是否节约其他自然资源（如水资源、耕地资源、能源等）

分类	主要环境因素
自然与生态影响	技术对自然环境的各种影响是否都采取措施处理；有哪些没有处理
	已经处理并达到规定标准的各种污染物有无近期和长远的影响；如果有，如何采取措施进行监测或有无其他有效的解决措施
	技术对生态环境有无近期和长远的影响，是否有破坏森林植被、造成水土流失、影响野生动植物保护等问题，采取什么措施防止其对生态平衡的影响
	技术是否危害野生动物生存、诱发地震、水土流失、破坏森林植被、传染有害病菌、影响自然景观；如果有，如何解决
	技术是否会产生环境污染（如大气污染、水污染、噪声污染、光污染、放射污染等）；如果有，如何解决

第一步，明确问题，确定费用效益分析的对象，分析问题所涉及的地域范围，以及弄清楚为解决这一环境问题的各个方面和对策方案跨越的时间范围。这也是开展环境效应评估的前提。

第二步，分析环境功能。环境功能遭到破坏会影响经济活动和人类健康，进而带来经济损失。要想评估技术可能带来的环境效应、预估环境可能带来的经济损失，就要先挖掘出技术或者项目应用地具备的条件和功能。例如，开发某些项目可能给当地的森林和河流带来影响，而森林具备提供木材、林产品、固结土壤、涵蓄水分等功能，河流具有提供水源、防洪等功能，在项目开展前中后期都要时刻关注它们功能的变动。

第三步，确定环境破坏的程度与环境功能危害的关系。环境被破坏或污染，环境功能受到损害，两者之间的定量关系是进行费用效益分析的关键，通常可以利用科学实验或统计对比调查而求得。

第四步，明确各种对策方案改善环境的程度。在明确技术可能带来的不同环境破坏之后，要制定各种对策方案，而对策方案改善环境功能的效益取决于方案改善环境的程度。

第五步，计算各种对策方案的环境保护效益。根据方案可以改善环境的程度和由此将使环境功能改善的程度来计算各种方案环境改善的效益。除此以外，还应当计算各种方案可能引起的新污染带来的经济损失，即方案的负效益。

第六步，计算各种对策方案的费用。对策方案的费用包括投资和运转费用。此外，还要计算各种方案可能获得的直接经济效益，并从费用中扣除。此时，应当根据费用和效益各自的行形成时间，计算其现值，用现值进行费用和效益的比较，求其净效益的现值，找出净效益现值最大的方案。

五、实施风险评估

（一）实施风险评估的内涵

技术的实施风险指的是在技术应用的过程中可能发生的不利事件或情况，会对技术应用的进展、质量、成本产生负面影响。当今，实施风险评估多以项目为研究对象，如对 ERP 项目的实施风险管理。

技术实施可能面临的风险有经济风险、市场风险、进度风险等。经济风险指的是，在技术或项目建设期内，由于所处经济环境或经济条件的变化，导致实际的经济效益和预期的经济效益差距过大。例如，国家政策导向的变动可能使企业失去现有的政策支持，导致企业经营成本上涨。

市场风险指的是，由于某种全局性的因素引起的收益变动。这些因素通常来自企业外部，企业难以规避和控制，如原材料价格上涨、新竞争者的出现等情况，此时企业为了占据市场需要牺牲一部分收益，最终可能导致企业收入减少和经营困难。

进度风险指的是，项目实施过程中可能遇到进度延迟、关键路径问题或资源不足的风险，这些风险通常由实施过程中其他风险的出现而引起。为了应对进度风险，企业需要制订尽可能详细和周密的计划，并实行有效的进度监控和管理，当出现其他风险时多加考虑。

（二）实施风险评估指标体系的构建原则

实施风险评估指标体系的设计应该坚持科学、公正、可操作性和适应性相结合的原则，在面向预备实施或正在实施的技术，能够有效地实施风险评估。不同的技术有不同的特色，各种技术的实施风险评估指标构建通常应遵循三大基本原则（李建元，2012）。

第一，指标体系要具备整体性。整体指标体系必须能够代表整个技术的风险整体面貌，这就要求要全方位、全角度制定风险评估指标体系，这样才能确保制定出来的风险评估指标体系能反映整个技术的风险状况，保证指标体系的完整性、可靠性和综合性。

第二，指标体系的选取要科学。指标体系除了全方位地描述整个技术的实施风险情况之外，更要注意反映技术的真实情况。只有科学的指标体系才能够真正反映出风险的实际发生状况，才能够正确地指导技术的进一步开发和实施，提高工作效率和实施效果。

第三，指标体系要遵循系统性原则。技术实施是技术发展的重要步骤之一，是一个完整性的过程，不能仅关注实施的某个阶段或某个方面，而是要考虑到整个指标体系也是一个完整的系统，这样才能够反映技术在实施过程中的整体风险水平。

（三）实施风险评估的步骤

新技术的产生或旧技术的实施都会伴随着风险的发生，技术是负载风险的。技术的实施风险管理应当遵从五个步骤。

第一步，识别风险。识别风险即发现、识别并描述技术实施可能影响的因素及其结果的风险，可以通过多种技术来发现项目风险。在此步骤中，可准备技术风险登记册。

第二步，分析风险。一旦确定风险，就要确定每种风险的可能性和后果，理解风险的性质及其对后续发展目标的影响，并将信息保存到项目风险登记册中。

第三步，评估风险或风险排序。通过确定风险的大小来评估或排序风险，风险大小是可能性和后果的组合。要决定技术的实施风险是否可以接受，是否需要纠正。

第四步，应对风险，也称为风险应对计划。在此步骤中，要评估最高级别的风险，并制定相应的计划来处理和应对这些风险，以达到可接受的风险水平，并创建风险缓解策略、预防计划和应急计划等。

第五步，监控和检查风险。提出应对风险的计划并实施并不意味着风险管理的结束，还要监控和检查风险，进行风险登记并使用它来监视、跟踪和审查风险，以保证后续技术的正常实施。

第二节　技术评估的传统方法

在实践中存在很多已被广泛接受的成熟的技术评估方法，并且随着其他领域和技术评估自身领域的不断发展，可以借鉴的新方法也不断涌现。

发达国家早期采用定性方法来进行技术评估，后来为提高评估结果的科学性，逐渐将数学、经济学、运筹学等学科纳入技术评估中，技术评估逐渐进入定性与定量相结合的阶段，技术评估结果的质量也大大提升。目前，一些国家的技术评估以定性分析为基础，以定量分析为手段，采用定性方法与定量方法相结合的方式，如中国、美国、法国、日本等；有些国家以定性分析为主，如英国、瑞士；也有国家则继续采用定性方法进行技术评估，如瑞典。在技术评估方法的不断发展中，我国学者对技术评估方法的分类也进行了较为深入的研究。评估方法可以大致分为四类，分别是专家评估法、经济分析法、运筹学评价法和综合评估法。

一、专家评估法

专家评估法也称专家调查法，以评估者的主观判断为基础，以一定的评估标准为依据，并以专家为索取未来信息的对象，组织各领域的专家运用专业的知识和经验，通过直观的归纳，对预测对象过去和现在的状况、发展变化过程进行综合分析与研究，找出预测对象变化、发展规律，从而对预测对象未来的发展状况做出判断。通常，以分数或指数等作为评价尺度，然后对其进行适当综合。专家评估法的种类主要有个人判断法、专家会议法、头脑风暴法、德尔菲法等。

（一）个人判断法

个人判断法又称专家个人判断法，是指依靠专家微观智能结构，对政策问题及其所处环境的现状和发展趋势、政策方案及其可能的结果等做出自己判断的一种创造性政策研究方法。

这种方法一般先征求专家个人的意见、看法和建议，然后对这些意见、看法和建议加以归纳和整理而得出一般结论。这种方法的优点在于能够最大限度地发挥出专家微观智能结构效应，充分利用个人的创造力；能够保证专家在不受外界影响，没有心理压力的条件下，充分发挥个人的判断和创造力。过于依赖专家也有缺点，个人判断法受专家个人的智能结构、专家的知识面和知识深度、占有资料的多少、信息来源及其可靠性、对预测对象兴趣的大小乃至偏见等因素的限制，缺乏相互启发的氛围，因此难免存在一定的局限性。

（二）专家会议法

专家会议法又称专家座谈法，指的是依靠一些有较丰富知识和经验的人员组成专家小组进行座谈讨论，互相启发，集思广益，对预测对象的未来发展趋势及状况做出判断并形成预测结果而进行的一种集体研讨形式。专家会议通常有三种类型：非交锋式会议法、交锋式会议法和混合式会议法（见表4-3）。这几种类型的专家会议没有优劣之分，应当结合评估者面临的实际情况而进行选择。

表4-3 不同类型的专家会议法

名称	描述
非交锋式会议法	会议无任何限制条件，鼓励与会专家独立、自由地发表意见，没有批评或评论，以激发灵感，产生创造性思维
交锋式会议法	与会专家围绕一个主题各自发表意见并进行充分讨论，最后达成共识，取得比较一致的预测结论
混合式会议法	是非交锋式会议和交锋式会议法的结合，分为两个阶段：第一阶段是非交锋式会议，产生各种思路和预测方案；第二阶段是交锋式会议，对上一阶段提出的各种设想进行讨论，也可提出新的设想，与会者相互不断启发，最后取得一致的预测结论

专家会议法有其自身的优缺点。其优点在于进行举行专家会议有助于专家们交换意见，通过互相启发，弥补个人意见的不足；通过内外信息的交流

与反馈，产生"思维共振"，进而将产生的创造性思维活动集中于预测对象，在较短时间内得到富有成效的创造性成果，为决策提供预测依据。专家会议法的缺点在于，参与者受心理因素影响较大，可能会屈服于权威或大多数人，易受劝说性意见的影响，或者不愿意轻易改变自己已经发表过的意见等。

（三）头脑风暴法

头脑风暴法是借助与专家的创造性思维对决策对象的未来发展趋势及其状况做出集体判断的一种直观预测方法。头脑风暴法一般用于对战略性问题的探索，现在也用于研究产品名称的确定等，以及需要大量构思创意的行业。头脑风暴法一般有与会专家和主持人参与，会议时间应当适中，一般保持在 20 ~ 60 分钟为宜。为了保持保证会议高效，发言要尽量简洁到位，不要过多阐述和发挥，不在会上评论别人的观点。在参与的人选上，与会专家要优先考虑学识渊博、思想活跃、思维敏捷、善于联想的人员；参会专家不区分职位、级别，一律平等，最好是地位相当，以免产生权威效应；专家人数要适中，人数过多会导致成本增加，而人数过少则不能形成更多的意见。应由熟悉该研究对象的方法论专家担任主持人，充分说明策划的主题，提供必要的相关信息，创造一个自由的空间，让各位专家充分表达自己的想法；要善于营造活跃气氛，善于引导和沟通，把握会议节奏。头脑风暴法主要有七个步骤，如图 4 - 5 所示。

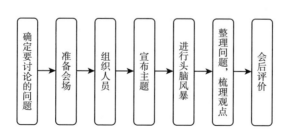

图 4 - 5 头脑风暴法流程

头脑风暴法允许与会者有自行发挥的空间，但要坚持以下几项原则：首先，每个人要用头脑风暴法独自写下尽可能多的建议，之后每人轮流发表一条意见；其次，要在黑板或者纸上写下每一条意见，所有的建议应随时可见；必要时，主持人应设法激发更多的观点；最后，在无新的意见产生后，主持人可以要求专家进行阐释，确认先前发表的意见。

此外，为了保证头脑风暴法的质量，在头脑风暴法进行过程中还有以下几项注意事项：禁止批评他人的建议；最狂妄的想象是最受欢迎的；重量不重质，即探求最大量的灵感，任何一种构想都可被接纳；鼓励利用别人的灵感加以想象或变化组合，以启发更多更新的灵感；参加头脑风暴的人员不进行私下交流，以免打断别人的思维活动。

头脑风暴法的优点在于易操作，并且具有很强的实用性。头脑风暴法能够集思广益，体现团队合作，最大限度地开发参会人员的思维，开拓思路，激发新灵感。它的缺点也很明显，为了获得最大量的灵感，头脑风暴法的成本花费（时间、费用等）较高，同时，参加者综合素质与会议效果难以把握。

（四）德尔菲法

德尔菲法是根据具有专门知识的人的直接经验，通过匿名方式进行几轮专家意见函询，对研究的问题进行判断、预测的一种方法，又称为专家调查法、专家函询法。

德尔菲法的实施流程如下（王春枝、斯琴，2011）：首先，组成专家小组并明确研究目标，按照课题或项目的具体情况来确定参与专家名单及数量，专家数量根据研究项目的大小和涉及面的宽窄而定，一般为 8～20 人。其次，向所有专家说明要预测的问题及相关要求，并附以背景材料以及专家所要求的其他材料。专家根据收到的材料给出自己的意见并说明具体情况；然后，将专家意见汇总并进行对比，再返回意见，以便专家可以根据与他人不同的意见做出判断和修改，也可以请更加权威的专家给出意见，再返还各专家修改。再次，将专家的意见收集、整理、汇总、再次分发，以做出第二次修改。收集意见和信息反馈一般进行 3～4 次，且在反馈意见时不会说明发表意见专家的具体姓名，直到每一位专家不再修改意见。最后，对专家意见进行综合汇总、整理和处理。具体流程如图 4-6 所示。

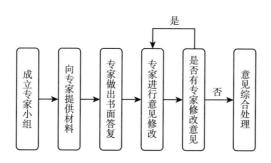

图 4-6 德尔菲法实施流程

德尔菲法具有反馈性、匿名性和统计性等特点。反馈性指的是,专家的交流通过回答研究问题来实现,一般都要经过多轮反馈才能完成预测。匿名性指的是,德尔菲法中的所有专家均不见面,采用匿名或"背靠背"的方式以书面形式进行意见交流。统计性指的是,典型的预测结果反映多数人的观点,少数人的观点至多概括提及,但是德尔菲法结果的每个观点都具有统计性,避免预测结果只反映多数人的观点。此外,德尔菲法还吸收专家参与预测,充分利用专家的经验和学识,采用匿名方式,让每位专家可独立发表意见。最后,在经过 3~4 轮意见修改和反馈后,专家意见逐渐趋向综合。

德尔菲法的流程并不复杂,是一个"提出意见—对比反馈—修改—再提出意见"的过程,但是充分利用德尔菲法还具有一些难点(徐蔼婷,2006)。首先是专家组的形成问题。选择强代表性的专家组是德尔菲法在实践中成功应用的首要前提,这涉及专家组的选择、专家意见的公正性判断等问题。其次,德尔菲法面临调查轮次的确定问题。确定合理的调查轮次是德尔菲法在综合评价中有效率应用的关键,这涉及专家意见一致性的识别、阈值的事先有效确定等问题。再次,还面临信息反馈技术的控制问题。使用正确的意见反馈技术是德尔菲法在综合评价应用中准确应用的条件,这涉及离群意见的识别和表达、反馈意见表达形式的选择等问题。最后,可能存在专家意见调查形式的组织问题。选取科学的专家意见调查形式是德尔菲法在综合评价中成功应用的保障,这涉及"背靠背"设计的具体化形式的选择、各种信息交流机制的优劣识别等问题。

德尔菲法的优点在于,由于匿名性,使用德尔菲法收集来的所有观点有相同的权重，避免了重要人物占主导地位的问题，更有利于看法和观点的表达；此外，专家不必一起聚集在某个地方，受时间和空间的限制较小。德尔菲法的缺点也很明显，顺利进行德尔菲法要经过 3～4 轮的意见收集和发放，这是一个烦琐的过程，需要花费较长的时间。

综合以上四种具体类型的专家评估法，我们可以总结出专家评估法的优缺点。在技术评估过程中，使用专家评估法的优点在于能够紧密结合特定招标项目的具体情况进行评价，使评价具有较强的针对性；允许本领域的专家进行评标，且实行少数服从多数的原则，具有一定的科学性；随机抽取评标专家，而且评标专家不能与投标人私下接触，在一定程度上体现了公平性原则；评标程序相对固定，可操作性强，易于推广使用。缺点主要有以下两个方面：第一，主要依靠评标专家的知识和经验进行判断，评标的主观性有余，客观性不足；第二，评标的定性方法与定量方法结合不够。

二、经济分析法

经济分析法是建立在辩证唯物主义和历史唯物主义基础之上的。它认为，政治与经济是密切联系的，一切政治活动都建立在一定的经济基础之上，反映一定经济关系的要求。政治是经济的集中表现，同时政治对经济有巨大的反作用，归根结底，政治是为经济服务的。以经济指标作为尺度，通过成本效益分析对技术进行研究和评价。技术是企业和行业发展生存的重要资源，适时对现有技术或拟引进技术进行科学的评估，对企业以及行业的发展具有十分重要的意义。技术评估的经济分析法主要包括费用效益分析法、指标公式法、投资回收期法等。

（一）费用效益分析法

费用效益分析（cost-benefit analysis）又称国民经济分析，是从全社会角度出发，按照合理配置稀缺资源和社会可持续发展的原则，采用影子价格、影子汇率、社会折现率等参数，鉴别项目总体效益、考察工程项目的经济合理性的方法（刘晓君，2014）。费用效益分析最早可以追溯到 1667 年英国经济学家威廉·配第的观点。现代的费用效益分析是在 19 世纪由法国工程师杜波伊特提出，其在发表的《论市政工程效用的评价》一文中提出了"消费者剩余"的思想，这种思想后来逐渐发展成为社会净效益，成为效益费用分析的基础。这一思想在第二次世界大战期间得到了推广和发展。20 世纪 60 年代后期，美国规定对新建项目的方案要从费用效益角度来进行评选，之后这种方法广泛流行于各工业部门。费用效益分析法以资源有偿使用论、外部性理论、新福利经济学理论、边际效用价值理论和可持续发展理论为基础理论依据。费用效益分析包括经济费用分析和经济效益分析。经济费用包括直接经济费用和间接经济费用，经济效益包括直接经济效益和间接经济效益，其中直接经济费用和直接经济效益与投资主体相关，可称为内部效果，间接经济费用和间接经济效益因投资主体而产生却被其他主体所承担，可称为外部效果（Pearce and Atkinson，2006）。

费用效益分析与财务分析之间存在关联。对现有技术或拟引进技术的经济评价作为技术引进或使用可行性分析的重要结果，对于评价主体和投资主体的决策都起着至关重要的作用。费用效益分析法和财务评估法作为技术的经济评价方法，相互联系，但又有明显的区别，两者的关系如表 4-4 所示。

表 4-4　　　　　　　　　　　费用效益分析与财务评估

项目	费用效益分析	财务评估
评价角度	从全社会角度分析国民经济费用和效益	从项目投资者、经营者角度分析项目的经济性
价格体系	影子价格	市场预测价格
评价参数	社会折现率	财务基准收益率
评价内容	只做盈利能力分析	盈利能力分析和清偿能力分析
含义及范围	从全社会角度考虑对国民经济的贡献，不考虑转移支付	根据项目直接发生的财务收支，计算项目的费用和效益
评价方法	使用基本经济评价理论评价项目的经济效果	
计算期	建设期和运营期	
评价方法	在工艺技术选择、投资估算、资金筹措方案等可行性研究内容基础上进行	

费用效益分析的思想来源于新古典经济学理论，它强调个人消费主权的哲理，有以下四个重要的假设（侯玲，2006）：第一，一个人的满足程度与

他的经济福利水平可以用人们为消费商品和劳务而愿意支付的价格来衡量。第二，用个人货币值的累加值来计量社会福利。第三，帕累托最佳准则，即任何一种改变，只有使社会一些成员的福利增加，而不使任何一个人的福利减少的时候，社会福利才会增加。但事实上，对于任何一种变革，部分人受益难免不使另外的人受损，因而又提出了希克斯—卡尔多补偿检验。补偿检验的实质在于，政府可运用适当的政策使受损者得到补偿，即对受益者征收特别税，对受害者支付补偿金，使受害者保持原来的经济状况。如果补偿后还有余，则意味着增加了社会福利，即可考虑实施这一变革。第四，当社会净效益（社会总效益与总费用之差）最大时，社会资源的使用在经济上才是最有效的。

合理应用费用效益分析理论可有助于全社会合理分配有限资源、科学投资决策。西方国家的费用效益分析相当于我们的经济效果比较分析。运用经济效果比较分析，择优选取技术上先进、生产上可行、经济上合理的建设项目，可以更好地利用资源，发展经济。尽管费用效益分析存在上述局限性，但是这种分析程序和方法对于改进和发展经济效果比较分析仍有很大的参考价值。

（二）指标公式法

指标公式法由指标和公式两部分组成。指标泛指各类统计指标，能够用于从具体数量方面对现实经济总体的规模及特征进行概括分析。对于在大量观察和分组基础上计算的指标，要求基本排除个别偶然因素的影响，使之能够反映普遍的决定性条件的作用结果。指标公式法是在没有明确的理论指导的情况下进行，采用经验或单一原理推导出公式，并根据该指标公式进行评价指标计算的一种评价方法。

（三）投资回收期法

投资回收期法（payback period method）又称投资返本年限法，是计算某项技术或项目投产后，在正常生产经营条件下的收益额和计提的折旧额、无形资产摊销额的基础上，收回项目总投资所需的时间，并与行业基准投资回收期进行对比来分析某项技术或项目投资财务效益的一种静态分析法。该指标是从技术项目财务方面判断投资回收能力的重要指标，反映的是投资回收速度，同时也对部分技术方案风险进行描述。投资回收期越短，投资回收的速度就越快，技术或项目的风险也相应越小。投资回收周期法具有两种形态，分别是静态投资回收期法和动态投资回收期法。

静态投资回收期法是指，在未考虑货币时间价值的条件下，求得技术项目回收全部投资年限的方法，计算公式为：

$$\sum_{t=0}^{PBP} F_t = 0 \qquad\qquad (4-1)$$

其中，F_t 是第 t 年的净现金流量。

当技术项目每年的年净收益（或净现金流入）相等时，公式简化为：

$$PBP = \frac{P}{R} \qquad\qquad (4-2)$$

其中，P 为项目的全部投资，R 为项目的等额年净收益。

若技术项目每年的年净收益（或净现金流入）不相等，可以按累计净收益计算投资回收期或者是累计净现金流量等于零的时间长度，具体计算公式为：

$$PBP = 累计净现金量出现正值的年份数 - 1 + \frac{上年累计净现金流量的绝对值}{当年净现金流量}$$

$$= m - 1 + \frac{\left| \sum_{t=0}^{m-1} F_t \right|}{F_m} \qquad\qquad (4-3)$$

其中，m 为累计净现金流开始出现正数的年份数。

按照规定，全部投资包括固定资产投资、流动资金等，回收投资的年净收益中包含有折旧额，投资回收期一般自建设开始年算起，同时还可写明自投产开始年算起的投资回收期。

对于单个方案而言，$PBP \leq T_0$（标准投资回收期），则方案可行，反之，方案不可行。对多个方案而言，当其他条件相同且在小于标准投资回收期的前提下，静态投资回收期最小的方案为最优方案。

动态投资回收期法是指，在考虑资金时间价值的情况下，技术方案及现金流量现值累计为零时的时间，此时必须把技术方案的全部投资和各年的净收益按基准收益率折算到某一时间点上，然后进行计算，一般是折算到方案的开始点，计算公式为：

$$\sum_{t=0}^{PBP} F_t \left(1 + i_0\right)^{-t} = 0 \qquad (4-4)$$

其中，PBP 为动态投资回收期。

动态投资回收期法的判断规则与静态投资回收期法的判断规则相同。静态投资期法和动态投资期回收期法的计算结果有差异且有时差异较大。相比之下，动态投资回收期法的结果比静态投资回收期法更准确一些。

投资回收期法的优点为容易理解，计算也较为便捷。它的缺点在于该方法只注意到项目回收投资的年限，并未直接说明项目的获利能力；没有考虑项目整个寿命周期的盈利水平；没有考虑资金的时间价值，所以一般只用于技术项目初选阶段。

三、运筹学评价

运筹学方法主要是将管理问题抽象成一个模型，通过求解模型来获得解决问题的最优解，并依据最优解和组织的实际情况来制定的方法。运筹学评价则是利用数学模型，对于多因素的变化进行定量的动态评价，将运筹学应用到解决新技术、新产品的研究开发中以解决实际问题。运筹学评价的主要方法有线性规划法、动态规划法、相关树法、模拟法等。

（一）线性规划法

线性规划是运筹学中研究较早、发展较快、应用广泛、方法较成熟的一个重要分支，可辅助人们进行科学管理，是研究线性约束条件下线性目标函数的极值问题的数学理论和方法，解决或规划一个对象的线性目标函数最优的问题，以及给予一定数量的人力、物力和资源，如何应用能够得到最大经济效益的问题。线性规划法一般用于新产品开发的效率化、开发资源的最优分配，并广泛应用于军事作战、经济分析、经营管理和工程技术等方面，为合理地利用有限的人力、物力、财力等资源做出的最优决策，提供科学的依据。

　　1947年，美国数学家丹津（G. B. Dantzing）提出求解线性规划的单纯形法，为这门学科奠定了基础。同年，美国数学家冯诺伊曼提出对偶理论，开创了线性规划的许多新的研究领域，扩大了它的应用范围和解题能力。1951年，美国经济学家 T. C. 库普曼斯把线性规划应用到经济领域，并与康托罗维奇一起获得了诺贝尔经济学奖。20世纪50年代后，各国学者对线性规划进行了大量的理论研究，并涌现出一大批新的算法。线性规划的研究成果直接推动了其他数学规划问题，包括整数规划、随机规划和非线性规划的算法研究。而后，随着数字电子计算机的发展，许多线性规划软件，如 MPSX、OPHEIE、UMPIRE 等被开发出来，可以更加方便地求解几千个变量的线性规划问题。

　　建立线性规划的数学模型必须具备几个基本条件：首先，变量之间具备线性关系；其次，问题的目标可以用数字表达；再次，问题中应存在能够达到目标的多种方案；最后，目标在一定的约束条件下实现，并且这些条件能用不等式加以描述。

　　线性规划主要有以下几个实施步骤：第一步，要求找到决策变量，根据影响所要达到目的的因素找到决策变量。每个模型都有若干个决策变量。决策变量的一组值表示一种方案，同时决策变量一般是非负的。第二步，找到决策变量后，就要建立目标函数。由决策变量和所达到目的之间的函数关系确定目标函数。目标函数是决策变量的线性函数，根据具体问题可以是最大化或最小化，二者统称为最优化。第三步，加上约束条件，由决策变量所受的限制条件来确定决策变量所要满足的约束条件。约束条件也是决策变量的线性函数。第四步，求解各待定参数的具体数值。在目标最大或最小前提下，根据各种待定参数的约束条件的具体限制，便可以找出一组最佳的组合。

　　当我们得到的数学模型的目标函数为线性函数，约束条件为线性等式或不等式时，称此数学模型为线性规划模型。

　　（二）动态规划法

　　动态规划法（dynamic programming method，DPM）是运筹学的一个分支，是求解决策过程最优化的过程。20世纪50年代初，美国数学家贝尔曼（R. Bellman）等人在研究多阶段决策过程的优化问题时提出了著名的最优化原理，从而创立了动态规划法（许国根等，2018；Thomas et al.，2009）。

动态规划的应用极其广泛，包括工程技术、经济、工业生产、军事以及自动化控制等领域，并在背包问题、生产经营问题、资金管理问题、资源分配问题、最短路径问题和复杂系统可靠性问题等方面取得了显著的效果。

动态规划法的基本思路是，把研究问题划分成若干个相互联系的阶段，在每个阶段都做出决策，从而使整个过程达到最优化。事实上，动态规划法就是分多阶段进行决策，按时空特点将复杂问题划分为相互联系的若干个阶段，在选定系统前进方向之后，逆着这个方向从终点向起点计算，依次对每个阶段寻找最某个决策，使整个过程达到最优，故又称为逆序决策过程。

动态规划也并不是万能的，适用动态规划的问题必须满足最优化原理和无后效性（袁平波等，2013）。（1）最优化原理。一个最优化策略具有如下特质：无论过去状态和决策如何，对前面的决策所形成的状态而言，余下的诸决策必须构成最优策略，即一个最优化策略的子策略总是最优的，而一个问题满足最优化原理，又称其具有最优子结构性质。（2）无后效性是指，将各阶段按照一定的次序排列好之后，对于某个给定的阶段状态，之前各阶段的状态无法直接影响未来的决策，而只能通过当前的这个状态，即每个状态都是过去历史的一个完整总结。

动态规划算法的灵活性较强，包含两个基本步骤。第一，划分阶段。按照问题的时间或空间特征，把问题划分为若干个阶段。这若干个阶段一定是要有序或者是可排序的，否则就无法用动态规划法来解决。第二，选择状态。将问题发展到各个阶段时所处的各种客观情况用不同的状态表示出来，状态的选择要满足无后效性。

动态规划法的局限性主要体现在以下两个方面：一是动态规划法没有统一的处理方法，必须根据问题的各种性质并结合一定的技巧来处理；二是当变量的维数增大时，总的计算量及存储量急剧增大，受计算机的存储量及计算速度的限制，目前仍不能用动态规划方法来解决较大规模的问题，即"维数障碍"（王晓原、孙原，2018）。

（三）相关树法

相关树法（relation-tree method）又称为关联树法、关系树，是 20 世纪

60 年代初在决策树方法的基础上，结合矩阵理论发展起来的一种定性预测方法，提供了未来目标与现时决策相关联的桥梁。其基本思想是，把预测对象分解为由不同层次组成的系统结构，运用决策理论评估对象未来的客观发展，并选择为达到这一目标所需的项目或领域。

运用关联树法有五个步骤。第一步，建立相关树。确定一个总目标后，对有关因素进行分析、归纳、整理，按树形分枝把因素连接起来。第二步，建立准则和确定准则权数。准则权数是根据准则的重要性，由专家经验判断主观确定的相对应准则的权数。第三步，建立有效权数。每一因素的准则重要性是不同的，要确定不同的有效权数，这种有效权数也是由专家主观确定的。第四步，计算相关数。各准则的项目不同，计算的相关数也不同，但必须符合所有项目之和等于 1 的要求。第五步，计算树顶相关数。将与该项有直接纵向关系的以上各级的相关数连乘，可以反映所有因素对实现总体的重要程度。

运用此法时，建立简洁的目标是构成相关树的基础。当确定了目标之后，一般应决定等级层次数（目标越大，层次数就越多，相关树也就越复杂），之后就可以依次按序画出相关树。相关树法的核心问题是分析等级结构，每一级分支的交点被称为顶点，每一顶点至少要分出两个分支，可以如此一直划分下去，数量根据实际需要确定，不加以限制。事实上，相关树法是对一个复杂系统进行分解的技术，经分解后每个个体应是有机的，并用相关树来确定每个局部对子系统或大系统的意义和地位。

相关树法适用于按因果关系、复杂程度和从属关系组成的预测系统。在整个预测过程中，每搭配和划分一个系统，实际上就是为了实现某种目标或解决某一问题，也就是对未来的预测对象可能出现的某种发展趋势做出预测。

（四）模拟法

模拟法（simulation method）是指，通过建立一个与研究对象相类似的模型来探索其特征和规律的研究方法。模拟法以一定的假设条件和数据为前提，借助仿真技术来估算任务的工期。一般情况下，模拟法的计算量很大，通常在计算机的辅助下工作，可以计算和确定每件任务以及整个项目中各项任务工期的统计分布（王学文，2012）。模拟的方法有很多种，包括蒙特卡洛模拟、三角模拟等。目前，模拟法已用于认知心理学、发展心理学、社会心理学、学习心理学、心理治疗等领域。

模拟法的基本步骤是，首先在实验室里设计出与某被研究现象或过程或主要特征（即原型）相似的模型，然后通过模型间接研究原型规律性。根据模型和原型之间的相似关系，模拟法可分为物理模拟和数学模拟两种。

模拟法的适用条件是相似性，模型和原型要有共通之处，具有可比性。将在一定范围连续变化的量，也就是在一定范围内可以取任意值的模拟量，用来运算或控制。

模拟法的优点包括：首先，模拟法具有经济、易控制、易检验、安全、效率高、可观察等优点；其次，模拟法可以对已经时过境迁或尚未出现的现象进行研究；最后，模拟法可以对那些既不能打开，又不能从外部直接观察其内部状态的系统进行研究。模拟法的缺点在于模拟法具有人工性（即人工模仿和复制的人为性）。虽然模型和实际的情境、行为和过程相类似，但模型毕竟不是原型，对它的研究只能使我们从中得到启发，作为研究的前导，而不能完全取代对原型的研究，模型需要在实践中得到检验，使其不断完善。

四、综合评估法

（一）综合评估法的内涵

随着评估对象复杂程度的提高，简单单一的评价方法越来越具有局限性。为了解决此类问题，逐步形成了一系列运用多个指标对多个评估对象进行评估的方法，称之为多变量综合评估方法，简称综合评估法。其基本思想是，将多个指标转化为一个能够反映综合情况的总指标来说明被评估对象的综合水平，以对被评估对象做出整体性评估。综合评估法的特点表现在三个方面：第一，评估过程不是各个指标顺次完成的，而是通过一些特殊方法使多个指标的评估同时完成；第二，在综合评估过程中，一般要根据指标的重要性进行加权处理；第三，评估结果不再是具有具体含义的统计指标，而是以指数或分值来表示待评估对象的综合状况的排序。

（二）综合评估法的原则与步骤

由于被评估对象与评估目的不同，有待选择的多目标、多层次的综合评估方法也不同。即使采用同一种评估方法，在一些具体问题上也需要根据不同的情况做不同的处理。在实际应用综合评估法进行评估时，可以考虑参考以下几条原则：首先，选择评估者最熟悉的评估方法，这可以节约时间并防止出错；其次，所选择的方法必须有坚实的理论基础，能够为人们所信服和接受；再次，所选择的方法应简单明了，应尽可能地降低算法的复杂性；最后，所选择的方法必须能够正确地反映评估对象和评估目的。

综合评估法一般由以下五个步骤组成：第一步，确定综合评估指标体系（基础和依据）；第二步，收集数据，并对不同计量单位的指标数据进行同度量处理；第三步，确定指标体系中各指标的权数（保证评估的科学性）；第四步，对经过处理后的指标进行汇总，计算出综合评估指数或综合评估分值；第五步，根据评估指数或分值，对参评单位进行排序，并得出结论。

常用的综合评估法有统计学方法、运筹学方法、模糊多元分析方法和混合方法等。其中，统计学方法包括多元回归法、主成分分析法、因子分析法等。运筹学方法有层次分析法（AHP）、数据包络分析法等。模糊多元分析方法由模糊数学发展而来，包括模糊聚类法、模糊判别法、模糊综合评估法等方法。混合方法是混合使用几种评估方法，如层次分析法和模糊综合评估法相结合的方法、模糊综合评估法与人工神经网络评估法相结合的方法等。

评估者可以采用主观赋权法、客观赋权法和组合赋权法三种方法来确定指标权重。（1）主观赋值法按照人们的主观判断来评定各指标的权重，通常采用个人直接确定权重值、投票表决法、德尔菲法、层次分析法等。主观赋权法的优点是概念清晰，简单易行，评估专家可以根据实际问题合理确定各指标权重系数之间的排序。但是，该方法的缺点是主观随意性较大。（2）客观赋值法按照一定的数学模型自动生成权重系数。常用的方法有概率权重法、离差、均方差赋权法、特征向量法、熵值法、数据包络分析法、主成分分析法和因子分析法等。客观赋权法的优点是推算严密，评估客观，但是指标权重会随指标数据的变化而变化，稳定性不够，有时候确定的权重系数可能与指标的实际重要程度相悖。（3）组合赋权法是主观赋权法和客观赋权法相结合而确定权重的一种方法。组合赋权法在一定程度上弥补了主观赋权法和客观赋权法的不足。设定对第 i 项指标主观赋权法和客观赋权法的权重分别是 Q_{si} 和 Q_{oi}，则组合赋权法的权重的计算公式如下：

$$Q_i = \frac{Q_{si} \times Q_{oi}}{\sum_{i=1}^{m} Q_{si} \times Q_{oi}} \qquad (4-5)$$

（三）层次分析法

层次分析法（analysis hierarchy process，AHP）是美国运筹学家萨蒂（T. L. Saaty）于 20 世纪 70 年代提出的一种定性与定量分析相结合的多目标决策分析方法。它将决策问题按总目标、各层次目标、评估准则直至具体的方案顺序分解为不同的层次结构，然后用求解判断矩阵特征向量的办法，通过两两比较的方式确定各个元素的相对重要性，再用加权求和的方法递阶归并各备选方案对总目标的最终权重，然后综合决策者的判断，确定决策方案相对重要性的总排序，最终权重最大者即为最优方案。层次分析法被广泛应用于处理复杂的社会、政治、经济、技术等方面的决策分析问题，比较适合于具有分层交错评估指标的目标系统且目标值又难以定量描述的决策问题（许树柏，1988）。

明确层次分析法的基本原理是使用的前提，层次分析法会根据问题的性质和要达到的总目标，将问题分解为不同的组成因素，并按照因素间的相互关联影响以及隶属关系将因素按不同层次聚集组合，形成一个多层次的分析结构模型，从而最终使问题归结为最低层相对于最高层的相对重要权值的确定或相对优劣次序的排定。

层次分析法的四个基本步骤分别是建立层次结构模型，构建判断矩阵，层次单排序及其一致性检验，层次总排序及其一致性检验。

1. 建立层次结构模型

首先要将待解决问题逻辑化、层次化，从而建立层次结构模型。模型将复杂问题进行分解，分解后的各组成部分称为元素，这些元素根据属性又形成不同层次。某一层的元素受上一层次元素的制约，又对下一层次的元素进行支配，对于相邻两层而言，高层为目标层，低层为因素层。层次的划分如图 4-7 所示。

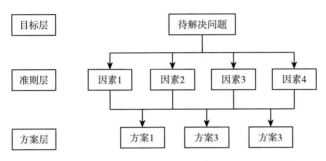

图 4-7　层次分析法的层次划分

其中，最高层为目标层，只含有一个元素，它是问题的预定目标或理想结果；中间层为准则层，主要包括实现目标所涉及的中间环节以及需要考虑的一些准则；最底层为方案层，是实现目标可供选择的各种措施、决策方案等，又被称为措施层。

2. 构建判断（成对比较）矩阵

在确定各层次各因素之间的权重时，如果只是定性的结果，常常不容易被别人接受且缺乏科学性，因而运用一致矩阵法，即不把所有因素放在一起进行两两比较，以尽可能减少性质不同的诸因素相互比较的困难，提高准确度。如对某一元素 C，其对下层元素 A_1，A_2，A_3，$\cdots$，A_n 有支配关系，则可以通过元素间的相对重要性的比较得到一个两两比较判断矩阵：

$$A = (a_{ij})_{n \times n} \qquad (4-6)$$

矩阵 A 中的元素 a_{ij} 反映的是，针对准则 C，元素 A_i 相对于 A_j 的重要程度。其中，判断矩阵具有如下性质：

$$a_{ij} = \frac{1}{a_{ji}} \qquad (4-7)$$

$$a_{ii} = 1 \tag{4-8}$$

判断矩阵的元素的标度方法通常为 9 级标度法，具体数值如表 4-5 所示。

表 4-5   **比例标度表**

标度	含义
1	两个元素相比，前者与后者同等重要
3	两个元素相比，前者比后者稍微重要
5	两个元素相比，前者比后者较强重要
7	两个元素相比，前者比后者强烈重要
9	两个元素相比，前者比后者极端重要
2、4、6、8	表示相邻判断的中间值

3. 层次单排序及其一致性检验

对应于判断矩阵最大特征根 λ_{max} 的特征向量，经归一化（使向量中各元素之和等于 1）后记为 ω。ω 的元素为同一层次因素对于上一层次某因素相对重要性的排序权值，这一过程称为层次单排序。能否确认层次单排序，则需要进行一致性检验。所谓一致性检验是指，对 A 确定不一致的允许范围。其中，n 阶一致阵的唯一非零特征根为 n；n 阶正互反阵 A 的最大特征根 $\lambda \geqslant n$，当且仅当 $\lambda = n$ 时，A 为一致矩阵。

由于 λ 连续的依赖于 a_{ij}，则 λ 比 n 大的越多，A 的不一致性越严重，一致性指标用 CI 计算，CI 越小，说明一致性越大。用最大特征值对应的特征向量作为被比较因素，对上层某因素影响程度的权向量，其不一致程度越大，引起的判断误差越大。因而，可以用 $\lambda - n$ 数值的大小来衡量 A 的不一致程度。定义一致性指标为：

$$CI = \frac{\lambda - n}{n - 1} \tag{4-9}$$

$CI = 0$，有完全的一致性；CI 接近于 0，有满意的一致性；CI 越大，不一致越严重。为衡量 CI 的大小，引入随机一致性指标 RI：

$$RI = \frac{CI_1 + CI_2 + \cdots + CI_n}{n}\qquad(4-10)$$

随机一致性指标 RI 和判断矩阵的阶数有关。一般情况下，矩阵阶数越大，则出现一致性随机偏离的可能性也越大，其对应关系如表 4-6 所示。

表 4-6　　　　　　　　　　平均随机一致性指标 RI 标准值

矩阵阶数	1	2	3	4	5	6	7	8	9	10
RI	0	0	0.58	0.90	1.12	1.24	1.32	1.41	1.45	1.49

考虑到一致性的偏离可能是由于随机原因造成的，因此在检验判断矩阵是否具有满意的一致性时，还需要将 CI 和随机一致性指标 RI 进行比较，得出检验系数 CR，公式如下：

$$CR = \frac{CI}{RI}\qquad(4-11)$$

一般来说，如果 $CR < 0.1$，则认为该判断矩阵通过一致性检验，否则就不具有满意一致性。

4. 层次总排序及其一致性检验

计算某一层次所有因素对于最高层（总目标）相对重要性的权值，称为层次总排序，这一过程是从最高层次到最低层次依次进行的。

采用层次分析法时，注意要在分解简化问题时把握主要因素，做到不漏不多；注意相比较元素之间的强度关系，相差悬殊的要素不能在同一层次比较。综上所述，层次分析法的优点在于思路简单明了，将决策思维条理化、数量化；把研究对象当作一个系统，按照分解、比较判断、综合的思维方式进行决策；便于计算，容易被人们接受，是一种简洁实用的决策方法；所需的定量数据信息较少，能处理许多用传统的最优化技术无法解决的实际问题（赵静，2000）。而其缺点则是评价的决策层不能太多，否则判断矩阵和一致矩阵差异可能会很大；只能从备选方案中选择优者，而不能够为决策提供新的方案；定量数据较少，定性成分多，不易令人信服；特征值和特征向量的精确求法比较复杂。

（四）模糊综合评价法

模糊综合评价法（fuzzy comprehensive evaluation method，FCE）是一种基于模糊数学的综合评价方法。该综合评价法根据模糊数学的隶属度理论，把定性评价转化为定量评价，即用模糊数学对受到多种因素制约的事物或对象做出一个总体的评价。它具有结果清晰、系统性强的特点，能较好地解决模糊的、难以量化的问题，适合解决各种非确定性问题。

模糊综合评价法的基本步骤包括以下六步：

第一步，构建模糊综合评价指标。评估对象的因素集可以记为：

$$X = \{x_1, x_2, x_3, \cdots, x_n\} \tag{4-12}$$

第二步，确定评判集。

$$V = \{v_1, v_2, v_3, \cdots, v_m\} \tag{4-13}$$

每个评判对于一模糊集，其评价等级数一般为 $3 \sim 7$，如果 m 过大，语言难以描述且不宜判断等级归属；m 太小，又不符合模糊综合评价的质量要求。具体的等级可适当用语言描述，如评价技术竞争力时可使得 $V = \{$强，中，弱$\}$，评价经济效益时可以取 $V = \{$好，一般，差$\}$。

第三步，建立模糊关系矩阵。评判等级模糊集确定后，进行模糊关系矩阵的构造，如式（4-14），矩阵 Q 中的数据 a_{ij} 表示待评估对象从第 i 个属性考虑对第 j 个评判等级模糊集的隶属度。

$$\begin{pmatrix} a_{11} & \cdots & a_{1m} \\ \vdots & \ddots & \vdots \\ a_{n1} & \cdots & a_{nm} \end{pmatrix} \tag{4-14}$$

第四步，在建立模糊关系矩阵之后，确定评价因素模糊权向量。通常情况下，元素对目标的重要程度不一样，需要确定模糊权向量。

$$W = (\omega_1, \omega_2, \cdots, \omega_n)^T \tag{4-15}$$

第五步，利用模糊合成向量，将权向量 W 与模糊关系矩阵 Q 合成得到待评价对象的模糊综合评价结果向量 S。

第六步，对模糊综合评价结果向量做出合理解释。综合评估结果通常是待评价对象的综合值。模糊综合评价的结果为模糊向量，它包含了待评对象的更多信息，可以从不同的侧面对评价结果进行解读。其中，按综合分值对评价对象排序是最常见的方法，若评判及对应的分值向量为 $C = (c_1, c_2, \cdots, c_n)$，则模糊评价综合分值如式（4 – 16）所示；若有待评对象，根据综合分值可以对评价对象进行排序。

$$Z = C \cdot S^T = \sum_{i=1}^{n} c_i s_i \qquad (4 - 16)$$

由于评价因素的复杂性、评价对象的层次性、评价标准中存在的模糊性，以及评价影响因素的模糊性或不确定性、定性指标难以定量化等一系列问题，人们难以用绝对的"非此即彼"的标准来描述客观现实，经常存在着"亦此亦彼"的模糊现象，其描述也多用自然语言来表达。自然语言最大的特点在于它的模糊性，而这种模糊性很难用经典数学模型加以统一量度。因此，建立在模糊集合基础上的模糊综合评判方法用多个指标对被评价事物隶属等级状况进行综合性评判，划分被评判事物的变化区间。一方面，这可以顾及对象的层次性，使评价标准、影响因素的模糊性得以体现；另一方面，在评价中又可以充分发挥人的经验，使评价结果更客观，符合实际情况。模糊综合评判可以做到定性和定量因素相结合，扩大信息量，使评价数度得以提高，评价结论可信。

传统的综合评价方法很多，应用也较为广泛，但是没有一种方法能够适合各种场所，解决所有问题，每一种方法都有其侧重点和主要应用领域。如果要解决新的领域内产生的新问题，模糊综合评价法显然更为合适。

（五）综合评估法的思想

综合评估方法使用了许多数学方法，同时综合评估方法也是许多数学思想的具体体现。

综合评估的消除量纲影响是定量化处理问题。综合评估分析中的消除量纲影响方法在数学上是解决定量化处理问题。将具有不同计量单位的有量纲指标，通过一定的数学变换或者相对化处理转化为不带量纲的数值，解决数值之间的可运算性和可同度量性问题。这实际上是应用数学中的数量化理论来处理各个不同指标的具体经济意义的不同问题。

指标权数的确定是因素分析的体现。在综合评估中，各个指标对于评估对象的整体性影响程度是不一样的。各个指标相当于是影响整体性的各个因子，指标权数的确定实际上是揭示各个因子在数量上对整体性影响的程度和方向。虽然确定各个因子的影响程度和方向的方法有许多种，有定性方法和定量方法，但是最终都要以数量形式体现出来。可见，综合评估中的权数的确定实际上是数理统计的因素分析方法的应用。

综合评估过程是数学映射变化过程。综合评估是把描述被评估对象的多个量纲不同的指标实际值转化成无量纲的评估值，并综合这些评估值，从而对被评估事物做出整体性评估。它的数学实质是：把高维空间中的样本点投影到一维直线上，通过一维直线上的投影点来对被评估对象进行不同时间或空间的整体性比较、排序和分析。

第三节　技术评估的新方法

传统的技术评估方法经历了从定性方法到定量方法，再到定性和定量方法相结合的整体发展历程。目前，定性方法、定量方法、定性和定量相结合的方法广泛存在于不同国家和不同的技术评估领域。本节将介绍一些技术评估的新方法，包括基于科技文献增长率与关注度监测的技术评估方法、引进技术评估方法和技术创新评估等。

一、基于科技文献增长率与关注度监测的技术评估方法

（一）内涵

基于科技文献增长率与关注度监测的技术评估方法建立在现有科技文献基础之上，对特定领域技术进行监测与评估，有助于把握科技发展脉络，发现热点技术，预测技术演化趋势，寻找科技创新突破口（徐珍珍、张均胜、

2022）。科技文献具有数量大、增速快等特点，仅依赖专家，难以从阅读海量科技文献中快速、全面、准确地了解相关领域的成果、知识和最新进展，梳理相关领域的研究发展动态，把握科技发展的脉络，挖掘出热点技术与演化趋势，找到科技创新的突破口。通过自动识别、监测、掌握科研发展新动态，辅助准确获取相关度高的科技文献，能够提高科研工作效率（杨金庆等，2020），这也是技术评估方法发展的新方向和新趋势。

对特定技术进行监测与评估有助于了解相关领域发展状况，分析技术的优劣势、发展阶段、未来趋势和发展空间，提高技术路径选择准确率，以及改善发展质量。基于科技文献增长率与关注度监测的技术评估方法能够利用技术列表匹配搜索科技文献中的技术并构建时序技术关联网络，在计算技术关注度和增长率基础上判别技术状态，实现技术综合分析并评估。

（二）评估流程

基于监测科技文献的技术并进行评估的方法主要包括对科技文献信息进行检索及预处理，进而构建时序技术关联网络，然后利用四象限模型对技术进行分类评估三大板块，具体流程如图 4－8 所示。

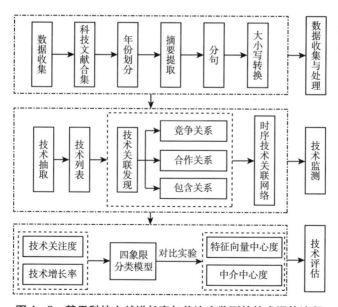

图 4－8　基于科技文献增长率与关注度监测的技术评估流程

根据徐珍珍等（2021）的研究，基于科学文献增长率与关注度监测的技术评估方法主要包括三个阶段，分别是数据收集与处理、技术检测和技术评估。

第一，数据收集与处理。以英文文献为例，处理任务包括年份划分、摘要提取、分句、大小写转换，之后形成科技文献句子集合 $S = \{S1, S2, \cdots, Sn\}$，$n$ 为句子数量，$n > 0$。

第二，构建时序技术关联网络图进行技术监测。技术抽取通过技术列表匹配方式实现，然后可以通过问题—技术矩阵得到技术关联关系。构成的技术关联网络图集合为 $Gt = \{Gt1, Gt2, \cdots, Gtm\}$，$m \geq 1$，$Gt$ 为时序技术关联网络图集合，$Gt1$，$Gt2$，$\cdots$，Gtm 是 $t1$，$t2$，$\cdots$，tm 时刻对应的技术关联网络图集合。

第三，建立技术状态判别模型进行技术评估。技术抽取出之后，计算技术关注度和技术增长率，构建四象限分类模型，对技术成熟度和新颖程度进行评估，同时计算技术的特征向量中心度和中介中心度，进行对比实验。

技术关联网络中节点度数越高，则该技术与其他技术联系更为密切，该节点所代表的技术关注度越高，更有可能为研究热点。结合技术关注度和技术增长率分析，具有高关注度、高增长率的技术词之间可能具有更多的关联关系，有较大可能是热点技术；低关注度、低增长率的技术间关联关系较少，则可能是刚出现的技术或技术已经进入衰退期。构建四象限分类模型可以覆盖技术发展生命周期中变化情况，通过追踪技术轨迹可以分析技术发展历程。

二、引进技术评估

（一）引进技术评估的内涵

根据赵明等（2020）以及周涛等（2015）的研究，引进技术是指与企业外部（包括国内和国外）开展技术引进、合作研究、技术开发、技术咨询与服务、购买专利技术等活动。

为提高企业引进技术的水平和质量，需要实施引进技术目录管理制度。企业引进技术目录的建立可以加快自主创新技术转化应用，促进企业自主创新技术与引进先进技术相辅相成，提高引进技术的质量和效益。引进技术目录的建立和实施是对引进技术设置的前置审查与审批环节。对涉及目录所列限制类技术的引进技术项目，必须严格执行审批程序，禁止类技术不得引进。技术目录要滚动更新，不定期补充调整。引进技术评估方法的评估决策指标体系包括政策性、成熟性、重要性、经济性和先进性五个方面的评估依据和方法。

遵循政策性评估依据及方法指的是，引进技术首先必须严格执行国家缔结或者参加的国际公约、协定，国家发布执行的禁止进口/限制进口技术目录，还有相应的国家法律法规、行业标准等相关行业政策条款。在此基础上，还要核查对企业有关规定和要求，进行政策性评估，严格落实国家明确的限制与禁止引进技术政策，引进技术要符合国家生态文明建设的政策要求，重点要核查各种技术性能指标及排放情况，进行政策性评估判断。重点参照企业法律部门编印的通用法律中的禁止性、强制性规范指引。政策性评估属于基础评估工作，具有强制性，判断结论为通过或不通过。

（二）引进技术评估方法的指标体系

引进技术的成熟性表现在成果的转化上。创新成果转化需要满足相应的技术应用条件，能够适应企业的经营发展需要。科技成果转化是一个完整的科技创新产业链条，对于不同性质和不同阶段的科研成果，技术应用的条件和成熟度也不相同。从常规技术创新产业链条来看，技术的成熟过程分为研发阶段、现场试验阶段、转化应用阶段。从科研管理角度来看，项目验收与成果鉴定评审一般为研发阶段工作完成或结束的标志，应从两方面进行综合判断：一是技术研发过程的成熟等级，二是科技成果管理的标志性条件。技术成熟性指标的核心是技术的可应用性，决定技术是否进入限制类或禁止类引进技术目录。技术成熟性属于基础评估工作，具有强制性，由专家综合判断，判断结论为不通过、进入限制类目录、进入禁止类目录（见表4-7）。

表4-7 成熟性综合判断表

成果管理标志技术成熟等级	原型验证	小规模现场试验	工业性现场验证	推广应用
项目验收	不通过	限制类	限制类	禁止类
成果鉴定	不通过	限制类	限制类	禁止类
产品形成	不通过	限制类	限制类	禁止类
组织推广	—	—	禁止类	禁止类

企业的技术需求数量多，大小不一，影响程度不一样，因此要根据技术的重要性进行评估。引进技术管理要分清层次，突出重点，抓大放小。在一定阶段，总有一种或一组技术群对企业发展起到主导作用，这些技术属于核心关键技术，甚至是"卡脖子"技术，是企业业务发展的重要领域。因此，了解并掌握企业重大科技成果及项目现状、把握技术发展趋势和业务综合进程、抓住重点核心技术是技术目录管理的工作目标。重要性评估主要依据企业业务发展战略规划、行业技术发展研究报告、企业主营业务的发展研究报告等，调研相关主体专业研究的重大项目、核心产品、关键设备等国内外进展，跟踪业务发展需求和技术发展趋势，由专家综合评估技术的重要性。技术重要性是一个阶段性、可变的判断，随着技术和业务的发展，其重要性也发生变化，所掌握和参照的资料具有一定局限性，也会影响技术重要性的判断。重要性是固定阶段的比较结果，属于二次评估，要审慎执行，分为高、中、低三级。

建立引进技术目录是为了促进企业先进技术应用，淘汰和禁止引进落后技术，推进企业自主技术应用，促进企业科技水平提升，因此技术先进性的评估十分必要。评估可依据企业规划和计划对技术的需求分析，参照科研成果的技术查新和鉴定意见，对技术的定位、水平、应用条件等进行判断，并由专家横向对比相关技术，进行系统判断和确定。技术先进性是一个不断发展的客观指标，具有一定局限性，属于二次评估，需审慎执行，判断结论可分为领先、先进、一般。

最后，要对引进技术的先进性开展评估。企业技术目录要充分发挥技术成果的市场价值，保障具有重大经济效益的重大核心技术，提高目录技术的市场核心竞争力，因此，要重点将具有上述特征的技术成果纳入目录。技术的经济性评估采用三项评估指标：一是技术自主率，指企业某项技术的技术要素中自有成分或自主研发成分占全部要素的比例，是衡量企业某项技术拥有程度和技术源头成分的指标；二是市场潜在占有率，指某项技术在商业化技术市场上应用的程度，该指标越高，表明其商业化应用越成功；三是创效能力，指技术带来的经济效益，主要评估依据为技术成果的项目验收或成果鉴定评审意见、用户报告或市场前景分析报告等，对比同类技术的市场价值，由专家综合分析判断。经济性评估同样受时间和信息准确度影响，属于二次评估，判断结论同样为高、中、低三级。

三、技术创新评估

（一）技术创新的内涵与特征

技术创新由经济学家约瑟夫·熊彼特（J. A. Schumpeter）于 1912 年在《经济发展理论》中提出。在他看来，技术创新就是建立一种技术的新的生产函数。之后，这一概念不断发展。我国学者傅家骥（1998）在《技术创新学》中将技术创新定义概括为：企业家抓住市场的潜在盈利机会，以获取商业利益为目标，重新组织生产条件和要素，建立起效能更强、效应更高和费用更低的生产系统，从而推出新的产品、新的生产工艺、方法，开辟新的市场，获得新的原料或半成品供给来源或建立企业的新组织，它是包含科技、组织、商业和金融的一系列综合活动。但技术创新与产品创新并不是一个概念，它们既有联系又有区别：技术的创新可能带来，但未必带来产品的创新；产品的创新可能需要，但未必需要技术的创新。

技术创新的内容涵盖众多，从产品的角度来说，引进新产品或提供某产品的新品种可以被视为一种技术创新；从生产的角度来说，引进新的技术，采用新的生产方法进行生产可以被视为技术创新。开辟新市场，控制原材料的新供应商，不管来源是否已存在，还是第一次被创造，实现任何一种新组织，如打破某一垄断地位等，都可以被视为技术创新。

技术创新主要具有新颖性、风险性、目的性、主体性和非连续性五个特点。（1）新颖性指的是技术创新过程中各个方面的新颖性和创造性，可能是新技术，也可能是将现有技术应用于新领域。（2）风险性，即技术创新的过程受复杂因素的影响，会存在难以预知的不可控因素的作用。（3）目的性是技术创新的特征之一，技术创新的目的是关键。事实上，企业技术创新的目的十分明确，就是研究与发展成果的商业化和产业化。（4）技术创新的主体性体现在技术创新的主体是企业家，他们能抓住机会、辨别市场、敢于冒险、善于创新。（5）技术创新具有非连续性，技术创新的时间是间断性的，其结果导致了经济发展的不稳定，即旧平衡的破坏和新平衡点的产生。

（二）技术创新评估内容与方法

技术创新的评估结果可以说明技术创新的价值所在，准确评估技术创新十分重要。

1. 技术创新评估的内容

企业经营成果的好坏和经济效益的高低在很大程度上取决于企业技术创新的成败，而技术创新是否成功，在于对技术创新项目的科学评估。技术创新受多方面因素的影响，必须系统地考察各方面因素。

评估时要考虑公司目标、战略等与新技术的相关性，以及新技术是否符合企业未来发展开发新产品的方向。企业新技术与市场需求的现状及趋势、市场容量、市场价格、竞争条件、销售渠道等的匹配程度越高，企业应用技术的前景越广阔。在考虑了新技术的前景之后，要回归技术本身，评估研发方面的战略、费用与时间进度，专利情况和技术成功的可能性，以及新技术的经济效益情况，如财务盈利能力，包括投资回收期、期望收益和财务风险等；除了财务上的效益，还要评估新技术的社会效益，包括保护环境、生态平衡等。

2. 技术创新评估的方法

具体的新兴技术评估方法包括直觉排序法、多因素评估法、财务评估法等。直觉排序法将提出的备选方案进行两两比较，并由专家或经验丰富的负责人排列出技术项目的优先顺序。这种方法靠主观直觉和经验进行判断，完全以评判人的知识和经验为基础。多因素评估法要求加权和求出各因素对不同方案的综合影响效果，从而确定最佳执行方案。财务评估法应用最为普遍，企业针对新技术可以采用费用/效用比分析法、投资回收期法等进行评估。

第四节　本章小结

　　本章介绍了技术评估的内容和方法，介绍了微观技术评估的内涵与评估步骤，并从技术价值、经济价值、社会价值、环境效应和实施风险五个方面分别说明了技术评估的一般内容。技术价值评估指的是一定技术价值关系主体对这一技术价值关系的现实结果或预期后果的反映。经济价值评估是指对技术的经济性做出评价，即技术在开发、应用、推广等过程中带来的经济成果。除了评估技术经济价值以外，还要分析评估技术对实现国家或地方各项社会发展目前所做的及未来可能的贡献与影响。社会发展离不开良好的自然环境，因此从环境影响方面对技术做出评价是技术评估的重要内容之一。最后，技术的应用和实施过程中会出现风险，评估新技术时也要对技术可能的实施风险进行评估。

　　整体来说，技术评估方法分为传统方法和新兴方法。传统方法经过长时间的发展，包含定性方法、定量方法以及定性和定量相结合的方法，具体包括专家评估法、经济分析法、运筹学评价和综合评估法。新兴方法有基于科技文献增长率与关注度监测的技术评估方法、引进技术评估方法和技术创新评估方法等。

思考题：

　　1. 任选一种技术评估的传统方法，简述其评估过程并举例说明其应用。

　　2. 选择一种你感兴趣的技术评估新方法，尝试将其应用于你所学专业相关问题。

第五章

技术成熟度评价

　　技术成熟度是指技术相对于某个具体系统或项目而言所处的发展状态，是衡量技术能力的关键要素，也是技术评估的重要依据，对新技术开发与应用的决策具有重要支撑作用。本章在阐述技术成熟度基本概念的基础上，重点介绍技术成熟度评价的四种方法，包括技术就绪水平、技术文献计量、技术专利分析和技术性能测量，然后对技术成熟度评价指标体系和评价流程进行说明，最后通过案例具体分析与了解技术成熟度评价。通过本章的学习，旨在掌握技术成熟度概念和评价方法，对其指标体系和流程具有初步了解，为技术评估的整体学习奠定理论基础。

第一节　技术成熟度概念

　　技术成熟度的概念起源于 20 世纪 70 年代，到 20 世纪 90 年代已趋于成熟。1995 年，美国国家航空航天局（NASA）以白皮书形式正式发布了世界上首份技术成熟度的标准性文件，之后以美国国防部为代表的政府部门和科研管理机构纷纷效仿，大力引进、推广、应用技术成熟度这一先进的管理理念和方法。

　　由于地区和时期不同，人们对技术成熟度的理论研究不同，各国或各领域对技术成熟度的定义也略有差异。国内外对于技术成熟度不同角度的定义详见表 5 - 1。

表 5 - 1 　　　　　　　　　　　　技术成熟度定义汇总

角度	定义
项目目标满足度	衡量所采用的项目关键技术满足预期指标的程度，是风险管理的重要内容
技术就绪水平	某一项技术或产品在开发过程中可达到的可用程度，包括技术完备等级和技术准备度
产业化实用程度	科技研究成果的技术水平、工艺流程、配套资源和技术生命周期等方面所具有的产业化适用程度
技术生命周期	技术在该生命周期中所处的位置
市场占有率	产品或者服务在市场上的占有率大小可以反映技术成熟度的高低

资料来源：根据相关文献整理得到。

综上所述，技术成熟度是指技术相对于某个具体系统或项目而言所处的发展状态，反映了技术对于项目预期目标的满足程度（杨良选，2017）；也指科技成果的技术水平、工艺流程、配套资源、技术生命周期等方面所具有的产业化使用程度。技术成熟度可以减少产品研制风险，预估技术差距，在新技术实际应用前对其成熟度做出可靠评价（朱永国等，2018）。

第二节　技术成熟度评价方法

技术成熟度评价是基于技术发展成熟规律，对技术成熟程度进行评价的一种方法和过程。技术成熟度评价侧重于项目的关键技术，即在技术开发、工程研制和生产过程中的那些可能产生风险的技术。开展技术成熟度评价的核心目的就是为技术转化阶段决策提供一个量化的依据，提高决策的科学性，降低产品研制技术风险，只有达到阶段技术成熟度要求，技术才能转入下一个阶段，否则将带来较大的技术风险。

目前，国内外进行技术成熟度评估主要有四种方法：技术就绪水平（TEL）、技术文献计量（TBM）、技术专利分析（TPA）、技术性能测量（TCM）。

一、评价方法的提出与发展

（一）技术就绪水平

1. 概念

技术就绪水平（technology readiness level，TRL）又称技术成熟度等级或技术完备等级，是对技术成熟度进行度量和评测的一种标准（李达等，2012），也是技术的完善程度或成熟程度，即技术成熟度。其基本思想是用符合科学技术研究规律的技术成熟状况来评价科学技术的研究进程及其创新阶梯（王亚光、王松俊，2012）。相对于某个具体系统或项目，技术就绪水平指的是单项技术或者技术系统在研发过程中所处的发展状态或可用程度，也反映了技术对于项目预期目标的满足程度，其包含科技成果的技术水平、工艺流程、配套资源、技术生命周期等。

2. 起源与发展

1989 年，NASA 最早提出 7 级技术成熟度等级。1995 年，NASA 起草并发布的《技术成熟度白皮书》中将其增加为 9 级（John，1995），如表 5 – 2 所示，并将 TRL 应用于计划审查中，目的是评价采用一项技术将冒多大风险以及技术达到最高等级是否对应低风险。1999 年，美国政府问责办公室（GAO）建议美军使用技术准备等级来评价技术的成熟度，要求在开发前，关键技术的准备等级应达到一定的级别。2001 年，美国国防部沿用 NASA 的做法，将技术准备等级分为 9 个等级，并在 2009 年公布了新版《技术成熟度评价手册》。

表 5 – 2　　　　　《技术成熟度白皮书》所确定的技术成熟度等级

等级	定义
1	发现和阐述基本原理
2	形成技术概念或应用方案
3	应用分析与实验室研究，关键功能实验室验证

等级	定义
4	实验室原理样机、组件或实验板在实验环境中验证
5	完整的实验室样机、组件或实验板在相关环境中验证
6	模拟环境下的系统演示
7	真实环境下的系统演示
8	定型试验
9	运行与评估

技术成熟度的 9 个等级中涉及科学与技术知识成果、实验、模拟与工程化、产品化等问题，一般认为第 5 个等级以后的成果具备一定的实用性，适合于进一步开发、应用与转化，但产品化之后的市场化与产业化问题在技术成熟度等级中并不涉及。TRL 等级标准和评价方法在 20 世纪 80 年代得到进一步发展和推广，90 年代初 TRL 评价方法被正式推广应用于美国空间计划研究项目（莫磊等，2018）。2013 年，国际标准化组织公布了《航天系统：技术成熟度等级及评价准则定义》标准，对国际航天领域的技术成熟度活动进行了规范，标志着技术成熟度评价思想与方法在世界范围内得到认可（徐东林、姚守忠，2022）。

3. 应用现状与通用标准

（1）应用现状。截至目前，TRL 作为国防采办和科研管理的常态化管理工具，在全球主要国家和机构得到了大范围推广应用，各国也纷纷推出了适用于自身的标准规范和政策管理文件（邢晨光等，2020）。例如，国际标准化组织（ISO）16290 技术成熟度等级标准，美国国防部的《技术成熟度评价手册》，NASA 的 TRL 规范，欧洲航天局（ESA）的《TRL 手册》，美国政府问责办公室（GAO）的《TRA 手册》，欧盟"地平线 2020"计划（Horizon，2020），等等。

在我国，自 20 世纪末开始，相关部门开展了关于技术成熟度评价工作的软课题研究；21 世纪初，建立和推广技术成熟度评价体系，并制定了《科学技术研究项目评价通则》（GB/T 22900—2009），在相关科研项目立项过程中开始采用 TRL 评价方法。之后，航空等领域提出了武器装备的技术成熟度标准，成为提高科学管理与决策水平的工具和手段。2022 年 10 月，制定《科学技术研究项目评价通则》（GB/T 22900—2022），对 TRL 评价方法进行优化补充。

（2）通用标准的提出。不同领域的技术成熟度等级划分具有差异性，各级定义与要求是技术成熟度评价标准研究的核心，马宽等（2016）依据继承性、通用性和易用性原则，于 2016 年提出技术成熟各级的通用定义和要求。

①等级 1，发现基本原理并报告。这属于基础理论研究，发现基本特性或试验研究观察物理现象背后的原理，是支撑后续技术研究的理论基础。

②等级 2，提出技术概念和应用设想。发现基本原理后，提出使用该原理的技术应用设想。通过分析研究论证，提出将该基本原理应用到未来系统或产品中的设想，包括技术概念或初步技术方案，预期能解决什么问题、实现什么功能/性能，带来什么好处/经济效益等。但设想是推测性的，缺少试验或详细分析的支持。

③等级 3，分析和试验关键功能和特性，证明概念可行。此时，积极的技术研发活动开始，但仍处于可行性探索阶段，资源投入还很有限。基于等级 2 提出的技术概念和应用设想，对关键功能和特性进行建模仿真分析研究，并通过实验室试验来实际验证分析预测的正确性，以证明实现等级 2 提出的技术概念和应用设想是基本可行的。等级 3 不仅要求进行理论分析研究，而且还要求通过试验展示各单项关键技术元素的可行性，但不要求将相关技术元素集成为完整系统进行验证。

④等级 4，技术通过实验室环境验证。等级 4、等级 5、等级 6 是技术成熟和降低风险的关键阶段。在等级 4，相关基本技术元素开始集成为技术验证模型，并在受控的实验室环境验证其功能和性能，技术开始成熟并能够进一步表明将来达到预期系统目标是可行的。等级 4 是验证各单项技术元素是否可以协同工作的第一步。技术验证模型相对最终系统的技术状态是低逼真度的，实验室环境相对于最终真实使用环境也是低逼真度的。

⑤等级5，技术通过模拟使用环境验证。技术状态和验证环境的逼真度都比等级4显著提高，技术与适度逼真的支撑技术集成为各方面都更接近真实系统的中等逼真度的技术验证原型，关键功能和性能在中等逼真度的模拟使用环境中通过验证。技术进一步成熟，但是由于一些未知因素，技术仍然存在失败风险。

⑥等级6，技术通过模拟使用环境演示验证。等级6与等级5的最主要区别在于技术已经集成到系统或分系统，并通过了全面演示验证。技术演示原型能够实现真实系统要求的所有功能，演示验证环境能够较充分地模拟真实使用环境，技术状态和验证环境相对最终系统和真实使用环境都达到了较高的逼真度。等级6代表技术演示验证取得重要进展，技术成熟和风险已经降低到了转入系统研制或产品开发阶段可以接受的程度，表明技术已经取得突破。

⑦等级7，系统原型通过典型使用环境演示验证。等级7已经形成了可以初步使用的系统原型，要求在典型使用环境中全面演示并验证系统原型的功能或性能，系统原型的技术状态应该达到或非常接近最终系统状态，演示验证环境能够代表真实使用环境要求的典型使用环境。

⑧等级8，系统通过开发测试与评估，达到可用要求。等级8代表实际系统开发结束，通过开发测试与评估表明实际系统在使用环境中可以满足设计规格说明书要求，并为使用系统做好了准备，如形成标准，获得许可或其他资质证明，具备了可以交付用户使用的条件。

⑨等级9，系统通过实际使用得到证明。用户在预期使用条件下对实际系统的全方位使用考核的通过，表明技术可以满足使用要求，达到了预定的技术应用目的。通常，在使用过程中还需对系统进行局部改进和完善。

研究制定技术成熟度通用标准，对推广和使用技术具有重要意义。但是技术具有多样性，通用技术成熟度标准不能照搬。应当在通用技术成熟度标准上，根据各个行业或领域自身技术的差异性以及成熟特点，进一步研究和制定适合其领域的专用技术成熟度标准，从而构建起完备的技术成熟度评价标准体系。

（二）技术文献计量

1. 概念

技术文献计量（technology bibliometrics，TBM）是在产品技术相关文献的基础上，通过分析文献数量、质量、性质或关键词变化，继而根据文献变化曲线来判定产品技术成熟度。

2. 文献计量学及其起源与发展

文献计量学是以文献体系和文献计量特征为研究对象，采用数学、统计学等计量方法，定量分析一切知识载体，研究文献情报的数量关系、分布结构、定量管理和变化规律，进而探讨科学技术的某些结构特征和规律的一门交叉学科。它集数学、统计学、文献学为一体，注重量化的综合性知识体系。其计量对象主要是文献量（各种出版物，尤以期刊论文和引文居多）、作者数（个人或集体）、关键词（以各种文献关键词居多），文献计量学最本质的特征在于其输出务必是"量"。

对文献定量化的研究可追溯到 20 世纪初期。1917 年，动物学教授 F. T. 科尔和博物馆馆长 N. B. 伊尔斯研究了 1543～1860 年所发表的比较解剖学文献，对有关书及期刊文章进行统计，并按国别加以分类。此后，起源于目录学研究的文献计量法从无到有，从小到大，获得了迅速的发展。1923 年，E. W. 休姆提出"文献统计学"，指通过对书面交流的统计及对其他方面的分析，以观察书面交流的过程以及某个学科的性质和发展方向。1969 年，文献学家 A. 普力查德提出用文献计量学代替文献统计学，将文献统计学的研究对象由期刊拓展到所有的书刊资料。在情报学内部的逻辑结构中，文献计量学已渐居核心地位，是与科学传播及基础理论关系密切的学术环节。

3. 文献计量学六大定律

（1）布拉德福定律，又称文献分散定律、布氏定律。此定律由英国文学文献学家布拉德福于 1934 年首次提出，是定量描述科学论文在相关期刊中集中分散状况的一个规律，主要反映同一学科专业的期刊论文在相同的期刊信息源中的不平衡分布规律。

如果将科学期刊按其刊载某学科领域的论文数量以递减顺序排列起来，就可以在所有这些期刊中区分出载文量最多的核心区和包含着与核心区同等数量论文的随后几区。这时核心区和后续各区中所包含的期刊数量呈 $1 : a : a2$ 的关系（$a > 1$）。

布氏定律的应用研究获得了许多切实有效的成果，可用于指导文献情报工作和科学评价，选择和评价核心期刊，改善文献资源建设的策略，确立入藏重点，了解读者阅读倾向，评价论文的学术价值，以节约经费、节约时间，切实提高文献信息服务和信息利用的效率以及科学评价的科学性。

（2）洛特卡定律。此定律由美国统计学家、情报学家洛特卡提出，是描述科学论文作者动态最早的量化规律，探讨了科学论文著者的不平衡分布规律。在科研活动中，不同人的科研能力及其成果、著述数量不同。设撰写 X 篇论文的作者出现频率为 $F(X)$，则撰写 X 篇论文的作者数量与其所写的论文数量为平方反比关系，又称为"倒平方定律"，公式为 $F(X) = C$（C 为常数），即写 N 篇论文的作者数量大约是写一篇论文作者数量的 $1/n^2$。在宏观的科学著述活动中，少数作者写出了大量的文章，反之，大多数人的著述并不多。

在信息资源管理和信息利用过程中，可以用它来预测著者数量和文献数量，掌握作者的研究动态，提示不同领域中文献现状和趋势，便于对网络信息进行有效的选择、搜集和科学管理。

（3）齐普夫定律。此定律由美国语言学家齐普夫于 1935 年研究提出。关于文献中的词频分布规律，将一篇文章中的词按其出现频率递减排序，根据频率高低编上相应的等级序号。如果用 F 表示词在文章中出现的频率，用 R 表示词的等级序号，则有 $FR = C$（C 为常数）。

应用词频分布规律及其参数，可以预测关键词的数量，计算词汇的重要程度，对于文献标引与词汇控制、词表的编制、文献信息检索等方面都具有重要的应用价值。

（4）文献增长规律。此规律最具代表性的研究者是美国科学学家、情报学家普莱斯。他在 *Science since Babylon* 一书中统计了科学期刊的增长情况，发现科学期刊的数量大约每 50 年增长 10 倍。普莱斯以科技文献量为纵轴，以历史年代为横轴，不同年代的科技文献量的变化过程表现为一根光滑的曲线，近似地表示了科技文献量指数增长的规律，即普赖斯曲线，表达式为 $F(T) = aebt$，其中 $F(T)$ 表示时间 T 的文献量，a 是统计初始时刻（$T = 0$）的起始文献量，$e = 2.718$，b 是常数，表示持续增长率（文献增长速度与文献总量的比值，也称为产率、普赖斯指数）。

科技文献的指数增长定律作为一个理想模型，在一定程度上反映了文献的实际增长情况，但由于没有考虑许多复杂因素对科技文献增长的限制，该定律在实际应用中还有许多局限性。

（5）文献老化规律。随着时间推移，科学文献内容会随其"年龄"增长而老化。1958 年美国学者贝尔纳（J. D. Bernal）首先提出用"半衰期"（half life）来衡量文献老化速度。文献的"半衰期"因其学科性质、学科稳定性、文献类型不同而有不同的值。文献老化规律还可以用普赖斯指数来衡量。在理论上容易接受的描述文献老化规律的数学方程式为 $C(t) = ke - at$，$C(t)$ 表示发表了 t 年的文献的被引证次数；k 是常数，随学科不同而异；a 为老化率。

目前，关于文献老化规律的研究仍很活跃。文献老化的应用研究有助于指导文献信息源选择、采集，评价馆藏老化程度，评价文献价值等。

（6）文献引用规律。科学研究过程中必会借鉴前人或他人的相关研究成果。科学文献间存在一种必然联系，这种联系突出地表现为文献间的相互引用。文献引用关系分析是文献引用规律研究的基础，除文献间直接引用关系外，引文分析理论还着重考察文献其他具有代表性的间接引证关系，包括引文耦合、同被引、自引等，从而研究科学引文的分布结构和规律性。引文量的分析是文献引用规律研究的主要内容，通过量的指标对引文所共同具有的一些基本要素或特征，如对文献类型、学科主题、语种、出版年代、引文来源等进行分析和描述，可以得出按相应类别分布的引文量。

文献引用规律的研究有着广泛的应用价值，对于文献老化研究、期刊评价、科学评价、科技预测和人才评价等均有十分重要的意义。

4. 国内外技术文献计量的研究现状

波特等（Porter，1991）通过比较期刊论文数量与会议论文数量来评价产品技术成熟度，如会议文献数量超过期刊论文数量，表明产品还处于争论阶段，技术尚未成熟，而随着技术逐渐成熟，期刊论文数量会逐步增加，会议论文数量则会减少。戈丁（Godin，1996）通过分析文献关键词的性质变化来评价技术成熟度，如当关键词从描述产品技术一般特性转向描述产品技术的材料特性、工艺特性，或者转向产品技术实施的系统分析特性时，表明产品技术开始步入成熟阶段。马蒂诺（Martino，2003）根据不同研发阶段主要利用产品技术的相关文献性质及其数量绘制变化曲线。在基础研究阶段，论文数量由少到多；在试验开发阶段，专利数量也具有相同的变化情况；而在专利数量变化过程中，若发明专利数量开始下降，外观设计开始增加，则表明技术步入成熟化阶段。乌达伊姆等（Daim et al.，2005）以 1992~2002 年燃料电池出版物数据为基础，描述燃料电池出版物数量的变化特点。他们将该数据进行标准化处理，并基于标准化后的数据绘制技术在不同阶段的论文数量变化曲线，据此推断燃料电池技术大约在 2010 年达到成熟。布里特等（Britt et al.，2008）提出利用向量空间信息检索模型对描述技术的相似文献进行分层聚类，由此得到技术成熟度的不同等级。王吉武等（2008）在技术文献的基础上，从技术成熟度、技术机会和技术地位等多个维度构建了评价新技术商业化潜力的客观框架，并提出通过 Fisher-Pry 模型拟合技术发展趋势，从而判断技术的成熟水平。

（三）技术专利分析

1. 概念

技术专利分析（technology patent analysis，TPA）指的是基于专利文献在不同周期的指标特征来判断技术成熟度阶段的方法。

2. 国内外技术专利分析的研究现状

专利文献数据是科研产出数据的主要表现形式之一，部分学者通过分析专利的外部特征来判断技术的成熟水平（谢寿峰，2014）。最常用的专利分析方法是技术生命周期评价。该方法通过对某段时间内专利数量与专利权人数的分布变化进行比较，并结合两者的变化情况来判断研究的技术所处的生命周期阶段，包括萌芽期、发展期、成熟期、衰退期或再发展期（李春燕，2012）。阿茨舒勒（Altshuller，2006）通过专利统计分析发现，专利数量的变化趋势与产品技术发展过程有关。分析大量专利数据，得出产品专利等级、专利数量、产品性能及获利能力与"S"形曲线表示的技术生命周期之间存在对应关系的结论，并得出四条标准曲线。马苏常和刘学斌（2007）在TRIZ生命周期理论的基础上，依据应用性能、专利数量、专利级别和利润率四个尺度变量来评估激光加工技术系统的成熟度，进而做出激光器的技术发展预测。王秀红和周九常（2008）利用TRIZ生命周期预测技术方法评估了电动剃须刀技术和电动自行车技术的成熟度，通过对剃须刀技术系统的三个尺度变量（专利数、专利级别、销售量）及电动自行车技术系统的四个尺度变量（专利数、专利级别、性能、销售量）曲线的分析，得出电动剃须刀技术和电动自行车技术都处于成熟阶段的结论。曼恩（Mann，1999）通过研究专利的基本功能，重点考察降低成本的专利和弥补缺陷的专利，找出这两类特殊专利在产品技术生命周期中的分布情况，据此判断产品技术是否过了成熟期。他应用此方法考察了制冷压缩机的技术成熟度，通过考察专利所涉及的压缩机技术的五个方面，得出产品技术成熟度可能处于技术发展的后两个阶段的结论，并根据阿茨舒勒的专利数量曲线进一步分析指出制冷压缩机的成熟度已经到了退出期。张换高等（2006）在阿茨舒勒和曼恩的研究基础上，提出利用专利数量、专利等级和弥补缺陷的专利数量三项指标进行产品技术成熟度预测，并基于产品技术成熟度预测技术开发了专用软件——产品技术成熟度预测系统（TMMS），并应用该软件预测了蝶阀技术的成熟度。刘玉琴、朱东华和吕琳（2008）以专利数据为研究对象，利用文本挖掘方法得到专利中的大量文本信息，之后引入技术新颖度度量函数来量化技术的新颖程度，并用专利维持成本来反映专利的获利情况，讨论应用专利数量、专利技术新颖度和专利成本进行产品技术成熟度预测的步骤。他们在分析光通信技术特点和国内光通信技术专利授权情况的基础上，应用该预测方法对我国的光通信技术成熟度进行了预测，指出我国光通信技术处于成长初期。蒋沁和赵克斌（1991）最初应用专利数量类推法进行产品技术趋势预测。通过计算技术成熟系数 B 和技术发展速度 V 这两个指标来判断技术是处于成长期还是成熟期。这种方法首先需要计算历年的 V 值和 B 值的比值，然后进行时序的比较：若比值不断增大，则说明产品技术处于发展阶段，反之则处于成熟阶段。

3. 专利技术价值与技术成熟度关联分析

专利技术是专利的核心。专利价值的内涵是多方面的，不仅包括经济收益，也包括彰显企业或研究者的技术实力和影响力等（冯文娟，2015）。从技术成熟度的角度看，专利价值会随着技术的成熟发展程度而变化，主要体现在其带来的技术价值、社会影响力等方面的变化。对技术成熟度进行评估，实际上就是通过分析技术所蕴含的价值变化来判断技术发展所处的阶段。

（1）技术应用广度。技术应用广度指的是技术的应用范围。一般情况下，技术成熟度较低，说明技术的发展不充分，应用领域较狭窄；成熟度较高的技术由于其自身的技术完备性特征，往往能使其在更多领域得到应用。对技术应用广度的测度可以从专利产品的数量、空间，以及技术保护范围等角度进行，相关测度指标主要包括专利分类号数量、专利权人 h 指数、专利技术宽度等（许珂、陈向东，2010；冯君，2009）。IPC 分类号是世界知识产权组织所使用的国际专利分类系统，对专利 IPC 号进行分析，可以了解专利的技术分布情况。随着专利分类号数量的不断增长，专利产品所涵盖的技术功能会逐渐增多，技术就越趋于成熟（谢寿峰，2014）。综合考虑指标可获取性和计算复杂度，专利分类号（小组）可以描述较细粒度的技术，其数量指标较适合测度技术的应用广度，数量越多则代表技术应用范围越广，专利的技术价值更高，技术发展处于相对成熟阶段。

（2）技术先进性。技术先进性指的是专利技术在当前时间点上相较于本领域其他技术处于领先地位，或者是在当前技术市场上位于主导地位。第一，从专利类型的角度来看，专利可分为实用新型专利、外观设计专利和发明专利，其中发明专利的技术含量及价值最高，具有高独创性、新颖性和实用性，对技术的整体发展具有较长期的影响。发明专利的数量相比于其他类型专利的数量，更能反映技术领域内的先进程度（柳晓倩等，2018；朱芳芳，2017）。第二，引用科学论文的行为能够反映目标专利与论文的关联性。通常，技术与科学研究的关联性越高，预示技术的发展阶段越接近技术链的上游。专利引用的科学文献数量的多少能够体现专利文献对于基础学科的依赖程度以及对科学传播的积极影响，能在一定程度上反映技术的创新程度和先进程度（范月蕾等，2014；马永涛等，2014）。第三，从技术研发投入角度看，专利技术发明人数的规模大小能够表征凝聚的科学力量，研发投入较大的专利技术也被普遍认为其技术先进程度较高。发明人数量越多，专利研发投入的人力越多，专利质量以及专利技术的成熟度就越高（袁润、钱过，2015）。综上可知，发明专利数量、引用科学论文数量、发明人数量可以用于综合测度技术的先进性。

（3）技术竞争潜力。技术竞争潜力是指，该技术在某一方面或某几方面具有更高的独创性或竞争优势，具有引领技术发展方向的潜在能力。技术竞争潜力较高的技术会在权利保护范围、权利稳定性和地域保护范围等方面具备优势，以此来确保该项技术能拥有更强的市场竞争能力。权利要求数量、同族专利数量、PCT 国际专利申请数量和专利转让与许可次数等可用于测度技术竞争潜力。

（4）技术影响力。技术影响力指的是技术主体对后续技术发展的引领作用和影响力大小，是衡量技术主体价值水平的一个重要指标（Adam et al.，2014）。技术影响力按照影响主体的不同，可分为单件技术的影响力、国家的技术影响力以及技术领域的影响力等。技术影响力是揭示技术价值的重要因素，技术价值较高的专利往往具有较高的影响力，能够对后续的发明创造起到引领作用。专利的被引次数是衡量技术影响力的核心指标，而专利布局国家数量也能够反映专利技术在空间上的影响力。专利分布的集中性是指一段时间内一个技术持有者、一个企业或一个国家现存的核心专利数量占专利总数之比，能够反映个人、企业、国家的综合技术影响力。综上可知，专利被引次数、专利布局国家数量、专利集中性等可用于测度技术影响力。

4. 技术专利分析的技术成熟度判别

（1）技术发展模型。技术发展模型是对技术发展规律的数学化表示，以生动形象地描绘技术发展的路径。目前，常见的技术发展模型为 S 曲线模型。

技术 S 曲线模型总体上可分为绝对模型和相对模型。绝对模型是指技术在某一时刻的状态只通过技术本身的特性和时间来描述，与其他时间的状态无关；而相对模型所表述的是技术在某一时刻的状态是由技术之前的发展状态来确定的。

一个理想的 S 曲线模型如图 5－1 所示，纵坐标是技术性能，横坐标是技术研发投入或者时间。技术性能本质上是由自身的物理特性决定的，只要不断地进行研发投入，技术性能就会得到持续提升。但同时应注意到技术性能是有上限的：一是技术的理论上限，即最高能达到的技术水平；二是实际工程应用中的上限，即受环境、工艺等影响，该上限会略小于理论上限。在研究过程中，应保证具有持续的技术研发投入，这样就可以把研发投入转化为时间，方便技术发展阶段评估。

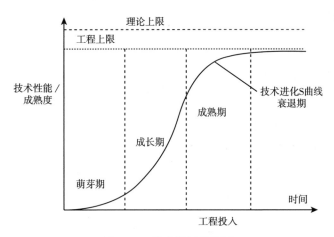

图 5－1　技术发展趋势图

在技术萌芽期，以发明专利为主，专利申请人数量较少，且增长缓慢。

在技术成长期，专利数量和申请人数量激增。在技术成熟期，专利和申请人数量增长缓慢，专利类型也从发明专利逐步转为使用新型专利，专利密度达到最大。在技术衰退期，专利和申请人数量都呈负增长，专利类型以外观设计类专利为主。

判断某项技术位于哪个阶段及其成熟度，主要依靠四个指标：技术生产率、技术成熟系数、技术衰老系数以及新技术特征系数，如表 5 – 3 所示（储呈晨等，2021）。

表 5 – 3　　　　　　　　　　专利衡量指标

阶段	技术生产率（V）	技术成熟系数（A）	技术衰老系数（B）	新技术特征系数（N）
萌芽期	呈增长趋势，增长缓慢	呈增长趋势	呈增长趋势	呈增长趋势
成长期	呈增长趋势，增长明显	呈增长趋势	呈增长趋势	呈增长趋势
成熟期	呈减缓趋势	呈减缓趋势	呈增长趋势或不变	呈减缓趋势
衰退期	呈减缓趋势	呈减缓趋势	呈减缓趋势	呈减缓趋势

资料来源：储呈晨，李斌，李智勇，等. 基于专利文献的磁共振匀场技术成熟度分析研究［J］. 中国医疗设备，2021，36（11）：20 – 23.

其中，V 是某技术领域当年的发明专利申请量或授权量 c 占追溯特定时间段该技术领域的发明专利申请累积量或授权累积量 C 的比率，即 $V = c/C$；A 是某技术领域当年的发明专利申请或授权量 q 占该技术领域发明专利和实用新型专利申请或授权总量 Q 的比率，即 $A = q/Q$；B 是某技术领域发明专利和实用新型专利申请或授权量 d 占该技术领域发明专利、实用新型和外观设计专利申请或授权总量 D 的比率，即 $B = d/D$；N 是由技术生长率和技术成熟度系数推算而来，即 $N = \sqrt{V + A}$。

（2）指数增长模型。情报学家德里克德·索拉·普赖斯（Derekde Solla Price）在 1956 年提出普赖斯曲线。类似于指数方程，该曲线增长非常迅速。技术成长期通常比较符合指数模型。

$$F(t) = ae^{bt}(a > 0, b > 0) \tag{5 – 1}$$

其中，t 代表时间年度，a 是一个定值，代表最开始的载体数量，b 是一个定值，代表时间常数，反映了该年度载体的累积量与上一年度的累积量的比值，e 为自然对数。

（3）Logistic 增长模型。普赖斯（Price，1963）认为，指数增长模型只存在于技术发展初期，在技术发展中期及之后阶段，其增长放缓，势必会脱离指数阶段的快速增长期。因此，提出了著名的 Logistic 增长曲线增长的理论和模型。

$$F(t) = \frac{k}{1 + ae^{-bt}} \qquad (5-2)$$

其中，$F(t)$ 为 t 年的载体累积量；k 为当 $t \rightarrow \infty$ 时载体的累积量，即该技术理论上所能发表的载体的最大值；a，b 为模型参数。对上式进行归一化处理，令 $y = \frac{F(t)}{k}$ 可得：

$$y = \frac{1}{1 + ae^{-bt}} \qquad (5-3)$$

y 为已有载体累积值与理论上所能发表的最大值的比值，可以表征技术成熟度（兰志刚等，2021）。

Logistic 曲线图如图 5 - 2 所示。

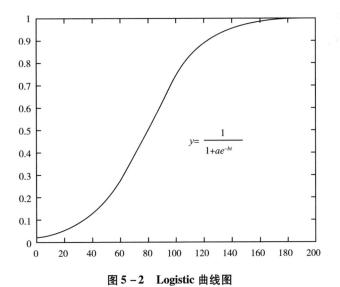

图 5 - 2 Logistic 曲线图

（四）技术性能测量

1. 概念

技术性能测量（technology capability measure，TCM）是基于技术能力的评估方法，从技术本身抽取出描述指标，通过已有的数据来判断当前的技术成熟度或预测该技术未来的发展状况（杨良选，2017）。

2. 国内外技术性能测量的研究现状

陈德棉等（1997）通过对产品性能指标采用时间序列法和增长曲线（S曲线）拟合法来预测技术发展趋势，根据技术的发展趋势估计产品技术成熟度，但这种方式存在性能指标不能准确表示的问题，而且数学模型的选取对预测精度影响很大。丹纳（Danner，2006）提出了基于技术能力的技术成熟度评估方法，通过选取某项技术不同的性能指标，构建多维增长模型，进而评估技术的成熟度。诺曼（Norman，2002）从产品对顾客需求的满足程度角度来研究产品技术成熟度问题，如果产品能够满足顾客对产品性能的平均需求，就代表产品技术接近成熟。

二、不同评价方法的优缺点

（一）技术就绪水平方法的优缺点

该方法是在已有技术成熟度等级标准的基础上判断技术或产品现阶段所处等级，从而分析其技术成熟度。它可以客观地解释特定技术/产品的技术成熟度，简要清晰地表示开发状态和技术风险，结果权威、准确，并且可以直观地得到技术所处的开发状态。然而，这种方法主要应用于空间技术、水下装备等国家大型项目，并不适合一般技术或者产品的技术成熟度评估；此外，技术就绪水平方法不仅对技术概念进行评估，还要对技术的原型验证、系统演示与生产等后续工程化环节进行评估，因此时间和投入成本高，且时间滞后。

（二）技术文献计量方法的优缺点

文献数据较容易获得，操作简单，但文献数量受到历史、环境、政策等因素的制约和影响，而现有研究很少考虑到这些影响，导致分析不够全面。另外，该方法不能分析技术具体内容和进展，且对文献数据的预处理不够，得到的技术成熟等级过于宽泛，缺少实际指导意义。

（三）技术专利分析方法的优缺点

基于专利的技术成熟度分析是基于阿萨舒勒提出的四条标准曲线，根据专利的数量和类型的变化（发明专利、实用新型专利和外观设计专利）等指标信息绘制出与技术有关的生命周期曲线，进而通过与标准曲线对比，综合分析其技术成熟度。在国外，很少有关于这方面的深入挖掘，而在国内，研究主要是在此方法的基础上进行案例分析或提出新的可代替指标并进行分析，鲜有创新。此外，一项指标的确定需要技术专家的参与，受主观因素影响较大。

（四）技术性能测量方法的优缺点

目前，国内外对于技术性能测量方法的技术成熟度评价的研究较少。该评价方法对数学计算要求极高，且数学模型的选取对预测精度影响很大。此外，由于该方法是从技术本身抽取描述指标，存在性能指标不能精准表示技术成熟度的缺点，适用范围较小，仅限于对产品技术进行短期评价。

第三节　技术成熟度评价指标体系

国内外学者和研究机构对于一系列技术成熟度评价方法的研究丰富了技术成熟度的理论与实证基础。但多数技术成熟度的评价指标较为单一，且各有优劣。因此，建立全面、多维度的评价指标体系是准确有效判定技术成熟度的关键。

一、指标遴选原则

（一）定性与定量相结合原则

在选取技术成熟度评价指标时，既要有定量指标，又要有定性指标。定量指标通过对量化指标的统计和测量，得出其测量结果，而定性指标一般难以量化，只能通过问卷调查或者专家判断等来进行评估。在建立技术成熟度评价指标体系时，要将定量和定性的指标相结合，尽可能量化能够实测的指标，对于无法量化的指标，通过问卷调查或集中专家的意见等可实施方法来评估，以保证评价指标与整个评估系统真实可靠。

（二）全面与重点相结合原则

在选取技术成熟度评价指标时，一方面要考虑符合技术成熟度评价的所有可能条件，另一方面要体现出影响技术成熟度的关键技术。其指标的选取要适宜，保证指标全面而又不重叠。各指标之间也应该存在一些内在的联系，并能够相互制约、互为补充。在选取各指标的权重时，也要区分出各个评估指标的重要程度，设立某些能够实际反映某项技术技术成熟度的特色指标，如将续航里程和整体车耗等纳入电动汽车技术成熟度评价指标。

（三）科学和有效性相结合原则

技术成熟度评价指标的选取还需要遵循科学性与有效性相结合的原则。科学性一般包括两方面：一方面，指标的选择是符合实际情况的，与在现有理论、法律、法规、信息资料的基础上所产生的指标一样，具有一定的科学依据，能够客观、真实地反映出某项技术的成熟度；另一方面，指标之间的相互关系以及指标权重的选取都是符合实际情况的，是具有实践基础、符合客观发展规律的。有效性也同样包括两个方面，即有效果和有效率。有效果指的是所选取的指标对技术成熟度的评价是非常有效的，能够正确反映出技术的成熟度情况，并且能够全面反映出技术成熟度的面貌。有效率指的是选取的指标对技术成熟度的反映直接明了，具有一定的效率。

（四）可操作性原则

可操作性原则指的是，技术成熟度评价指标的选取与设计不仅要有清晰的含义界定，还要方便之后有关数据和情况的采集。

（五）精简性原则

在技术成熟度指标的选取上，指标的名称、所涵盖的内容等方面应当尽可能精简，不能过于庞大和烦琐，以免给后续的技术成熟度评价过程带来其他额外的工作量或一些不必要的麻烦。

（六）可比性原则

可比性原则是指要便于后期使用者和开发者对技术成熟度指标的延展和应用等。应当在指标选取和测量时采用统一口径的评价指标单位或者在用不同指标代替同一内容时可以进行换算，且不得随意变更，以使每次获得的数据之间在不同的时期具有可比性，能够更好地对其技术成熟度进行有效评价。

（七）行业适用性原则

对于技术成熟度指标的选取，应当充分考虑各个国家、各个领域或行业的特点，以及对技术成熟度的不同要求，从而遴选出具有各个国家、各个领域或行业特色的技术成熟度评价指标。

（八）动态维护原则

随着国内外各行各业技术的不断发展，现有技术被不断淘汰或更新，新兴技术不断涌现并被投入应用，应当及时地对某一行业或某一领域的技术成熟度评价指标进行调整，包括更新、增加或删除，以确保现有技术成熟度评价指标能够继续合理地反映其对应的技术成熟度。

二、指标体系构建

指标体系是由若干个反映社会经济现象总体数量特征的相对独立且相互联系的统计指标所组成的有机整体。在统计研究中，如果要说明某一事物的全貌，只使用一个指标往往是不够的，需要同时使用多个相关指标，而多个相关且相互独立的指标所构成的统一整体即为指标体系。对于技术成熟度指标体系的构建，主要考虑两个方面。

（一）技术成熟度评价指标选取

对某项技术的成熟度构建指标体系并进行科学合理的评价，要结合各国、各行业或领域的不同方法，遵循定性与定量相结合、全面与重点相结合、科学和有效性相结合、可操作性、精简性、可比性、行业适用性、动态维护等原则，结合文献研究、现状调查、专家咨询等方法，利用科学的数学工具对各影响因素进行分析与判断，找出其中的关键性因素，通过分析关键因素来达到由点到面、带动全局的目的。因此，可以采用重要性元素为切入点，将指标分为一级指标、二级指标、三级指标等，进行整体分析和判断。

（二）技术成熟度评价指标的权重区分

每一层级中的每项指标对整个技术成熟度的作用不同，为了区分不同指标对技术成熟度的贡献，以及能够通过技术分解结构清晰地了解子技术的作用程度，需要对选取确定的技术成熟度评价指标赋予权重进行区分。目前，对指标赋予权重的方法已经相对成熟，包括专家评分法、层次分析法（AHP）、变异系数法、雷达图法、熵值法、主成分分析法、因子分析法、优序图法、CRITIC 权重法等，本书主要对前三种方法进行详细说明。

1. 专家评分法

专家评分法综合多人意见，从主观角度出发，人为定义指标权重。这里的专家不一定是传统意义上的专家，具有打分的资格都可以被视为专家，所以专家评分法的实用性比较强，体现了民主集中制。表 5 - 4 是 n 位专家对 m 项指标的权重打分情况。

表 5 - 4 　　　　　　　　　　专家评价法权重表示例

指标	C_1	C_2	C_3	C_4	...	C_n	权重
A_1	a_{11}	a_{12}	a_{13}	a_{14}	...	a_{1n}	$\dfrac{a_{11} + a_{12} + \cdots + a_{1n}}{n}$
A_2	a_{21}	a_{22}	a_{23}	a_{24}	...	a_{2n}	$\dfrac{a_{21} + a_{22} + \cdots + a_{2n}}{n}$
...	...	...	...	...	...	...	
A_m	a_{m1}	a_{m2}	a_{m3}	a_{m4}		a_{mn}	$\dfrac{a_{m1} + a_{m2} + \cdots + a_{mn}}{n}$

其中，每一层级的评价维度权重满足：$a_{11} + a_{21} + \cdots + a_{m1} = 1$。

2. 层次分析法（AHP）

层次分析法（AHP）是一种定性和定量相结合计算指标权重的研究方法。该方法采用两两比较的方式建立矩阵，利用数字大小的相对性以及指标数字越大权重越高的原理，最终计算得到每个因素的重要性，一般适用于有多个层次的综合评价。层次分析法的主要步骤，请参见第四章第二节"技术评估的传统方法"。

3. 变异系数法

变异系数是一个统计指标，它的数值为数据标准差与数据均值的商，反映一个数据的离散程度，如数据取值的差异大小、数据波动情况等。在所有评价的特征中，特征取值差异越大，越有价值。

（1）计算每个特征的平均数 M 和标准差 S。

$$\begin{cases} \bar{x}_j = \dfrac{1}{n} \sum_{i=1}^{n} x_{ij} \\ \\ S_j = \sqrt{\dfrac{\sum\limits_{i=1}^{n} (x_{ij} - \bar{x}_j)^2}{n - 1}} \end{cases} \tag{5-4}$$

（2）计算变异系数。

$$v_j = \frac{s_j}{\bar{x}_j}, j = 1, 2, \cdots, p \qquad (5-5)$$

（3）各特征变异系数求和，计算构成特征的权重 W。

$$w_j = \frac{v_j}{\sum_{j=1}^{p} v_j} \qquad (5-6)$$

（4）特征标准化。将特征数据的取值范围缩放到 $[0, 1]$。设 X_{normal} 为原始特征 X 标准化后的数据，它的转换函数如下：

$$X_{normal} = \frac{X - X_{min}}{X_{max} - X_{min}} \qquad (5-7)$$

将标准化后的数据乘以对应特征的权重，相加求和得到最终分值。

第四节　技术成熟度评价流程

以 NASA 等为代表的美国各大机构的技术成熟度评价流程以技术风险识别和评价为重点，其评价流程主要包括制订计划、识别关键技术、评价关键技术、编制报告四个核心环节；以 ESA、ISO 和 ECSS 为代表的主要欧洲大型机构的技术成熟度评价流程强调对单元及其支撑元素的综合性评价，因此未设置识别关键技术的环节，核心是对技术单元的技术成熟度进行评价。我国一般沿用美国的技术成熟度评价流程，但与美国相比，缺少技术成熟困难度评价，且技术成熟度计划部分不突出。一般情况下，技术成熟度评价过程主要分为两部分：一是识别材料关键技术要素（critical technology element，CTE）和确定评价指标；二是关键技术要素的技术成熟度评价。不同领域采取的技术成熟度评价流程不尽相同，体现出各自的特点（徐东林等，2022），以下分别对基于文献计量技术成熟度多维评估模型的技术成熟度评价流程、美军的技术成熟度评价流程进行介绍。

一、基于文献计量技术成熟度多维评估模型的技术成熟度评价流程

步骤1，技术选择。技术选择就是确定评估的对象，即某一项技术。根据需求层次的不同，确定的技术可能是一个系统、一件装备，或者是某一个具体的技术。

步骤2，技术分解。技术分解就是根据技术分解结构的方法，对需要评估的技术进行自上而下的分解。

步骤3，选择关键技术。根据技术分解结构，对每个子技术进行权重分析，得到子技术权重列表，按照评估精度要求的不同，选取一定权重范围内的技术作为原有技术成熟度评估的指标。

步骤4，数据收集。根据上一步骤确定的关键子技术，首先确定收集数据的范围，然后在相关数据库中收集子技术的文献数据，按照数据规范化的要求进行整理，为后续研究奠定基础。

步骤5，参数确定。根据每个关键子技术的文献数量年度分布进行回归分析，确定每个指标的参数和发展上限，并计算出多维评估模型参数 τ_c、b_c、α 和 β。

步骤6，生成模型。利用上一步骤中获得的参数，代入技术成熟度多维评估模型，得到技术成熟度的评估模型。

步骤7，成熟度评估。根据上一步骤中确定的评估模型，可计算出当前的技术成熟度等级。同样，如果确定了指标的值，就可以算出达到该技术成熟度等级的时间。

步骤8，图谱绘制。根据技术成熟度多维评估模型方程，利用 Matlab 程序绘制相应的知识图谱，并依据技术成熟度等级划分的原则，在图谱中标出相应的技术成熟度等级，进而可判断当前的技术状态，也可预测未来一定时间内其发展空间。

在一般情况下，步骤2和步骤3可合并进行，我们可以把子技术的权重标注在技术分解结构图谱上，方便进行关键子技术及指标的选择。步骤5和步骤6也可合在一起进行，在确定模型参数后，就能得到技术成熟度多维评估模型，见图5-3。

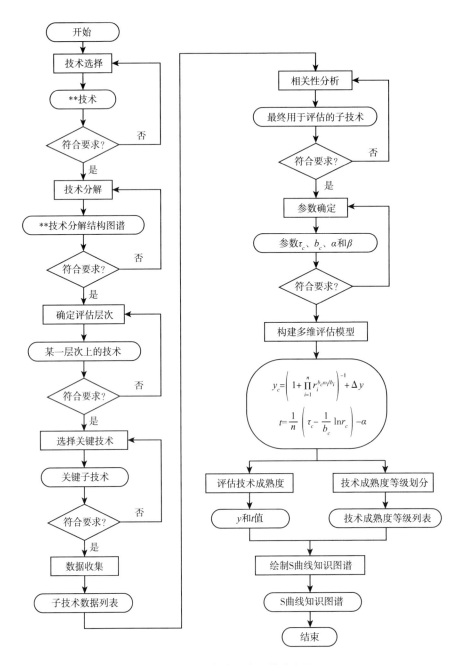

图 5 – 3　技术成熟度评价流程图

二、美军技术成熟度评价流程①

美军的技术成熟度评价分为三个阶段，包括遴选关键技术元素、实施关键技术元素成熟度评价并提交报告、研究委员会主任评审报告，具体步骤及时间安排表如图 5-4 所示。

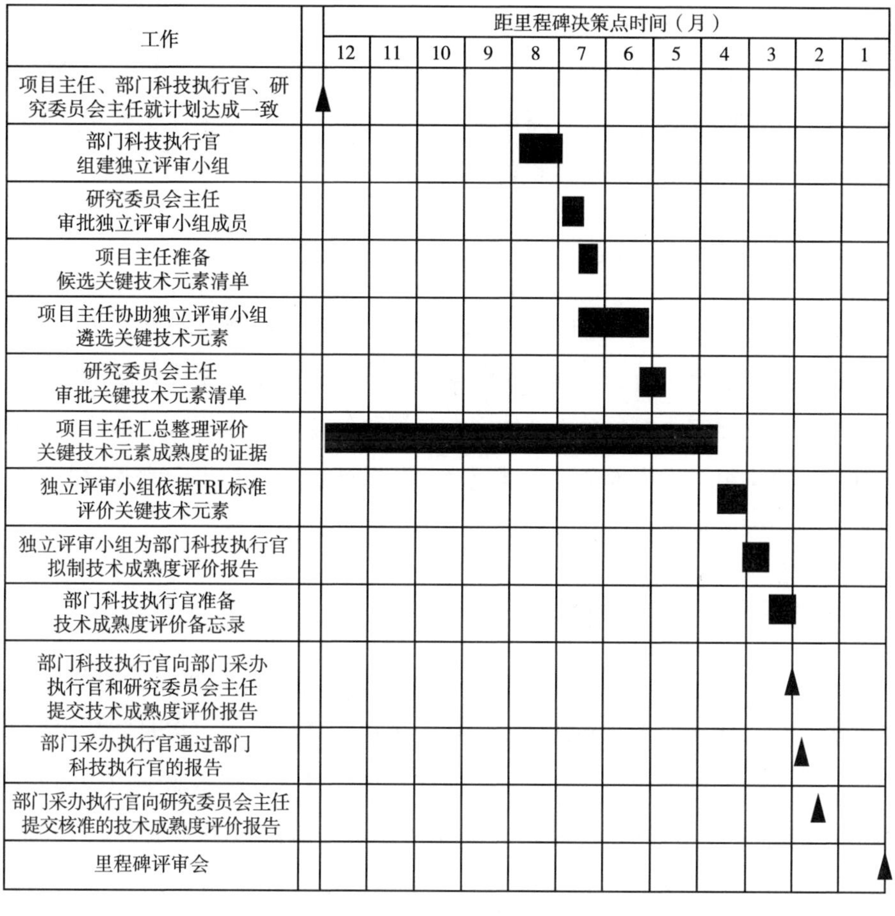

工作	距里程碑决策点时间（月）											
	12	11	10	9	8	7	6	5	4	3	2	1
项目主任、部门科技执行官、研究委员会主任就计划达成一致	▲											
部门科技执行官组建独立评审小组					■							
研究委员会主任审批独立评审小组成员						■						
项目主任准备候选关键技术元素清单						■						
项目主任协助独立评审小组遴选关键技术元素						■						
研究委员会主任审批关键技术元素清单							■					
项目主任汇总整理评价关键技术元素成熟度的证据	■■■■■■■■■■■■■■■											
独立评审小组依据TRL标准评价关键技术元素									■			
独立评审小组为部门科技执行官拟制技术成熟度评价报告									■			
部门科技执行官准备技术成熟度评价备忘录										■		
部门科技执行官向部门采办执行官和研究委员会主任提交技术成熟度评价报告										▲		
部门采办执行官通过部门科技执行官的报告											▲	
部门采办执行官向研究委员会主任提交核准的技术成熟度评价报告											▲	
里程碑评审会												▲

图 5-4　2009 年版美国《技术成熟评价指南》评价流程图

---

① 高欣. 美军重大国防采办项目技术成熟度评价实施程序研究［J］. 项目管理技术，2012，10（2）：55-59.

（一）遴选关键技术元素

1. 制订技术成熟度评价计划

由部门科技执行官在项目主任的协助下编制计划，并由研究委员会主任审批，通常在里程碑评审之前 12 个月完成。评价计划应符合项目采办类型，并纳入项目一体化总体计划。对于重大国防采办项目评价，一般持续一年甚至更长时间；对于复杂程度比较低的项目评价，时间会相应缩短。计划要保证评价工作在里程碑评审前 6 周完成，以便为研究委员会主任预留充足的时间评审报告，并为报告的修订和独立技术评估预留时间。

2. 成立独立评审小组

技术成熟度评价计划确定后，要组建一个以专家为主体的独立评审小组。独立评审小组在遴选关键技术元素和评价关键技术元素成熟度中发挥核心作用。独立评审小组的独立性体现在其评价结论的可复现性，即使成立新的独立评审小组，专家成员也全部更换，其遴选的关键技术元素和对关键技术元素成熟度的评价仍然与原独立评审小组的结论一致。

3. 候选关键技术元素遴选

技术成熟度评价中的关键技术元素是指，在经济与时间允许的条件下，使系统达到其使用要求所必须依靠的技术手段，这种技术可以是新技术，也可以是现有技术的新应用或这项技术能够在详细设计和演示验证中给主要技术带来风险[①]。遴选关键技术元素在解决方案分析阶段着手展开。遴选候选关键技术元素一般分为两个步骤：一是项目主任根据最新的技术工作分解结构，准备一份候选关键技术元素清单；二是由独立评审小组确定候选清单中哪些技术为关键技术元素，并补充项目主任候选清单中未列出的关

---

① Department of Defense. Technology readiness assessment deskbook［EB/OL］［2011 - 10 - 18］. http：//www. dod. gov/ddre/doc/DoD_TRA_July_2009_Read_Version. pdf.

键技术元素。

4. 确定关键技术元素

在综合全面信息的基础上，各方就关键技术元素达成一致，对于入选和未入选清单的关键技术元素都要有具体的情况说明，并由部门科技执行官提交给研究委员会主任审批。

5. 收集评价证据

依据技术成熟度等评定标准，收集评价关键技术元素所需的数据和信息，信息收集一般随关键技术元素遴选而同时进行，在关键技术元素清单确定后不久，应当完成信息收集。

（二）实施关键技术元素成熟度评价并提交报告

1. 评价关键技术元素成熟度

依据系统复杂程度和关键技术元素数量完成关键技术元素评价。关键技术元素评价一般仍由独立评审小组专家实施，但人数可相应减少以保证评价工作的连续性和节约评审经费。评审通常持续数月，但在前期信息收集充分的情况下，时间会缩短。

2. 撰写、修改和提交技术成熟度评价报告

技术成熟度评价报告初稿完成后，需要至少两周时间对报告进行修改，确保报告中各个部分的连续性和一致性，并在里程碑评审前 6 周左右上报研究委员会主任。

（三）研究委员会主任评审报告

1. 评审评价报告

研究委员会主任同部门科技执行官和项目主任共同评审技术成熟度评价

报告。具体工作由研究委员会主任委任专员实施，如果专员认为某项关键技术元素对即将开展的里程碑评审不够成熟，必须及时通报部门科技执行官和项目主任，以便达成一致意见并采取行动。专员应对报告提出修改意见，修改后再进一步评审。

2. 实施新的独立技术评估

如果研究委员会主任不同意技术成熟度评价结论，则会启动独立技术评估。通过独立技术评估，可能会产生更合理的计划、新的替代技术或采办策略的改进，因此应尽快执行。但是，在现实中独立技术评估几乎从未采用过。

3. 准备评估备忘录

备忘录由研究委员会主任任命的专员准备并由研究委员会主任在里程碑评审会议前 15 天签署，否则里程碑会议需要推迟，这样是为了便于高级一体化生产小组、国防采办委员会、信息技术高级一体化生产小组以及信息技术采办委员会有足够的时间评审报告。备忘录包括技术成熟度评价报告和评价过程中存在分歧的讨论记录，对于开展了独立技术评估的项目，还应包含相应的内容。

第五节　技术成熟度评价案例

目前，技术成熟度评价主要应用于制订科研规划、计划或重大科研项目立项，重大研制项目的转阶段评审、初步设计评审、中期评审、科研成果评审、外部评审（包括招投标），以及新技术、新工艺、新产品成熟度评价，应用范围不断拓展，从国防工业到高等院校、科研院所，甚至民营企业。技术成熟度评价具有多样性，以下案例能够帮助读者更好地理解。

一、技术成熟度评价在航天器地面环境试验中的应用①

（一）背景介绍

航天器地面环境试验是航天器研制过程中的重要环节，是航天器出厂前的最后一道关。虽然航天器地面环境试验技术发展很快，但关键技术未攻克，进而影响航天器研制进度或出现提高成本、新技术与新方法迟迟不能向工程化转变、技术研发与型号脱节等情况。其主要原因则是技术成熟度未满足型号预期需求，给研制进度带来风险。

（二）航天器地面环境试验技术成熟度等级标准

航天器地面环境试验技术属于共性技术、单项专业技术，具有多样性和通用性，技术的实施在地面进行且具有可更改、可维修、可测性、可标定性等特点。航天器地面环境试验技术一般不以产品实物形式为最终交付物，而是多为方法、工艺、技巧等成果形式的"软"产品或称技术服务。方法、工艺、技巧实施过程中的工艺装备、仪器仪表属于地面支持设备，这些支持设备一般不受尺寸大小、重量、功耗、热控等指标的严格限制，因此，在技术成熟度评价标准上，与以产品为对象的评价略有不同。

要建立航天器地面环境试验技术成熟度等级标准，就要明确航天器地面环境试验技术最后一级标准的内容。航天器地面环境试验技术生命周期最终的目标是应用于航天器型号研制，并具有一定的广泛性。参考国内外技术成熟度标准，结合航天器地面环境试验技术的特点及发展规律制定航天器地面环境试验技术成熟度等级。

（三）技术成熟度评价应用

在项目管理中，技术成熟度评价工具的应用在不同阶段也有着不同的目的。

①　孙继鹏，姜利祥，李涛，等. 技术成熟度评价在航天器地面环境试验中的应用［J］. 航天器环境工程，2014，31（4）：451－455.

1. 项目立项前

技术成熟度评价是项目决策的一个工具。以技术成熟度等级标准作为项目目标选择的参考依据，项目的立项要有明显的阶段性，里程碑节点要清晰，或者说立项的目标不能介于两个成熟度之间，这样经费投入和风险控制就有了明确的依据。

2. 项目结束后

技术成熟度评价是项目后评价的一个工具。评价结果可对项目进行考核和成果认定，并为后续的发展决策提供依据。在工程转化前，技术成熟度评价是研发成果进入型号研制的准入管理工具，是型号质量控制的一个环节。只有通过评价，才能认定新技术成果是否可应用。

3. 技术发展路线图的编制

分解某项技术的关键技术，绘制关键技术全景图，对关键技术进行成熟度评价，进而绘制关键技术成熟度全景图，然后依据成熟度的高低来确定技术短板和技术发展优先级，从而描绘出关键技术的发展路线全景图。

二、基于 TRL 的先进医疗器械技术成熟度评价方法研究[①]

（一）背景介绍

先进医疗器械是多学科交融、知识密集、技术尖端、附加值高、竞争激烈的高新技术产品，先进医疗器械产业是最能体现国家制造业和高科技水平的重要产业之一。先进医疗器械已成为我国社会经济发展的一个重要引擎，为计算机技术、电子技术、生命科学、生物医学工程等相关技术领域创造了巨大的发展机遇。发展先进医疗器械有助于提高我国的疾病预防、诊断、治

---

① 周平. 基于 TRL 的先进医疗器械技术成熟度评价方法研究［D］. 北京：北京协和医学院，2015.

疗、保健和康复水平，从而减轻患者病痛，提高全民健康水平。我国政府高度重视先进医疗器械，不仅出台了多项促进医疗器械发展的产业规划政策，而且还通过科研项目直接提供资金支持。国家"十二五"科学和技术发展规划明确提出，要促进先进医疗器械发展，开展医学影像、医用电子、临床检验、微创介入、放射治疗、激光治疗等高端和先进医疗器械研发，提高我国医疗器械产业的国际竞争力。医学科技发展"十二五"规划将医学工程技术作为五大重点发展技术领域之一，包括新型电磁功能检测分析技术、高分辨率医学成像技术、分子生物医学诊断技术、医用植入/介入等先进医疗器械技术。973计划、863计划、自然科学基金等国家级科研项目都为先进医疗器械发展提供了大力支持。

目前，我国先进医疗器械技术水平与欧美日等发达国家相比还有一定差距。究其原因，在于我国先进医疗器械行业的配套政策不够完善、研发投入不足、技术创新能力薄弱、产业体系不完整，导致先进医疗器械产品质量和市场竞争力较弱。因此，加强研发、提高先进医疗器械技术水平，对提高我国先进医疗器械产业竞争力具有重要意义。

通过文献调研，总结医疗器械的特点如下：（1）技术含量高，先进医疗器械使用的技术水平明显高于普通医疗器械，在技术上处于领先地位；（2）诊疗效益高，先进医疗器械的诊疗效益明显高于其他同类产品，能够有效降低疾病负担，提高患者满意度；（3）风险高，先进医疗器械的研发成本高，注册操作和管理程序复杂，风险也相对较高。

（二）TRL在医疗器械领域的应用现状

先进医疗器械具有精细、复杂、可靠、高技术、高难度的特点，因此将TRL应用于先进医疗器械的技术成熟度评估具有很高的可行性。当然，先进医疗器械也有其独特性，如先进医疗器械必须开展非临床研究和临床研究，而且还需要在国家相关部门注册；此外，部分先进医疗器械还会直接作用于人体，因此必须充分考虑非临床研究和临床研究规定、GMP认证、生物相容性等因素。

例如，美国制定了医疗器械的TRL等级，以评估医疗器械研发项目的技术项目；北约组织也在 TRL 基础上开发了适用于医疗器械领域 TRL 等级划分。二者对医疗器械的 TRL 等级划分基本类似，主要不同之处在于北约组织的 TRL 等级划分将临床试验 I 期、II 期和 III 期作为 TRL 第 6～8 级，而美国的 TRL 等级划分则是以临床试验安全性和有效性研究为依据，且考虑美国医疗器械注册特点，即 510k 化申请和 PMA 申请。

（三）改进我国基于 TRL 的先进医疗器械技术成熟度评价方法

1. 确定改进原则

在对 TRL 评价方法进行改进之前，针对 TRL 评价方法的改进原则，向两名 TRL 方法学专家和两名医疗器械技术评估专家进行咨询，明确 TRL 改进的方向、原则、方法和注意事项。

2. 初步改进 TRL 评价方法

在结合文献调研的基础上，结合专家意见，初步改进先进医疗器械的 TRL 评价方法。

3. 专家咨询

咨询了三名 TRL 方法学专家、四名医疗器械研发人员、四名医疗器械注册人员和四名医疗器械项目管理人员，共 15 名专家，请专家对初步改进的先进医疗器械 TRL 评价方法提出修改建议。

4. 完善 TRL 评价方法

根据专家建议，对先进医疗器械 TRL 评价方法进行修改和完善。

三、基于文献统计方法的多芯片模块技术评价研究

（一）背景介绍

多芯片模块技术（MCM）是为满足高密度高速率的 VLSIC 和 VHSIC 芯

片对封装密度的需求而出现的，该技术的应用和发展使得小型化、多功能、高可靠和高性能的器件层出不穷。早期的芯片组装技术是 2D 技术，该技术发展到现在已日趋成熟。随着系统对芯片尺寸、性能、可靠性的要求越来越高，3D 技术应运而生。该技术可以使芯片的组装效率进一步大幅提升。目前，该技术已经在航空航天、军事和大型计算机领域获得应用。同时，MCM 技术的发展也为系统级封装（SIP）奠定了基础。系统级封装将一个系统或分系统组装在一个封装内，该技术的发展极大推进了元器件向小型化、高性能、低成本的方向发展。

（二）基于文献计量模型的技术成熟度评价方法步骤

步骤 1，确定文献检索语句以及滞后系数。

步骤 2，查询并统计自相关文献首次出现年份起，每一年的相关文献数量。

步骤 3，确定合适的拟合模型，用于拟合历史文献数据。

步骤 4，依据选定的拟合模型，归一化定量计算技术成熟度。

（三）基于文献统计方法的技术成熟度评价

1. 确定文献检索语句

采用文献计量学对 2D – MCM 技术、3D – MCM 技术、SIP 技术进行技术成熟度分析，分别在 SCI 数据库、EI 数据库和专利文献数据库对不同的芯片组装技术进行检索。

2. 文献数量统计

基于专利型文献的分布多是在国内，而且每年的数量相对较少，对整体数据的影响可以忽略，因此文献的数量统计以论文文献为主。

3. 基于文献统计数据建模

设技术的技术成熟度增长模型为：

$$y(t) = \frac{a}{1 + e^{-k(t-t_0)}} \qquad (5-8)$$

其中，y 为该技术的实际文献累计数量，t 为量化后的时间，a 为待估计的最大文献出版数量，k 为回归系数，t_0 为曲线的拐点。依据统计的文献数据，通过最小二乘法估计，可获得参数 a、k、t_0 值。

判定拟合结果的好坏，可采用决定系数 R^2 作为判断依据：

$$R^2 = \frac{SSR}{SST} \qquad (5-9)$$

其中，$SSR = SST - SSE$，SST 为方差，SSR 为回归平方和，SSE 为残差平方和。

R^2 越接近于 1，说明拟合的效果越好。通常，当 $R^2 > 0.95$ 时，表明拟合所得的函数图形能够描述数据的发展特征。

4. 三种多芯片模块技术的拟合

考虑到国内工艺技术发展的滞后性，需要选定一个滞后系数，单位为年，表明当前年份的文献统计量实际只能代表年前的技术成熟度。由于滞后系数难以准确确定，故值取 5 和 10，分别进行计算。

选用 Logistic 函数 $y(t) = \frac{a}{1 + e^{-k(t-t_0)}}$，对 3D－MCM、2D－MCM、SIP 技术的文献统计数量进行最小二乘法拟合。

5. 归一化定量求解技术成熟度

技术成熟度的归一化求解公式为：

$$T(t) = \frac{y(t-a)}{a} \qquad (5-10)$$

其中，$T(t)$ 代表对应时间点 t 的技术成熟度指数，$y(t-a)$ 代表 a 年前的文献数量，a 代表最大待估计文献数量。

6. 技术成熟度结果

当取两组不同的滞后系数时，多芯片组件技术的技术成熟度由高到低分别为 2D – MCM 技术、3D – MCM 技术和 SIP 技术。计算结果符合实际中技术的发展趋势。目前，国内的 2D – MCM 技术已得到广泛应用，3D – MCM 技术经过近些年的研究，也取得了一定的进展，而 SIP 技术的研究还需要积极推进与应用。由此可以看出，基于文献统计模型，采用 Logistic 模型对于文献数据的预测以及对于技术成熟度的判断结果是可以被接受的。

四、电动汽车能效与技术成熟度评价研究[①]

（一）背景介绍

目前，新能源汽车的发展势头越来越强劲，其中电动汽车以无污染、高效率、低噪声等优势，越来越受人们的青睐。随着电动汽车产品和技术的快速发展，我国电动汽车逐步进普及化，但电动汽车在使用过程中出现的问题也让消费者望而却步。因此，在电动汽车高速发展的大背景下，如何结合电动汽车的性能设计与消费者需求，为电动汽车厂家进行电动汽车的研发和发展提供指导意见是亟待解决的问题。基于现有问题，应当对电动汽车的技术成熟度进行评价。

（二）电动汽车技术成熟度评价体系

1. 电动汽车技术成熟度的定义

电动汽车技术成熟度被定义为电动汽车领域现有技术及其在车辆上的应用、对电动汽车用户相关需求的满意度。理想状态下，电动汽车领域的相关技术、电动汽车的应用技术以及电动汽车用户需求三者为包含关系，即应用到电动汽车的技术满足用户现阶段的需求，如图 5 – 5 所示；但实际状态下，电动汽车已应用的技术并不能完全满足用户对电动汽车相关技术的需求，甚至现有的电动汽车领域的技术不能满足用户的相关需求，如图 5 – 6 所示。

---

① 李振亚，赵钰. 混合集成电路技术发展与展望 ［J］. 中国电子科学研究院学报，2009，4（2）：119 – 124.

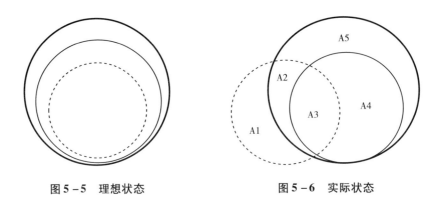

图 5-5　理想状态　　　　　　　图 5-6　实际状态

在图 5-5 中，粗黑圈表示电动汽车现有技术，细黑圈表示车辆已经应用的技术，虚线圈表示用户需求。在图 5-6 中，A1 区域表示用户需求完全没有被满足；A2 区域表示现有技术能够满足用户需求，但未投入应用；A3 区域表示能够满足用户需求的应用技术；A4 区域表示现有应用技术中未能满足用户需求的部分；A5 区域表示现有技术中未投入应用，用户也暂无需求的部分。

2. 电动汽车技术成熟度评价指标体系

遵循科学性、全面性、可操作性、关键性、可比性等原则，构造电动汽车技术成熟度评价指标体系。结合文献研究、现状调查、专家咨询等，利用科学的数学工具对各影响因素进行分析与判断，找出其中的关键因素。根据电动汽车实际运行数据内容，结合电动汽车行业内关注度比较高的电动车性能，构建电动汽车技术成熟度指标体系。由于指标体系中各指标对电动汽车技术的影响程度不同，可运用层次分析法对各指标进行赋权，最终结果如表 5-5 所示。

表 5-5　　　　　　　　　电动汽车技术成熟度评价指标体系

	一级指标		二级指标		三级指标	
	项目	权重	项目	权重	项目	权重
电动汽车技术成熟度评价指标体系	整车性能	34%	续航里程	21%		
			驱动效率	8%		
			制动回收效率	5%		
	电池性能	20%	充电截止 SoC	13%		
			低温容量衰减率	7%		

一级指标		二级指标		三级指标	
项目	权重	项目	权重	项目	权重
电动汽车技术成熟度评价指标体系		整车能耗	23%	常温整车能耗	11%
				低温整车能耗	6%
	经济性能	34%		高温整车能耗	6%
		空调能耗	11%	空调制冷能耗	5.5%
				空调制热能耗	5.5%
	路况适应性		畅通路况适应性	2%	70km/h	1%
				50km/h	0.5%
				30km/h	0.5%
		时走时停路况适应性	4%		
	驾驶行为适应性		28~30km/h 适应性	2%	
			43~45km/h 适应性	2%	
			58~60km/h 适应性	2%	

（三）电动汽车技术成熟度评价

1. 基于现有技术水平的客观评价

从现有技术水平角度进行客观分析，重点针对当前电动汽车的技术参数进行分析评价，以能效分析结果作为评价依据（见表5-6）。

表5-6　　　　　电动汽车客观评价基础指标得分

指标	车型				指标		车型			
一级指标	1	2	3	4	二级指标	三级指标	1	2	3	4
整车性能	47	53	68	79	续航里程		30	36	60	72
					驱动效率		75	81	80	89
					制动回收效率		69	84	86	88
电池性能		80	85	90	充电截止 SoC		50	100	79.3	87
					低温容量衰减率			40	100	100

续表

指标	车型				指标		车型			
一级指标	1	2	3	4	二级指标	三级指标	1	2	3	4
经济性能	78	74	80	92	整车能耗	常温整车能耗	97	92	93	99
						低温整车能耗	46	48	82	82
						高温整车能耗	99	100	100	100
					空调能耗	空调制冷能耗	64	52	48	82
						空调制热能耗	64	57	64	90
路况适应性	50	50	50	67	畅通路况适应性	70km/h	69	94	91	96
						50km/h	0	96	95	100
						30km/h	25	90	97	100
					时走时停路况适应性		81	82	81	87
驾驶行为适应性	0	67	33	100	28~30km/h 适应性		4	58	56	100
					43~45km/h 适应性		0	84	0	100
					58~60km/h 适应性		0	74	39	100
总分	44	65	74	87						

由表 5-6 可知，四款车型应用的电动汽车电池续航里程方面的相关技术成熟度不够，是需要重点突破的技术之一。除车型 1 以外，其他三款车型传动系统效率及制动回收效率相关技术基本成熟。对于整车电耗而言，四款车型的常温和高温能电耗相关技术都比较成熟，但空调能耗相对于整车能耗而言评分较低，技术较不成熟。整体来看，车型 4 的性能最好。

2. 基于用户视角的技术成熟度评价

从用户体验角度开展评价，主要针对用户对技术的期望程度以及满意程度，以用户问卷调查方式获得数据基础。问卷中将技术成熟度评价指标体系中针对电动汽车用户能够直接感受到的指标进行筛选，由车主进行评分，评分如表 5-7 所示。

表 5-7　　　　　　　　　电动汽车专家主观评价指标得分

指标	车型				权重
	1	2	3	4	
续航里程	40	46	58	72	34%
低温容量衰减率	33	42	62	68	11%
常温整车能耗	78	76	81	88	18%
低温整车能耗	50	58	65	76	9.5%
高温整车能耗	76	82	80	86	9.5%
空调制冷能耗	57	61	65	68	9%
空调制热能耗	59	56	62	70	9%
总分	53.68	57.77	66.325	75.61	—

除低温和高温的整车电耗外，用户对车辆的续驶里程、低温容量衰减率、低温电耗以及空调能耗的评分均较低，说明从用户的角度出发，四款车型的电动汽车在相关技术方面达不到用户的满意程度，即相关技术成熟度低。

（四）应用技术成熟度对企业自身进行评价

中国电子科技集团公司企划部主任巨建国在其专著《知识成果生产力度量衡》中已对技术成熟度如何用于知识成果的生产力度量进行了专门的论述。他认为，技术成熟度工具基本上可以描述任何一种专业技术从"思想火花"到"物质成品"的转化过程。在投标中，如果相关技术成熟度估计得太低，不会中标；如果相关技术成熟度估计得太高，经费估算上不去，一旦签订，不能按时交付。这就迫使所有人"客观估计"成果的技术成熟度，更重要的是，要在管理中普遍使用技术成熟度这个概念。

企业应重视对新技术成熟度的评价，并将技术成熟度水平作为企业技术发展、应用的重要标准。

第六节　本章小结

技术成熟度是技术评估的重要依据，对新技术开发与应用的决策具有重要支撑作用。本章首先明确了技术成熟的概念，重点介绍了技术就绪水平、技术文献计量、技术专利分析和技术性能测量四种国内外主要技术成熟度评价方法。其次，本章研究讨论了技术成熟度的评价指标遴选原则，为建立全面、多维度的评价指标体系奠定了理论基础。此外，总结了技术成熟度评价流程，对基于文献计量技术成熟度多维评估模型的技术成熟度评价流程等进行说明介绍。最后，通过具体案例分析，提升对技术成熟的理解与应用。

思考题：

1. 什么是技术成熟度？

2. 常见的技术成熟度评价方法有哪些？请比较不同方法的优缺点。

3. 你还了解哪些技术成熟度评价在实践中的应用？请简述。

| 第六章 |

技术评估实践

技术评估于20世纪60年代在美国兴起，指通过系统地收集、调查和分析有关技术及其可能产生的广泛影响，为制定国家科技政策提供有用的信息（顾淑林，1984）。1972年颁布了首个技术评估相关法律并成立第一个技术评估机构——技术评估办公室。经过不断发展，美国、英国、法国、德国等国家均展开技术评估实践，技术评估思想受到重视与应用，科技评价体系与制度建设得到不断完善。本章选择美国、欧盟，以及法国、德国、英国三个欧洲发达国家作为技术评估类型的典型代表，归纳梳理技术评估实践的机构与具体案例，总结各国（地区）的技术评估特色，为我国技术评估的发展提供经验与启示。通过本章的学习，旨在理清欧美先进国家技术评估实践的具体进程，了解不同国家和地区技术评估的代表性特点，拓宽技术评估发展的国际化视野。

第一节　国外技术评估实践

一、美国的技术评估实践

20世纪60年代中期，庞大的军费开支和日益严峻的环境污染问题引发了美国社会强烈的讨论。美国国会作为美国最高立法机关，面临诸如国家安全、能源、环境等技术性强且性质复杂的一系列问题，而由于获取情报的外部偏见性与不准确性，导致其决策者的重大失误，技术评估思想应运而生。

美国于1962年设立科学、研究和发展分委员会，其目的是对全国的科学研究和开发活动进行评价。随着技术评估思想不断被国会和学术界认可，美国于1973年正式建立了世界上第一个专门负责技术评估的立法机构——美国技术评估办公室（OTA），作为最高层次的专职评估机构，服务于国会。不过由于美国两党相争，该机构于1995年被关闭。2008年起，美国政府问责办公室（GAO）继承了技术评估办公室的相应职能，并于2019年成立科技评估分析团队（STAA），作为独立团队，提供技术评估以及技术咨询服务。

这些机构的设立源于美国技术评估法律和政策的颁布。20世纪60年代初，美国国会颁布了国家环境政策法（NEPA），该法的第102节（C）款是环境影响报告（EIS）条款，这是以法律形式规定的最早的评估报告制度。后经过较长时间的酝酿，于1972年颁布了92-484号公法——《技术评估法》。

（一）美国技术评估机构

美国的技术评估活动主要由政府组织机构、非政府组织机构及民间机构执行。本节对具有代表性的各类机构进行了整理（见表6-1和表6-2），介绍美国各技术评估机构建设情况及运行规定。

表6-1　　　　　　　　　　美国技术评估政府组织机构

成立时间	机构名称	成立目的
1914年	国会研究服务部	针对各委员会及议员提出的各类问题进行研究、分析和评估
1950年	国家科学基金会（NSF）"技术评估和冒险解析小组"	推进联邦政府科学技术促进政策，合理分配政府的研究津贴，采纳并推进国家相关研究项目
1962年	科学、研究和发展分委员会	对全国的科学研究和开发活动进行评价，加强国会在科学技术方面的资料和意见的来源

续表

成立时间	机构名称	成立目的
1973 年	美国技术评估办公室	作为美国国会下设的进行技术评估的专门机构，负责研究涉及科学技术的重大问题，进行预测和分析，阐明可供选择的政策方案，以及不同政策可能导致的后果和影响等
1989 年	日本技术评估中心（JTEC）	由美国洛约拉学院（Loyola College）根据授权，承担日本技术评估计划的管理工作
2001 年	世界技术评估中心（WTEC）	其前身是日本技术评估中心，在美国科技规划及政策制定、科技与产业发展、产研结合促进等方面起着重要的作用，有效地确保了美国保持高科技领先地位
2019 年	美国政府问责办公室（GAO）科技评估分析团队	GAO 继承了美国技术评估办公室的技术评估工作，设立专业的科技评估分析团队，作为独立团队来提供技术评估以及技术咨询服务

资料来源：根据相关文献整理得到。

表6-2　　　　　　　　　　美国技术评估非政府组织与民间机构

机构属性	机构种类	目的
非政府组织	国家科学院系统	提供来自美国最卓越的科学家和技术专家群体的整体建议
民间机构	民间企业	凭借技术获取利益，独立自主地开展评估活动
	研究所	受企业、政府、自治体的委托，对特定的课题进行评估；同时，培养有经验的评估工作者，积累各种课题以及从事方法论的专门研究

资料来源：根据相关文献整理得到。

1. 科学、研究和发展分委员会

20 世纪 60 年代中期，美国庞大的军事工程计划以及大规模空间技术活动给环境带来了巨大的负面影响，社会矛盾激化。在要求重新审查空间和国防研究项目的舆论压力下，众议院科学和宇航委员会（现科学技术委员）于1962 设立科学、研究和发展分委员会，对全国的科学研究和开发活动进行评价，众议员达达里奥（Emilio Q. Daddario）出任该分委员会主席。分委员会建议成立技术评估委员会，为国会提供准确的情报信息，在评估科学技术益处的同时，根据可能产生的副产品等评估有关的研究与发展方向。

1967 年 9 月，分委员会组织召开技术评估座谈会，各领域具有影响力的专家密切合作，系统分析技术评估的特点，并就技术评估的职能以及技术评估和社会民众的关系、技术评估的要求、技术评估机构等问题形成了统一的看法。此外，对技术评估做出如下基本规定：（1）技术评估的职能：技术评估应从物理、生物、经济、社会、政治多方面进行充分预测，分析技术计划和各替代方案的可能后果。技术评估的目的是为制定全国性公共政策提供信息，提高国会决策水平，但不作为立法者制定替代政策。（2）技术评估和社会民众的关系：技术评估应吸收民众参加，一方面，向国会提供正确的社会反映情况，帮助国会对各种可能的决策后果做出正确判断；另一方面，有利于国会向社会说明其对重大技术问题可能做出的决策以及各种决策带来的后果，从而形成国会与社会的双向信息沟通，减少沟通壁垒。（3）技术评估的要求：技术评估应当尽量做到客观公正，以科学分析为依据，不代表某个集团或个人的局部利益。（4）技术评估的机构：技术评估应由专门机构来进行。这些基本规定被纳入 1972 年通过的《技术评估法》。

2. 美国技术评估办公室（OTA）

美国技术评估办公室（OTA）是最高层次的专职评估机构，也是世界上第一个专门负责技术评估的立法机构。

根据《技术评估法》规定，美国于 1973 年成立了美国技术评估办公室，作为美国国会下设的进行技术评估的专门机构，负责研究涉及科学技术的重大问题，进行预测和分析，阐明可供选择的政策方案以及不同政策可能导致的后果和影响等。美国技术评估办公室包括技术评估理事会（TAB）、技术评估咨询委员会（TAAC），设主任一名，副主任一名和雇员若干。技术评估理事会（TAB）由国会两院、两党同等数目的成员以及作为该理事会无表决权成员的评估办公室主任，共 13 人组成，确保技术评估办公室为国会服务。技术评估咨询委员会（TAAC）由理事会任命的 10 名科技、教育、行政管理、公共活动方面的知名人士，以及总审计员、国会图书馆的国会研究部主任，共 12 人组成，作为社会公众参与技术评估的渠道向理事会提出建议

（顾淑林，1984）。

技术评估办公室具有比较固定的专题计划领域，以美国技术评估办公室1982 年度报告为例，其选题范围和项目包括地区开发技术、应用遗传学的影响、核电站的标准化、环境致癌危险因素的检测技术、专利期限的延长与制药工业等，涉及能源、材料食品、卫生、通信、运输、空间技术、国际安全与国际事务等若干当时或者未来有争议的问题。

美国技术评估办公室有专业人员 100 人，每年完成 10～15 个项目的评估，每个项目通常需要历时一年或更长的时间。具体评估项目可分为五大类：（1）专题项目评估，即对一种技术的评估；（2）一般技术评估，即对一类技术（如汽车）的评估；（3）问题评估，即对一个领域的问题进行考察，并对解决问题的各种可能技术进行评估；（4）政策评估，即对用非技术方法解决技术问题的方案进行评估；（5）全球性问题评估（于德胜、顾淑林，1984）。

评估项目一经确定，即由办公室专业人员组成项目组，通过制订具体评估计划、招募工作人员、挑选专门问题承包人、分析综合合同研究报告、撰写形成最终评估报告等步骤进行技术评估。最终评估报告包括结论性意见与支持结论的依据两部分内容，呈现效果需要兼顾使用性与科学性，在便于国会政治家使用的同时，得到国会科技委员会及技术专家的专业性认可。此外，技术评估办公室还应向国会提供充足的相关背景材料以及咨询服务。最终评估报告以及背景材料将作为政府出版物进行公开发布，具有学术专业性与社会影响力。技术评估的结果可以影响联邦政府研究与发展拨款的分配，资助最有前途的基础研究领域和最关键的应用项目，为未来的技术进步奠定基础。

以美国遗传工程为例。20 世纪 70 年代中期，DNA 重组、细胞融合等全新的生物学技术转向商业应用，企业在遗传技术方面的投资在 1979～1981年两年间增长了三倍。技术革新所带来的"双刃剑"得到了技术评估办公室的重视，其从 1978 年起对遗传工程进行了持续的评估（顾淑林，1984）。评估工作通过以下六个步骤展开：第一步，确认遗传工程的进展情况及目前和将来的可能应用。评估结果指出，遗传技术近期对制药工业、化学工业、食品工业有重大影响，远期应用包括采矿、污染控制、改进动植物品系以及把植物变化可用燃料等。由于应用范围广泛、发展迅速，足以使企业兴旺，吸纳数量可观的劳动力。第二步，调查促进遗传工业发展的关键因素。评估结论为加强大学与企业合作，协调各方的利益和目标。第三步，调查美国在国际竞争中的地位。第四步，分析法律方面可能出现的问题。第五步，指出需要大量生物化学工程师、生产工艺工程师及发酵技术方面专家的人才需求趋势。第六步，调查可能引起的环境问题，如威胁生命有机体的外泄释放及扩散蔓延。

据此，美国国会与政府做出如下响应：首先，美国联邦政府每年提供1.5 亿预算用于持续支持遗传工程的基础研究，具体资金需求以及分配渠道与发展变化要求相适应；其次，通过专利立法改革与税收刺激手段推动校企合作，巩固发展关系共同促进生物工程新技术的商业化；最后，通过国家卫生研究院，保留对基因拼接研究的强制性控制，密切关注、及时调整，避免环境危害。

3. 国家科学基金会（NSF）"技术评估和冒险解析小组"

国家科学基金会作为具体推进联邦政府科学技术促进政策的机构，在分配政府的研究津贴、推进国家需要的研究项目等方面起着重要的作用。国家科学基金会的活动范围是整个科学技术领域，与技术评估相关的问题由政策研究解析部门来处理，即由"技术评估和冒险解析小组"负责。该工作组规模较小，其中包括三名专家，有关技术评估的计划共 96 项，预算额为 1000 万美元，总体预算规模与技术评估办公室没有显著的差别（大岛荣次、孙璐佩，1980）。

国家科学基金会在评估课题的选择上与技术评估办公室不同，多采纳基本的、必须长期预测的重大问题，对日常实用的短期问题涉及较少。国家科学基金会的技术评估成果以报告的形式呈现，同时需要委托总结技术评估近期动态的评论，举办专题研讨会以报告结果。此外，国家科学基金会的技术评估需要借助外部专家的援助，以集体形式集中展开评估工作。

4. 美国政府问责办公室（GAO）

1994 年美国国会选举后，国会议员主张大力削减政府赤字，裁减政府机构和工作人员。由于两党相争，美国技术评估办公室的预算经费于 1995 年被终止，停止展开研究活动。自技术评估办公室被关闭后，美国政府问责办公室（GAO）继承了技术评估办公室的相应职能，新成立了技术评估机构——科学技术工程中心（Centre for Science，Technology and Engineering，CSTE），根据国会的安排开展专项技术评估工作（王海银等，2016）。

美国政府问责办公室作为财务审计部门，提供给国会的报告多以监督管理为视角，缺乏前瞻性。为弥补缺陷，其于2019年成立科技评估分析团队（Science，Technology Assessment，and Analytics，STAA），作为独立团队提供技术评估以及技术咨询服务。截至2019年底，团队成员近70人，其中25人主要负责再生医学、5G通信、量子计算、人工智能等现实实用技术和新兴技术的研究，23人负责监测已开展的联邦科技计划的进展与绩效，11人负责提供技术投资相关咨询服务，6人负责数据分析与审计工具的开发，2020年经费预算共计1500万美元（张九庆，2020）。

5. 世界技术评估中心机构（WTEC）①

世界技术评估中心（World Technology Evaluation Center，WTEC）由日本评估计划发展而来，是采用同行评议方法开展国际技术评估的机构。

1989年，美国洛约拉学院（Loyola College）根据国家科学基金会的授权建立了日本技术评估中心（JTEC），承担日本技术评估计划的管理工作。之后，其研究领域广泛扩展至日本之外的国家和地区，更名为世界技术评估中心（WTEC），并于2001年成为独立的非营利研究机构，在确保美国在电子技术、超导技术、纳米技术等高科技领域保持领先地位方面起到了重要的支撑作用。

WTEC的研究主要由国家科学基金会资助，设有负责项目管理、合同管理、考察活动策划组织、报告编辑、IT技术支持的专职员工，主要通过聘请专家建立专项技术评估小组来开展工作。WTEC研究的技术领域包括信息技术、医疗技术、制造和纳米技术等，自其成立以来，在美国科技规划及政策制定、科技与产业发展、产研结合促进等方面起到了重要的作用，为美国企

---

① http://www.wtec.org/.

业和政府决策提供了事实依据，有效地确保了美国保持高科技领先地位。

WTEC 按照程序化方法开展项目研究，一般评估程序按照项目定义、启动会议、文献评述及考察准备、实地考察、现场考察报告初稿审查、研讨会、最终评估报告撰写、评审与修改、评估报告发布等步骤进行（姜晓菊、张晔，2015）。

最具代表性的 WTEC 评估案例是美国的超导技术。1989 年，日本技术评估中心的超导技术研究小组组长应邀向美国总统科学顾问汇报有关超导研究对美国的意义，美国总统随后宣布开展高温超导技术研究计划。WTEC 在1996～1998 年对全球纳米科技研发进行战略评估，认为纳米科技代表了人类在纳米尺度上综合和控制材料的一个革命性时代的开始。报告比较了美国与其他国家在纳米粒子、纳米结构材料、纳米器件等领域的发展情况，提出美国在研究经费投资以及竞争态势两个方面应引起重视。1999 年研究小组发布《纳米科技研究方向：未来十年纳米科技研发的前景》，回答了美国是否需要发展纳米科技，如何优先选择纳米科技的研究领域等重要问题。

6. 非政府组织及民间企业的技术评估

（1）非政府组织。美国的学术机构具有完善的组织网络、雄厚的研究资源、成熟的运作机制和显著的社会影响力，在科技评估体系中发挥着重要作用。在技术评估办公室关闭后，国家科学院系统（NAS）作为美国国会获取情报的重要渠道之一，提供来自美国最卓越的科学家和技术专家群体的整体建议。但由于国家科学院系统是非政府组织，为国会提供咨询不是其基本任务，可以随时拒绝国会的咨询要求，且在立法的重要节点可能难以满足研究的及时性，研究费用高昂。

国家科学院、国家工程院、医学研究院三院一会体系的常设机构国家科学院理事会（National Research Council，NRC）也是美国科技评估体系极其重要的组成部分。但是，该机构往往只接受国会或联邦政府的委托，开展对重大科学研究项目的评估活动（Li et al.，2007）。

（2）民间企业。民间企业为推进新技术计划开展技术评估，即为凭借技术获取利益，独立自主地开展评估活动。

（3）研究所。此类技术评估机构的代表有斯坦福研究所、巴特尔研究所等。它们大多受企业、政府等的委托，对特定的课题进行评估。这样做还可以培养有经验的评估工作者，积累各种课题以及从事方法论的专门研究等。

（二）美国技术评估政策

除了完备的技术评估机构，美国政府制定并颁布了一系列技术评估法律法规，为美国评估机构的建立和技术评估活动的开展提供法律保障。以下介绍几个具有代表性的法律法规及政策。

1.《国家环境政策法》

1969 年通过的《国家环境政策法》吸收了技术评估思想。区别于一般环境指标，《国家环境政策法》强调对环境资料的评价分析要求，这使美国成为世界上第一个把技术评估制度化的国家（顾镜清，1982）。

环境影响分析着重分析技术对环境的影响，更多地评价技术产生的副作用。《国家环境政策法》规定，环境影响分析评价的执行者是议案的提出者与政府活动的主持者。根据该法第 102 节（C）款，联邦政府的每个机构必须在立法提案的每一份推荐书或报告中，以及在显著影响人类环境质量的联邦其他活动中，由负责的官员提出详细报告，说明相关活动对社会、经济和自然环境的影响；此外，与此有利害关系的团体都有权提供咨询和通过法庭进行干预。

2.《技术评估法》

1969～1972 年，大量关于 20 世纪新兴的、困难的、具有很高技术性的问题使国会工作更加混乱，建立不带特殊利益倾向的技术咨询实体机构的必要性与紧迫性日益突出。

1972 年美国国会通过了 92–484 号公法——《技术评估法》。与《国家环境政策法》相比，《技术评估法》的关注领域更加广阔，环境影响仅是其研究的诸多因素之一。技术评估在考察技术弊端的同时，又充分预测新兴技术对物质生产以及社会发展的功效。从评估的执行者角度看，《技术评估法》

将议案的提出和评价的职责分离，评估工作交由通过法律授权的专门机构负责，以保障评价的功能性。

3. 日本技术评估计划（JTEP）

日本技术评估计划（Japanese Technology Evaluation Program，JTEP）是1983年美国商务部收集、传播公开文献中有关日本科技信息的一项计划，1985年由美国国家科学基金会接手，该计划的使命是促进美国和日本之间科学技术信息的双向交流。

4.《政府绩效与结果法案》

美国国会于1993年审议通过《政府绩效与结果法案》，确立了绩效评价作为考核美国政府部门及公共研究机构五年战略规划和年度工作计划实施情况与效果的重要手段，绩效评价结果与该机构年度预算额度相挂钩。

与以往的法案和政府改革措施相比，该法案具有更大的权威性、持久性和强制性。2010年，对法案进行了部分调整，使之能适应当前的科技评估体系。《政府绩效与结果法案》的颁布与实施成为美国科技评估从预警模式到建构模式转变的分水岭。按照该法案要求，联邦科研机构必须制定未来五年的战略规划，同时需要将整个科技规划分解为多个定量目标以辅助实施年度绩效报告。然后，评估机构根据年度绩效计划中的定量目标检查其完成情况，形成年度绩效报告。机构每年能得到的经费预算将与其制定的科技规划和绩效评估直接相关，这就从制度上保证了该法案可以得到彻底贯彻和实施（郭华等，2014）。

二、欧盟技术评估实践

不同于美国技术评估办公室服务于国会的技术评估模式，欧盟的技术评估实践特点为公众参与，即将议题的所有参与者吸纳为评估者和讨论者，参与技术评估的流程。参与者除专家学者外，还包括社会组织、政府、公众代表、企业代表和居民。鼓励公众参与和社会讨论全领域技术对未来的影响，形成更加开放、透明的技术评估环境。

自 1972 年成立美国技术评估办公室后，欧洲各国议会陆续成立技术评估机构，为本国科学技术发展提供情报，如 1983 年法国议会成立科技优先评价办公室，1986 年丹麦成立技术基金理事会，1987 年欧洲议会成立科学技术选择和评估委员会，1988 年英国成立议会科学技术办公室，1990 年德国成立技术评估办公室。1990 年，欧洲议会技术评估组织（European Parliamentary Technology Assessment network，EPTA）正式成立，成为欧盟技术评估的中心。本节选择欧盟、法国、德国和英国作为代表，深入论述技术评估的发展。

（一）欧洲议会技术评估机构

1. 欧洲议会科学技术选择和评估委员会（STOA）

欧洲议会科学技术选择和评估委员会（Scientific and Technological Options Assessment，STOA）成立于 1987 年，其工作内容由该委员会的执行委员会决定，主要职能是通过开展科学和技术研究评估，为欧洲议会政策立法决策提供科学依据。

该委员会将研究项目的目标时期设定为未来 20～50 年，优先选择来自欧洲议会商讨决议的事项，对其进行"通俗翻译"，欧洲议会成员使用其结论更加清晰、方便。在整个评估过程中，该委员会采用将科学技术对社会的影响纳入评价体系的新方法，详细把握科技所带来影响的类型。2015 年发布的《欧洲议会的科学前瞻》报告中明确了其目标明确、科学合理、可操作性强的六步科学技术预见方法以及具体过程，包括选择主题；掌握与主题相关的科技趋势和影响；社会影响的可视化；创建多种不同的场景；确定实现理想的场景的技术路线；解释预测活动结果。

以用于医疗恢复和加强人类身体机能的生物材料 3D 打印技术为例。该项目按 STOA 六步科学技术预见方法分步实施如下：广泛收集生物材料 3D 打印领域的科技发展趋势和技术转型资料作为理论基础，并进一步将诸如用于诊断和手术的工具、牙科治疗和助听器、假肢和设备、再生医学和器官印刷等包含生物添加剂制品的应用实例作为详细对象，分析 3D 打印技术在未来医疗和康复领域的影响。每个项目通过专家访谈的形式，分析该项技术的未来发展的潜在路径。召开研讨会，按项目分组阐述其生物材料的 3D 打印应用，邀请专家对每个应用实例进行量化和可视化分析。基于场景创建提取以下内容项目：（1）与监管有关的问题：生物材料与非生物材料之间的界限；数据所有权、知识产权、隐私；有关安全和知情同意的法规；验证和检查的要求规范以及标准化的建立等。（2）与社会福利分配有关的问题：医疗和康复行业成本增加；对劳动力市场的影响；对医疗供应的重要性；医疗与非身体重塑之间的界限等。（3）关于市民参与的问题：生物添加剂制造业的责任分配；研究人员和利益相关者的公共角色等。

此外，该委员会实施了名为"环保部与科学家配对计划"（MEP-Scientist Pairing Scheme）的项目，为欧洲议员和科学家提供一对一交流的平台，促进相互沟通交流与信息共享。

2. 欧洲议会技术评估组织（EPTA）

欧洲议会技术评估组织（European Parliamentary Technology Assessment，EPTA）是由欧洲议会发起成立的评估网络，1990 年在时任欧洲议会议长克里斯波的支持下正式成立，其成员主要由欧盟各成员国议会或政府的技术评估机构组成，通过联合工作和经验交流提供科技政策方面的支持（王再进、邢怀滨，2013，2015）。

EPTA 的成员有完全成员和附属成员两种，前者需满足如下六个条件：（1）在欧洲本土运行；（2）从事技术评估及其相关工作；（3）服务于议会；（4）有经费预算和秘书工作处；（5）具有研究科技议题的实力；（6）提出加入申请。不满足上述第（1）、（4）、（5）条件的机构，可申请成为附属成员，附属成员可以参加 EPTA 的所有活动，但不具备委员会的选举权。截至2019 年底，EPTA 共有 23 个成员，其中包括德、法、荷在内的 12 个完全成员和 11 个附属成员（张九庆，2020）。

EPTA 的技术评估是动态化、建构性的技术评估活动。不同于传统静态化的技术预测，EPTA 成员通过共识会议、网络辩论等活动，让科学家、社会公众及其他利益相关者参与到对技术的讨论和实际发展过程中，在技术实施前对技术方案提出特定要求，在技术实施后进一步对技术发展进行调控，具有持续性的特征。

EPTA 的主要评估活动包括召开专门会议、开展联合项目和提交评估报告。

（1）召开专门会议。交流 EPTA 成员技术评估工作，研究和探讨所关注技术领域的重点议题，宣传和扩散技术观点与评估知识。专门会议包括定期召开的 EPTA 委员会会议、EPTA 大会，以及不定期召开的学术研讨会或其他工作会议，参会者包括政策制定者、专家学者、技术评估人员和国会议员等。

（2）实施能力提升计划，即主要实施旨在提升欧洲国家技术评估能力，加强和扩大欧洲以知识为基础的决策能力的欧盟项目资助计划（Parliaments and Civil Society in Technology Assessment，PACITA）。该计划由八个成员发起，接受欧盟资助，采取的措施包括建立 PTA 培训体系，搭建面向实际应用的 PTA 讨论平台和推动 PTA 的制度化等①。

（3）开展联合评估项目（EPTA common projects）。项目的提出采取自下而上的原则，由三个或三个以上的成员联合提出项目建议，经过讨论和争辩，经由 EPTA 董事会会议或委员会会议审议是否实施。在项目的实施过程中，成员和伙伴单位可以开展跨欧洲的技术评估活动，项目范围多涉及信息通信、生物技术、能源等重点领域，如 1998 年联合开展的欧洲参与式技术评估项目，2006 年开展的欧洲信息通信技术及隐私权项目、欧洲能源过渡主题项目和转基因植物及食物项目等②。

（二）法国

法国的技术评估始于 20 世纪 50 年代，主要采用自主选择评估机构的方式，对科技资源配置的决策、管理和绩效进行全面的评价，程序相对独立，整体呈现出中央集权与市场行为相结合的特色。法国科技评估的组织机构分为国会科学技术评估办公室、国家研究评价委员会、科研机构及高等教育机构和中介机构四个层次（方晓东等，2019）。

---

① http：// pacita. strast. cz/en/about-the-project.

② http：//cptanctwork. org/projects. php？oid = 20.

1. 《科研与技术发展导向与规划法》与国家科学研究委员会（CoNRS）①②

1982 年，法国总统签署第 82 - 610 号法案，颁布实施《科研与技术发展导向与规划法》，将科学技术研究与发展上升至国家战略，并以此法案为法律基础，建立国家科学研究委员会（CoNRS），开展对科研人员、科研成果、科研团队的定期评估。

充分考虑到不同科研机构的差异性，国家科学研究委员会针对不同岗位、不同类型的科研人员使用不同的标准进行定量分析，同时关注科研成果的经济效应与社会影响力，为法国实施分类评价奠定基础。

2. 法国国会科学技术评估办公室（OPECST）

1983 年，法国成立欧洲首个技术评估机构——法国国会科学技术评估办公室。该办公室由八名众议员、八名参议员组成，其中多数党九名，少数派七名。除了进行技术评估并撰写报告外，该办公室还承担对行政机关进行审查并提供立法建议的工作。

法国国会科学技术评估办公室设有"三重对等"配对程序，规定每一项研究需要受到两名特别报告员的监督。这两名特别报告员的身份需要满足以下条件：左右两派（多数党和反对党）、上下两院（参议员和众议员）以及男女两性。特别报告员可以调查任何国家机关，且调查结果会用于立法工作和预算讨论。

3. 国家评价委员会（CNE）

1984 年，法国政府颁布实施修订版《高等教育法》，对高等教育机构的教育质量进行全面检查和评估。1985 年，法国成立国家评估委员会（CNE），对

---

① Legifrance. Law No. 82 - 610 of 15 July 1982 on Orientation and Programming for Research and Technological Development in France［EB/OL］.［2018 - 06 - 20］. https：//www. legifrance. gouv. fr/ affich-Texte. do?cidTexte = LEGITEXT 000006068756&dateTexte =20110620.

② Legifrance. Decree No. 82 - 993 of 24 November 1982 on the Organization and Functioning of the National Center for Scientific Research［EB / OL］.［2018 - 06 - 20］. https：//www. legifrance. gouv. fr / af-fichTexte. do?cidTexte = JORF - TEXT000000884328&fastPos = 1&fastReqId = 873316041.

高等教育机构在科学、文化、教育及公共服务方面进行定期检查和评估。由于法国高等教育机构具有多元化的特点，国家评估委员会的评估工作采用多元化标准，针对发现的问题，向被评价的高等教育机构的决策层提出优化改革的建议，评估的结果以报告形式转交给教育部部长。

4. 《科研与技术发展法》①

1985 年 12 月，法国总统签署第 85 - 1376 号法案，颁布实施《科研与技术发展法》，正式从法律上确立了科技评估的地位。该法以条款形式强调科技评估的地位，提出要对重大科技计划、专题领域重大研发计划、国家科研机构进行定期全面评估。同时，《科研与技术发展法》明确了规范技术评估的工作要求，具体规定包括：评估指标及方法必须在计划实施前确定，对评估者评定行为和结果实施法律监督，采用社会广泛认同的、透明的、标准的评估程序和方法，以保证过程和结果的公正性。若委托和受理双方存在争议，可以选择进一步交涉和协调或委托其他机构重新评估。

5. 国家科研评估委员会（CNER）②

1989 年，法国总统签署第 9 - 294 号法案，正式成立国家科研评估委员会（CNER）。其主要工作职责是评估法国政府制定出台的科学技术发展相关政策措施、重大科技计划、专题领域研发计划等的执行情况及产生的社会效益，评估国家科研机构基于国家战略需求开展的科研情况，认定评估事务所及其人员的从业资格等。

国家科研评估委员会在技术评估过程中采用异议制方式，即允许被评估对象针对其最终评估报告中的某个观点或评估结论提出异议，并进行辩论。在不存在异议的情况下，被评估对象必须按照评估报告中双方认可的建议，采取与之相对应行动，并适时向主管部委汇报，向社会各界公示。

---

① Legifrance. Law No. 85 - 1376 of 23 December 1985 on Research and Technological Develop - ment [EB/OL]. [2018 - 04 - 15]. https：//www. legifrance. gouv. fr/affichTexte. do? cidTexte = JORFTEXT 000000878228.

② French Documentation. CNER Activities in 2005 [EB/OL]. [2018 - 04 - 15]. http：// www. alliot. fr/reports/cner_2005. pdf.

6. 科研与高等教育评价署（AERES）①

2006 年 11 月，法国总统签署第 2006 - 1334 号法案，成立科研与高等教育评价署（AERES），主要负责评估所有国家科研机构、高等教育机构、大型研发企业、基金资助机构等负责的各类科研或资助活动。科研与高等教育评价署除进行独立评估之外，还可以依据相关规定，对其日常运行情况进行外部评估。此外，科研与高等教育评价署还负责审核及批准上述机构内部人员的评估流程及方法，并针对其实施情况给予相关专业指导，以及审核各类高等教育机构的学位颁发情况等。

7. 科研与高等教育最高评价委员会（HCÉRES）②③

为进一步推动国家创新体制改革，于 2013 年颁布实施《高等教育于研究法》，将高等教育、科学研究与科技创新体系相结合。2014 年成立科研与高等教育最高评价委员会（HCÉRES），取代 AERES，负责对高等教育机构、国家科研机构、基金资助机构等负责的各类任务与活动进行分类评估，这是对原评估体系的完善与优化。

与 AERES 相比，HCÉRES 具有评价程序简洁、运行成本低及评估结果约束力强的优势，具体表现在：简化了对高等院校与国家科研机构的评估程序，对于隶属于多个机构的跨学科研究评估只需要进行一次，科技评估工作逐步开始重视科学技术与工业文化、学术道德的传播与传承，并且在国际合作项目框架内或主管部门的许可下，被允许参与或主导对国外高等教育或科研机构的外部评估工作。

---

① Legifrance. Decree No. 2006 - 1334 of 3 November 2006 on the Organization and Functioning of the Agency for the Evaluation of Research and Higher Education［EB /OL］. ［2018 - 04 - 15］. https：// www. legifrance. gouv. fr/affichTexte. do?cidTexte = JORFTEXT000000646922&dateTexte = 20141116.

② Legifrance. Law No. 2013 - 660 of July 22nd, 2013 Relating to Higher Education and Research ［EB/ OL］. ［2017 - 11 - 23］. https：//www. legifrance. gouv. fr/affichTexte. do；jsessionid = E248667E924662099357C1640F63A146. tpdjo08v_3?cidTexte = JORFTEXT000027735009&categorieLien = id.

③ Legifrance. Decree No. 2014 -1365 of 14 November 2014 on the Organization and Functioning of the High Council for the Evaluation of Research and Higher Education［EB/OL］. ［2018 -04 -15］. https：// www. legifrance. gouv. fr/affichTexte. do?cidTexte = JORFTEXT000029762447&dateTexte = &categorieLien = id.

（三）德国

1. 德国科学与人文委员会（WR）

德国的技术评估制度起源于西德政府提交议会讨论的科学议案。1957年，德国科学与人文委员会（WR）成立，标志着政府性质的技术评估活动正式开始，成为建立科学机构、教育机构、制订科研计划和项目的决策基础。

受原联邦和州教育规划与研究促进委员会（BLK）的委托，德国科学与人文委员会牵头组建了一个由外国专家组成的国际评估委员会，负责对由德国联邦和州政府共同资助的德国四大研究机构（马普学会、亥姆霍兹联合会、莱布尼茨科学联合会和弗朗霍夫协会）进行全面的系统性绩效评估，有效推动了德国技术评估实践的发展。

2. 德国联邦议院技术评估办公室（TAB）

德国联邦议院技术评估办公室（TAB）成立于1990年，负责为德国议会提供技术评估服务，以及科研、技术相关问题的咨询服务。由德国卡尔斯鲁厄理工学院（Karlsruhe Institute of Technology，KIT）、技术研究与系统分析研究所（Institute for Technology Assessment and Systems Analysis，ITAS）组织运作。

德国联邦议院技术评估办公室评估的主要途径和方式包括：（1）分析新科学与技术发展的潜力，并探讨相关的机遇；（2）研究新科学与技术发展的框架条件；（3）全面预测新科学与技术发展的潜在影响；（4）开发供议会决策提供参考的行动方案。

3. 德国联邦教育与研究部

1955年，德国联邦原子部成立，负责研究核能源的和平使用，是德国联邦教育与研究部的前身，1962年改名为德国联邦科学研究部，1969年再次改名为德国联邦教育与科学部，后于1994年与德国联邦研究及科技部合并，改名为德国联邦教育与研究部。

2007 年以来，德国联邦教育与研究部采用周期性方法开始技术预测工作，分别于 2007～2009 年、2012～2014 年开展了两轮技术预测活动，在德尔菲调查法的基础上运用情景分析、重点课题研究和专题研究相结合的模式，确定了九大创新萌芽，旨在确定 2030 年之前德国将要面临的全球性社会挑战。

（四）英国

英国科技评估机构可以分为政府科技评估、研究机构，非政府基金组织的评估机构，以及科技中介机构三类。其中，政府科学技术评估机构包括三级系统：第一级是英国中央政府，第二级是议会、议会委员会和国家审计署，第三级是地方政府评估机构（顾海兵、李慧，2005）。

1. 科学技术委员会（CST）

科学技术委员会（the Council for Science and Technology，CST）是英国政府在重大科技问题方面的最高咨询机构，针对跨部门的、战略性的科学与技术议题直接向首相报告，为政府提供最高水平且长期的政策咨询。CST 主席由政府科学顾问和另外一名独立主席担任，成员由政府内部科学顾问和来自产业界和学术界的独立外部成员组成，所有成员均由首相任命。

CST 的研究模式为，每年集中力量针对具有战略意义的问题选择不同的方法进行深入研究；通过每个委员主持分委会，邀请有相关专业特长的非委员会成员协助解决一些具有时间限制的问题。CST 及其分委会可以组织相关调研并向有关公立机构征集研究论文，作为咨询的背景资料。

2. 贸工部及技术战略理事会

英国贸工部（Department for Trade and Industry）是英国主要的经济管理部门之一，全面负责管理工业和贸易、科技、国际贸易政策和促进出口政策等，其目标是通过增强竞争力和提高科技水平，提升英国的生产率及其现代经济的可持续发展能力。

为推动企业研发和技术创新，英国政府于 2004 年成立技术战略理事会。

该机构是贸工部的下属机构，主要负责为贸工部重大新兴技术发展战略的确定，科技计划经费的使用与分配，并就如何缩小与国外领先科技的差距提出政策建议。

3. 科学技术办公室（OST）及政府科学办公室（GOS）

英国科学技术办公室（Office of Science and Technology，OST）于1992年成立，最初设立在内阁办公室下，负责对科技政策与活动进行宏观调控。英国科学技术办公室主任由政府首席科学顾问担任，承担管理事务。为促进科学技术与经济的结合、科技政策与工业政策的协调统一，科学技术办公室于1995年并入贸工部，后来随着英国政府部门的多次调整而变动。

2009年，科学技术办公室被纳入新成立的创新、大学与技术部，并更名为政府科学办公室（Government Office for Science，GOS）。政府科学办公室现设在商业、能源和工业战略部下，为高层决策提供咨询，开展跨部门协调。其主要工作范围包括直接向首相和内阁提供咨询，落实政策框架，鼓励政府部门有效使用科学与工程知识制定和施行政策等。

4. 英国国会科学技术办公室

英国国会科学技术办公室成立于1989年，主要负责为议员组织专题研讨会、撰写"科学技术办公室纪要"等，涉及的议题包括量子计算与社会不平等，等等。

秉承不把党派之争带到会议室内的传统，英国国会科学技术办公室董事会由来自主要党派的政客以及来自上下两院的代表组成，来自国会的官员以及来自国家研究院的科学家参与评估。在处理诸如外来移民和住房问题、假新闻、国内治安暴力和性教育等具有较大争议的议题时，在提交证据阶段不会形成政策建议，以保持公平公正。

5. 其他议会级评估机构

英国议会一级评估机构还包括上议院科学技术专门委员会（PSTSC）、下议院科学技术委员会（HCSTC）、议会与科学委员会（PSC）以及国家审计署，将监督、质询与咨询功能相结合，为议会讨论科技问题提供信息和建议。

上议院科技特别委员会在行使咨询功能之前，首先选择具有重大影响的项目作为质询问题，成立分委员会，进行证据收集、举行听证会、撰写报告等。报告经过委员会审议后公开，同时通过上议院进行辩论，并要求政府相关机构提供书面质询答复，从而提出政策建议以解决科技相关问题。

6. 高等教育基金理事会和研究委员会

英国的基础研究主要在由大学和政府部门支持的研究所进行，研究经费主要来自高等教育基金理事会和研究委员会。

高等教育基金理事会根据大学各专业系、研究小组或研究中心的研究实力、规模和已取得的成绩，对其研究的基础设施、研究活动和主要研究人员等进行资金支持，不需要明确的研究目标和任务，形成了一套对研究群体进行评价的评估体系。

研究委员会主要以研究计划和项目的形式，根据学科发展战略和研究项目的质量来支持大学和研究机构开展基础研究工作，资金的投入具有明确的研究目标和计划，形成了对研究计划与项目进行评价的基础研究评估体系。

7. 英国研究理事会

英国研究理事会（Research Councils UK，RCUK）是英国艺术及人文科学、生物技术及生物科学、工程及自然科学、经济及社会科学、医学、自然环境、科学及技术设施七个研究理事会的联合会，协助和支持七个研究理事会的科研和联络工作，增强研究理事会的政策影响力。主要负责资助科学研究和研究生培养，以及维护和加强英国的科学基础、知识转化和公众参与科研等活动。

8. 皇家学会

皇家学会（Royal Society，RS）是英国资助科学发展的组织，成立于1660年，是世界上历史最长且从未中断过的科学学会。其作为英国的科学院及科学组织服务的提供者，负责向政府、社会提供独立的、权威的科技政策咨询服务。

皇家学会等公益性学会不是实体性的研究机构，其研究经费用于支持国内外一切与学会宗旨相符的研究项目和研究群体，并为做出贡献的科学家颁发学会奖励，因此也会组织对申请项目和申请人进行评估，评估标准和程序与研究委员会的评估基本相同，只是还需要考虑学会的宗旨、研究计划和发展目标。

9. 科技中介机构

20 世纪 80 年代，英国的科技成果评估逐步社会化，独立的科技中介机构进入技术评估领域。科技中介机构分为公益性机构和营利性机构两类，其中以营利为目的独立的科技中介机构是英国科技中介机构的主体。评估中介机构采用合同委托的方式，聘请相关领域的专家组成评估小组，对于政府机构、学会、高校等委托方的项目或机构做出评估。评估机构聘请的专家小组是临时性的，评估结束后即解散。主要的中介机构包括英国科研政策研究所（SPRU）、科技管理研究中心（ETSU），以及英国评估系统有限公司等。

三、欧美技术评估的经验和启示①

（一）制定并出台明确的法律制度以保障技术评估的实施

从欧美技术评估发展的进程来看，明确的法律制度是技术评估工作顺利进行的重要基础。

美国 1972 年出台的《技术评估法》保障了评价的功能性，是技术评估办公室开展评估活动的指导依据。1993 年的《政府绩效与结果法案》对技术评估的作用、功能、权利和责任以明确法律条文的形式予以确定。法国出台《科研与技术发展导向与规划法》《科研与技术发展法》《高等教育于研

---

① 韩秋明，王书华. 完善国家层面技术评估工作的几点思考 [EB/OL]. [2022 - 06 - 27]. https：//mp. weixin. qq. com/s/fInlSz1Cf2buC8KjcuyNiA.

究法》等相关法律，并按照有关法律设立评估机构，遵照法定程序展开工作，促进了技术评估的发展。欧洲议会技术评估的实践也表明需要立法机关的支持和推动，需要规范的制度保障。

（二）建立独立、专业的技术评估机构

外部非官方、独立专业评价机构的专业评估比内部评价人员的评估更客观和深入，评估结果更具有可靠性和公正性。

美国在进行技术评估时，政府会委托高水平、相对稳定的社会咨询评估机构来承担具体的评估活动，并且在政府和评估执行者之间建立了互相监督的机制。英国和法国设立中介机构，如成立英国科研政策研究所、科技管理研究中心等，对政府机构、学会、高校等委托的项目进行评估，推进了评估工作的社会化。

（三）多主体参与，构建合作网络

欧美国家开展技术评估时，除了政府及专业评估机构参与执行以外，参与者还涉及相对广泛的利益相关者。例如，英国技术评估的专家不仅有政府代表，还有学者、企业界代表；德国参与技术评估工作的评委通常来自科学界、经济界和政府部门等多个领域，一些重大评价工作还会聘请外国专家参与；欧洲议会技术评估成立了专门评估网络组织及第三方评估制度，其成员通过共识会议、网络辩论及其他各种活动，让科学家、社会公众及其他利益相关者广泛参与到技术评估活动中，吸收和反映不同价值观的相关团体和个人的意见，从而做到评估的客观性、公正性以及使评估结果具有公信力。

（四）技术评估以专家评议为主、计量指标为辅

专家评议仍然是技术评估中不可缺少的重要方法。美国的技术评估项目主要通过专家评议的方式进行，并在此基础上建立了层次化的科学技术研究评价体系。德国注重同行专家评价在技术评估中的重要作用，认为尖端技术研究工作只能由同领域顶尖专家来进行评估。英国通过使用计量学指标来克服同行评估的主观性，但其实践结果表明计量指标不足以代替专家同行评估。

（五）"因地制宜"，有组织地开展评估

技术评估需要有相应的环境使其生根与发展，不可照搬其他国家的经验来发展本国的技术评估。

科学技术是一把"双刃剑"，在造福人类、促进经济和社会发展的同时，也存在风险和隐患。因此，应对科学技术本身及其实施影响进行全方位、多角度评估，从而全面、系统地把握根本问题并有效应对。特别是在对健康、环境等方面可能产生影响的新兴科技领域，要有组织地开展技术评估工作，确保决策的科学性。

第二节　我国技术评估实践

我国的技术评估工作较欧美国家起步较晚，但经过数十年的理论研究与实践，在政策法规、机构设置、标准设定等方面取得了卓越进展，形成了具有中国特色的技术评估实践成果。

一、我国的技术评估政策

（一）法律

《中华人民共和国科学技术进步法》是我国首个在法律层面上的技术评估实践，于 1993 年第八届全国人民代表大会常务委员会第二次会议通过，于 2007 年第十届全国人民代表大会常务委员会第三十一次会议第一次修订，2021 年第十三届全国人民代表大会常务委员会第三十二次会议第二次修订，修订通过后自 2022 年 1 月 1 日起施行。

《中华人民共和国科学技术进步法》是为全面促进科学技术进步，发挥科学技术第一生产力、创新第一动力、人才第一资源的作用，促进科技成果向现实生产力转化，推动科技创新支撑和引领经济社会发展，全面建设社会主义现代化国家，根据《宪法》制定的法律。该法规定了国家应当建立和完善有利于创新的科学技术评价制度。科学技术评价制度应当根据不同科学技术活动的特点，按照公平、公正、公开的原则实行分类评估。该法是我国开展科技评估工作的重要依据。

（二）部门规章

科学技术部制定与国家科技计划相关的部门规章，进一步规范我国技术评估工作。

2000 年，科学技术部部务会议讨论通过《国家科技计划管理暂行规定》与《国家科技计划项目管理暂行办法》，并于 2001 年正式施行。《国家科技计划管理暂行规定》明确了科学技术部可根据计划管理的需要建立内部监督和外部评估制度，明确规定执行监督与评估的时间、程序、方式以及各方面的责任，并要求在项目合同及任务书中具体约定，除特殊情况，任何人不得在监督与评估制度的规定之外随意执行监督、评估行为。《国家科技计划项目管理暂行办法》主要适用于以中央财政投入为主的各类国家科技计划的项目立项、实施管理、项目验收和专家咨询等项目管理工作，规定国家科技计划项目管理实行依法管理、规范权限、明确职责、管理公开、精简高效的原则，对项目申请者、项目建议书等做出相关规定。为了适应新时期科学技术事业发展的需要，建设有利于自主创新的法制环境，科学技术部于 2011 年废止了《国家科技计划项目管理暂行办法》（胡月平，2014）。

根据中华人民共和国科学技术部令第 7 号，2003 年发布的《国家科技计划项目评估评审行为准则与督查办法》规定国家科技计划项目评估评审组织者、承担者、推荐者、项目评估评审活动的督查工作等，为加强对国家科技计划项目评估评审活动的监督检查、规范项目评估评审过程中有关单位和个人的行为、保证项目评估评审工作廉洁高效依法进行提供保障。

（三）规范性文件

科学技术部和其他部门联合制定相关规范性文件，进一步强调了科技评估在科技管理中的重要作用，推动了全国科技评估体系的规范化、制度化建设。

2002 年，科学技术部、财政部、国家计委、国家经贸委联合发布的《国家科研计划课题评估评审暂行办法》规定国家科研计划课题必须引入评估评审机制，突出阐明了科技评估的重要性。此外，规定了在政府科技决策过程中要充分发挥专家和社会中介机构的作用，还具体规定了承担课题评估任务的评估机构必须具备的条件。

从 1997 年我国成立国家科技评估中心开始，研究起草了《科技评估规范》（第 1 版）和《科技评估暂行规定》，对科技评估的类型、内容、方法和程序、组织与管理、责任与义务、结果运用等方面进行了详细的规定。

2000 年，科学技术部印发《科技评估管理暂行办法》，以文件形式规范我国的技术评估活动，推进科技成果转化，为技术评估活动在我国独立、客观、公正、有序、健康发展提供了基础。2003 年，科学技术部制定并印发《科学技术评价办法（试行）》，修订和完善科技评估体系。于 2004 年发布的《科学技术评估办法》进一步系统地规范了评估的目的、原则、分类方法、评估准则和监督机制等。2003 年，科学技术部、教育部、中国科学院、中国工程院、国家自然科学基金委员会联合印发《关于改进科学技术评价工作的决定》，规范了科学技术评价工作，对建立健全科学技术评价机制，正确引导科技工作健康发展具有指导作用。2016 年，科学技术部、财政部、发展改革委印发《科技评估工作规定（试行）》，明确规定技术评估的基本原则、适用范围、方法应用、行为准则等内容，有效支撑和服务国家创新驱动发展战略实施，促进政府职能转变，推动我国科技评估工作科学化、规范化。2016 年，科学技术部印发《科技监督和评估体系建设工作方案》，明确规定科技监督和评估体系建设工作方案，着力加强科技监督和评估制度及规范的制定，强化统筹部署、分层实施和质量控制，综合运用"制度＋合同＋技术"的手段，注重事前风险防范，强化事中、事后的监督、绩效评估和责任倒查，逐步实现"有决策、有选择就要有评估，有授权、有委托就要有监管"，形成决策、执行、监督相互制约且相互协调的现代科技治理体系。2020 年 8 月，《科技成果评估规范》发布实施，其内容包括科技成果评估的总体原则、主体要求、内容与方法、流程与方法，是一项适用于第三方评估机构对科技成果转化过程中科技成果评估的行业标准。

二、我国的技术评估机构

我国的科技评估工作始于 20 世纪 90 年代中期，由于缺乏法律基础与规范管理体系，我国的技术评估工作主要由科学技术部及其省市级的科技行政管理部门牵头执行与管理，从"摸着石头过河"到广泛发展、有序推进（胡月平，2014）。

我国科技评估机构的建设从 1996 年开始，在广东、辽宁、山东、云南等省（区、市）相继成立了科技评估机构。我国技术评估的主体主要为政府、学术团体、企业组织、中介机构、社会公众等，其中，政府具有绝对的主导作用。目前，我国已经初步形成了以国家科技评估中心为主体，由地方科技评估中心、行业科技评估机构和其他类型评估机构组成的国家评估体系（杨飞、樊一阳，2016）。

（一）科学技术部

科学技术部是国务院主管国家科学技术工作的部门，负责全国科学技术评估工作的宏观管理、统筹协调和监督检查工作。其中，资源配置与管理司、科技监督与诚信建设司承担了技术评估的管理工作。

资源配置与管理司负责科研项目资金协调、评估、监管机制相关工作，协调提出科技资源合理配置的政策措施建议。

科技监督与诚信建设司承担科技监督评价体系建设和科技评估管理相关工作，包括提出科技评价机制改革的政策措施建议并监督实施，开展科技评估评价和监督检查工作。

（二）国家科技评估中心

国家科技评估中心是科学技术部直属事业单位，于 1997 年依托原中国科学技术促进发展研究中心成立，在多个省（区、市）和部门开展科技成果评估试点工作。2004 年经中央机构编制委员会办公室批准，成立科技部科技评估中心，为科学技术部、外交部、发展改革委、财政部、农业农村部等政府部门和社会机构提供评估和咨询服务，其主要职责包括：（1）研究国内外科技创新评估的理论、发展现状及趋势，提出构建和完善国家科技创新评估体系政策建议；（2）承担科技改革与发展重大战略、规划、政策、计划、专项、区域创新能力、科技军民融合、科技机构运行、项目管理专业机构管理等评估和研究工作，为科学技术部宏观决策提供专业支撑和服务；（3）研究科技评估制度、标准和方法，提出评估行业规范与标准建议，承担全国科技评估标准化技术委员会秘书处职责；（4）为科学技术部系统的科技评估工作提供业务规范与质量控制等专业化服务，面向社会开展科技评估有关的咨询服务；（5）组织开展科技评估行业的业务培训与咨询服务；（6）开展科技知识产权创造运用相关的政策问题研究和知识产权法律事务咨询服务；（7）开展国际和对港澳台合作与交流工作。

（三）中国科学技术发展战略研究院

中国科学技术发展战略研究院的前身为1982年成立的中国科学技术促进发展研究中心。该研究院于2007年正式挂牌成立，并于2020年成为国家高端智库建设试点单位，为国家科技创新事业发展提供研究支撑和决策咨询。该研究院内设总体研究所、科技创新理论研究所、科技与经济社会发展研究所、区域科技发展研究所、前沿科学与先进技术发展研究所、科技治理与人才研究所、技术预测与统计分析研究所、国际科技关系研究所、科技发展智能决策研究所九个研究所，围绕国家创新体系建立、体制机制改革、科技促进经济社会发展、科技创新预测和监测以及国内外技术竞争等领域展开研究。

（四）中国科技评估与成果管理研究

中国科技评估与成果管理研究会成立于1993年，现由国家科技评估中心管理，是由各从事和支持科技评估、研究、成果管理和转移转化的单位及个人自愿结成的全国性的学术非营利性社会组织。其主要业务包括：（1）组织和开展科技评估与成果管理相关研究和成果转移转化的理论研究以及学术交流活动，为政府部门制定有关科技成果相关政策法规与规划等提出建议；（2）根据国家有关规定，开展科技评估与成果管理咨询活动，承担政府部门或企业等单位委托的研究课题和相关工作任务；（3）根据国家有关规定，组织各种类型的科技评估与成果管理培训活动和科技成果推广及转移转化活动，以及国内外交流活动；（4）开辟学术交流渠道，展开与国内外有关机构、学术团体的友好往来；（5）根据国家有关规定，宣传科技评估、成果管理、转移转化的理论与实践，依照有关规定编辑出版相关学术书籍、刊物等。

（五）全国科技评估标准化技术委员会

全国科技评估标准化技术委员会（简称标委会）于 2019 经国家标准化管理委员会批准成立。第一届标委会由 48 名委员组成，科学技术部为标委会业务的指导单位，科学技术部科技评估中心为秘书处承担单位。

全国科技评估标准化技术委员会主要负责管理全国科技评估标准化的相关工作，涵盖科技政策评估、计划评估、项目评估、成果评估、区域科技创新评估、机构与基地评估、人才评估、经费评估，以及科技绩效与影响评估等。具体业务工作包括提出科技评估领域标准化工作的政策和措施建议，编制科技评估领域国家标准体系，开展国家标准的推荐立项、制修订、审查、宣贯、培训、推广、实施、跟踪、技术咨询和国际化等方面的工作，组织开展相关调研、合作与交流，推动全国科技评估标准化发展。

（六）中国科学院评估研究中心

2000 年，中国科学院依托国科学院科技政策与管理科学研究所成立了中国科学院评估研究中心，是中国科学院科技评价体系和国家科学思想库的重要组成。

作为中国科学院创办的评估研究机构，除了要完成内部项目和国家有关部门委托的各项重点评估项目，还必须担负起科技评估理论与方法的研究工作。该中心目前主要负责国家知识创新工程试点单位的评价工作。作为我国科教兴国战略的重要举措，知识创新工程关系我国科学技术长期健康发展和国家创新系统的建设。此外，该中心还先后承担和参加了国家计委、国家经贸委、科学技术部以及其他单位委托的评估项目。

（七）中关村兰德科教评价研究院

2014 年，中关村兰德科教评价研究院在北京成立，是具有独立法人资格的第三方科技评估机构。该机构已成功评估了汉语汉字输入法暨全景学习平台、华医在线移动医疗、尾气减排节能技术等高科技项目的第三方科技评估。

三、我国的技术评估标准

党的二十大报告强调，要加快实施创新驱动发展战略，加快实施一批具有战略性全局性前瞻性的国家重大科技项目。各政府部门相继发布并实施有关技术评估的标准文件，对技术评估工作的开展发挥了重要指导作用。

2009 年，国家标准《科学技术研究项目评价通则》（GB/T 29900—2009）颁布，对自然科学领域的基础研究、应用研究、评价方法等做出规定，对科学研究项目进行规范的量化管理，提升了评估方法与结果的标准化和客观性。2021 发布实施的《科技评估通则》（GB/T 40147—2021）规定了科技评估活动应遵循的基本准则、程序，以及评估活动的要素与要求。该《通则》不仅适用于各类科技评估活动，还适用于委托、组织、实施、应用和管理科技评估活动的相关机构、组织和人员。同年发布的《科技评估基本术语》（GB/T 40148—2021）规范了科技评估基本术语，内容涵盖科技评估相关的基本概念、术语和定义，统一了科技评估的术语和定义，进一步提高了科技评估的效率和准确性。2022 年，为完善科技创新体系、加快科技创新成果转化应用，市场监管总局批准发布新版《科学技术研究项目评价通则》国家标准（GB/T 22900—2022）、《科学技术研究项目评价实施指南　基础研究项目》（GB/T 41619—2022）、《科学技术研究项目评价实施指南　应用研究项目》（GB/T 41620—2022）和《科学技术研究项目评价实施指南 开发研究项目》（GB/T 41621—2022）四项推荐性国家标准，为科研项目评估提供了一套通用框架和分类评估方法。新修订的系列国家标准增加了评估原则、科研项目分类、评估重点、评估环节等内容，提出了基础研究、应用研究、开发研究三类科研项目评价的具体要求，为科学规范地开展科研项目评估提供了操作指引。

该系列标准将科研项目评估活动分为立项评估、中期评估、验收评估和跟踪评估四种类型，并针对各类活动特点，给出了可参考的评估内容。其中，基础研究项目评估强调原创性、理论性和实验性，应用研究项目评估强调创新性、前沿性和应用性，开发研究项目评估强调创新性、推广性和持续性。该系列标准明确了科研项目的评估过程，给出了针对不同评估需求可选用的评估方法，包括同行评议法、技术报表法、多维指数评价法等，并对各方法进行了介绍，对技术就绪水平及其扩展和应用进行了重点解析。

四、我国技术评估面临的挑战与展望

国际上的科技评估与分析经历了专家主导、吸收相关利益团体参加、让社会公众广泛参与三个阶段。相比欧美国家，我国的技术评估工作起步较晚，但经过几十年的发展与完善，取得了巨大进步。与此同时，我国的技术评估也面临挑战，需要在法律体系建设、管理体系建设、监督体系建设以及评估结果转化等方面不断完善与创新，进而推动技术评估在我国的发展。

（一）我国技术评估面临的挑战

1. 技术评估法律体系亟待完善

管理法制化是国际科技评估的发展趋势之一。我国技术评估立法相对滞后，法律体系还需进一步完善。2007 年通过的《中华人民共和国科学技术进步法》第八条对技术评估制度进行了规定，但法律条文过于笼统宽泛，缺乏具体、可操作性的规定，在实践中的可操作性较低。《科学技术评价办法（试行）》对于科技计划、项目、研究和发展机构的评估分类不明确，选择标准重视经济效益，忽视社会价值和生态价值，评估结果的实效性不强，进而直接影响了评估指标的选取，使评估缺乏客观性和中立性。除了《中华人民共和国科学技术进步法》，其他都是部门规章及相关政策文件，缺乏法律效力，法律基础仍比较薄弱。

2. 评估主体多样性不足

我国独立的第三方科技评估机构数量较少，科学技术部仍是我国科技评估活动的行业主要负责部门，技术评估管理机构由国家和各省（区、市）科技行政管理部门组成。技术评估的项目定位、经费分配以及项目结果验收与应用多为政府支持，企业与公众参与较少。在各个领域的科技评估中，行政干预痕迹过重，科学共同体中的专家大多以个人身份参加评估活动，未能充分发挥共同体自身的优势。技术评估主体过于单一，会在一定程度上影响评估工作的客观性与公信力。尤其是在与市场和社会公众接轨的科技研究中，需要专家和相关群体的真实反馈，单一的评估主体会导致竞争意识与市场观念严重缺乏，难以有效回应日趋多元化的评估现实需求和发展需要。

3. 技术评估结果应用与转化程度不足

科技成果转化是科技活动中重要的环节之一，是使科技成果发挥其作用和意义的过程（查敏等，2013）。我国对技术评估结果的应用重视度不够，且评估结论普遍缺乏影响力，技术评估作用难以发挥。在技术评估过程中投入了大量的人力资源和财务资源，但评估的结果很少能应用在政府以及企业的决策中，造成了严重的资源浪费，技术评估工作呈现出"流于形式、为了评估而评估"的状况。同时，评估结果运用的方式比较单一，评估报告被束之高阁，最终影响了评估的实效性应用。在科技决策过程中应该加强对评估结果的应用，清晰呈现评估结果的应用过程，以更好地推动我国科技评估工作的发展。

4. 技术评估体系不健全

我国技术评估体系的设计缺乏系统性与权威性，在指标筛选、评估方法选择方面存在争议，不能针对各类科技项目的不同特点以及科技成果评估不同阶段建立客观、优化的指标体系，进而影响了评估的客观性与中立性（李瑛、邹立尧，2015）。

伴随数据分析与数据挖掘技术的飞速发展与广泛应用，技术评估指标在理论与实证两方面迎来了全新挑战，急需在技术层面完成数据分析方法的应用与技术的更新换代。

我国科技评估标准在实践中一般依据国家科技评估中心制定的评估准则，这是实践中需要遵循的思想标准和实践规范，但在科技评估实践过程中没有细化至具体步骤，缺乏细致性。同时，各个评估部门在进行评估实践中由于评估活动的不同，具体的实施标准也存在差异（陈强等，2012）。

5. 技术评估思想传播不广泛

虽然基础的技术评估方法已在相关领域中被熟知，但部分决策者尚未掌握和使用技术评估中的科学方法，决策缺乏科学规范的流程和评价标准，技术评估的实际应用较为有限。因此，需要提升相关机构的专业能力，广泛传播技术评估的方法。此外，还需要向社会公众普及和推广技术评估思想，提升公众认知程度和参与程度。

（二）我国技术评估展望

1. 完善技术评估的法律保障

我国应进一步完善技术评估法律体系建设，有效引导技术评估工作，保证技术评估结果的权威性，做到有法可循、有法可依，推动技术评估严肃化、制度化、规范化发展（赵蓉英等，2019）。借鉴美、英、法等国家的经验和做法，应高度重视科技评估的立法工作，注重立法先行与相关配套制度相结合，注重科技评估立法与现行的法律法规以及具体规章制度的协调性以及兼容性，平衡各方利益诉求。具体表现为：将科技评估与财政预算相结合，引入有效的激励机制，提升科技创新绩效；建立客观科学的科技评估系统，健全监督和责任追究机制，对科技评估的过程和结果进行有效监督，提升科技评估的质量和效率；增强和完善公众参与科技评估的正常渠道，营造良好的技术评估环境，为公众参与技术评估活动提供保障。

2. 引入多元化评估主体

我国应完善评估主体多元化建设，引入专家以及社会公众的广泛参与，契合市场需求。随着科学技术的不断发展和进步，科学技术不断向社会渗透，非政府和社会公众等人员的介入是技术评估的必然发展方向，有利于保障评估结果科学性。

在科技成果评估中吸收企业和社会利益相关代表担任评审专家，在政府的指导下广泛发挥学术团体专业优势，充分发挥市场对技术研发方向、路线选择、要素价格以及各类创新要素配置的导向作用，力争做到技术评估工作独立、公开、透明。应进一步强化评估专家资源建设，在实践中发现并整合现有的各行业科技评价专家，建立评估专家资源库，满足技术评估的需要。

此外，应大力推动独立的第三方评估机构发展，形成科技评估机构和科技评估标准相互促进的发展机制。选择基础较好的评价机构作为重点培养对象，在聘请专家等方面提供支持，充分发挥第三方科技评价机构支撑决策的作用。由于我国第三方科技评价机构发展较慢，故在推进第三方评价时可以采取"试点先行、逐步推广"的策略来有序推动其发展。

3. 重视技术评估结果转化与应用

我国应该关注技术评估结果，将其更好地应用在政策调整和制定、政府预算和经费分配等环节。加快完善我国科技成果评估和转化检测，为科技管理工作提供有效依据，进一步提高科技转化率。对科技成果的评估需要在具备客观性与公正性的基础上，切实了解企业需求，并在评估结果中体现其实际应用性。同时，在科技成果的评估过程中，对于不同类型的科技成果要设定对应的技术评估标准和体系，使评估结果更有说服力和针对性。在国家层面建立科技及成果的奖惩规定，以保障科技成果的创新性、合理性和适用性。

4. 加快完善技术评估体系与监督管理体系

应完善学科分类和指标差异化的技术评估体系，应根据不同科学技术活动的特点，按照公平、公正、公开的原则，实行分类评估。针对不同领域进行分类、相同领域进行等级划分和归类，建立全面的学科分类、层次化的等级分类体系并根据学科特点制定差异化指标体系，保证技术评估指标的科学性。

加强科技评价队伍建设，完善科技技术评估监督管理体系。建立对科研项目承担者的奖惩机制，鼓励科技活动中的创新贡献，严惩弄虚作假等不良行为。建立对同行评议专家的监督机制，评议其专业能力水平，监督其主动约束自身行为、自觉接受社会公正监督。建立独立的监督机构，执行对评估中介机构的监督责任，接受中介机构的定期汇报，并对其质询。

第三节　本章小结

本章首先详细介绍了美国、法国、英国、德国及欧盟的技术评估发展历史与进程，分析各先进国家和地区的技术评估模式与特色，总结其技术评估经验与不足，为我国技术评估的实践提供宝贵经验。其次，回顾了技术评估在我国的发展，从法律、规章制度、评估机构、国家标准等方面总结我国技术评估的发展进程。进而，分析了技术评估在我国实践中面临的挑战，在法律体系建设、评估主体创新、评估结果转化，以及监督管理体系建设等方面提出建设性意见，为我国技术评估未来发展方向提供科学性、适用性与创新性参考。

思考题：

1. 任选一个先进国家或地区，简述其技术评估模式与代表性实践活动，尝试总结其对我国技术评估的经验。

2. 从任一视角简述我国技术评估实践有哪些？面临哪些挑战？有哪些建议？

参考文献

［1］王渝生．科技百年回眸与展望［J］．时事报告，1999（12）：42 - 48．

［2］胡遵素．切尔诺贝利事故及其影响与教训［J］．辐射防护，1994（5）：321 - 335．

［3］王瑞祥，穆荣平．从技术预测到技术预见：理论与方法［J］．世界科学，2003（4）：49 - 51．

［4］张九庆．美国国会技术评估办公室（OTA）的兴衰与重启之路［J］．科技中国，2020（7）：21 - 27．

［5］邢怀滨，陈凡．技术评估：从预警到建构的模式演变［J］．自然辩证法通讯，2002（1）：38 - 43．

［6］王黎．对两种技术评估思想的理性思考［D］．大连：大连理工大学，2009．

［7］马啸驰，韩烽，白亚涛，等．有机物料在果园生态系统中的应用及其环境效应：研究现状与展望［J］．中国生态农业学报（中英文），2023，31（8）：1240 - 1255．

［8］雷斌，余林杰，张冬，等．基于LCA的再生骨料沥青混合料环境效应分析［J］．水利规划与设计，2022（9）：69 - 76，100．

［9］李世华，白玉铎，唐国奇．基于LCA的干法湿法SBS改性沥青工艺技术评估分析［J］．中外公路，2022，42（5）：221 - 225．

［10］詹雄，郭吴，何小芸，等．国家电网边缘计算信息系统安全风险

评估方法研究 [J]. 计算机科学, 2019, 46 (S2): 428 - 432.

[11] 姜茸, 马自飞, 李彤, 等. 云计算技术安全风险评估研究 [J]. 电子技术应用, 2015, 41 (3): 111 - 115.

[12] 吴菲菲, 封红丽, 黄鲁成. 基于震级法的新兴技术经济效应评估框架研究 [J]. 科学学与科学技术管理, 2012, 33 (3): 94 - 101.

[13] 耿世平, 余敏, 郭晓鹏, 等. 基于柔性变电站的交直流配电技术经济评估 [J]. 电力科学与技术学报, 2022, 37 (1): 140 - 150.

[14] 周谧, 董洁, 周雅婧. 双碳目标下全生命周期成本与碳排放探析——以纯电动与天然气网约车为例 [J]. 财会通讯, 2023, 910 (2): 161 - 166.

[15] 马艺, 段华波, 李强峰, 等. 基于生命周期分析的风电场 GHGs 减排效益 [J]. 深圳大学学报（理工版）, 2020, 37 (6): 653 - 660.

[16] 徐祥运, 赵燕楠. 无人驾驶汽车技术的社会影响及其应对策略 [J]. 学术交流, 2021, 324 (3): 134 - 148, 192.

[17] 徐祥运, 刘洪佐. 3D 打印技术: 技术革命、社会影响与认知冲击 [J]. 自然辩证法研究, 2017, 33 (8): 120 - 124.

[18] 杨恒, 王曰芬, 张露. 基于核心专利技术主题识别与演化分析的技术预测 [J]. 情报杂志, 2022, 41 (7): 49 - 56.

[19] 黄鲁成, 米兰, 吴菲菲. 面向老龄社会的新兴技术预测与评价研究 [J]. 科研管理, 2022, 43 (10): 51 - 60.

[20] 夏婷, 宗佳. 法国科技评估制度简析及对我国的启示 [J]. 学会, 2018 (5): 46 - 50.

[21] 王海银, 苏珊娜陈, 陈洁. 国际技术评估建设进展及启示 [J]. 科技管理研究, 2016, 36 (11): 29 - 31.

[22] 曹学伟. 欧洲议会 STOA 开展技术预见研究分析及启示 [J]. 今日科苑, 2020 (11): 60 - 68.

[23] 王国豫, 胡比希, 刘则渊. 社会—技术系统框架下的技术伦理学——论罗波尔的功利主义技术伦理观 [J]. 哲学研究, 2007 (6): 78 - 85, 129.

[24] 丁潇意. 格鲁恩瓦尔德的技术评估思想述评 [D]. 大连: 大连理

工大学，2016.

［25］苏嘉荣.“表里山河”科史论坛（39）：华南理工大学吴国林教授报告会［EB/OL］（2022 – 11 – 18）［2023 – 09 – 02］http：//ihst. sxu. edu. cn/xwdt/697c5b11d3d14591acf754f7cc7a18a5］htm.

［26］孙圣兰. 从技术的本质特征看克隆人技术［D］. 武汉：武汉理工大学，2002.

［27］雷环捷. 中国“技术”概念的历史演进与当代启示［J］. 自然辩证法通讯，2022，44（10）：111 – 117.

［28］孟建伟. 广义的技术概念与典型的写作技术［J］. 广播电视大学学报（哲学社会科学版），2005（2）：36 – 38，78.

［29］谭斌昭. 技术概念与技术哲学的核心问题［J］. 山东科技大学学报（社会科学版），2005（1）：14 – 16.

［30］梦海. 科学的概念、范围和界限——论卡尔·雅斯贝尔斯的科学观［J］. 自然辩证法通讯，2007（3）：1 – 5，48，110.

［31］倪天成. 关于科学的定义之我见［J］. 科学、技术与辩证法，1987（2）：77.

［32］张彦. 论科学与技术在社会学上的三个主要区别［J］. 南京社会科学，1998（8）：31 – 36.

［33］董坤，许海云，罗瑞，等. 科学与技术的关系分析研究综述［J］. 情报学报，2018，37（6）：642 – 652.

［34］颜亮. 软技术概念、作用机理及相关问题研究［D］. 杭州：浙江大学，2005.

［35］房贵如. 从“机械制造工艺”到“现代机械制造技术”——“工艺”概念的扩展及其技术发展趋势（上）［J］. 机械工艺师，1994（11）：2 – 4.

［36］马自勤. 现代工艺管理及若干关键技术研究［D］. 大连：大连交通大学，2009.

［37］杨丽娟. 试论工艺的本质［J］. 自然辩证法研究，1994（8）：44 – 49.

［38］任南琪，周显娇，郭婉茜，等. 染料废水处理技术研究进展［J］. 化工学报，2013，64（1）：84 – 94.

［39］明星，胡立君，王亦民．跨界高端颠覆性创新模式研究：理论与案例验证［J］．科技进步与对策，2020，37（15）：11－17.

［40］开庆，窦永香．颠覆性技术识别研究综述［J］．情报杂志，2021，40（11）：31－38.

［41］曹阳春，张光宇，欧春尧，等．颠覆性创新的技术演进特征分析——基于锂离子电池案例［J］．中国科技论坛，2022（2）：68－76.

［42］马庆国，胡隆基，颜亮．软技术概念的重新界定［J］．科研管理，2005（6）：101－107.

［43］张道民．软科学基础［M］．青岛：青岛海洋大学出版社，1992.

［44］金周英，白英．全球性的技术变化与商务模式的创新——酝酿中的第四次产业革命［J］．未来与发展，2009（5）：2－7.

［45］韩秋明．强化预警性技术评估的几点思考［J］．科技中国，2022（9）：43－45.

［46］王宁钧．技术评估方法及其在型号论证决策中的应用［D］．南京：南京理工大学，2005.

［47］顾镜清．重视软科学和技术评估的研究［J］．未来与发展，1982（1）：36－39.

［48］熊本和．技术评估（TA）简介［J］．未来与发展，1983（2）：33－34，20.

［49］于得胜，顾淑林．社会经济发展决策中的技术评估［J］．科研管理，1984（3）：22－27.

［50］蔡兵．从马克思的价值观看技术评估的本质［J］．现代哲学，1998（2）：86－88.

［51］张怀宇．技术评估新概念与城市供水工程新技术评估指标体系［J］．给水排水，2020，56（5）：95－100.

［52］金前程．国防科技技术评估及发展预测分析方法研究［D］．长沙：国防科技大学，2023.

［53］蒋世友．常见环评报告技术评估方法的探讨［J］．节能与环保，2021（12）：65－66.

［54］杨长桂．技术评估简论［J］．华中理工大学学报（社会科学版），1994（1）：71 – 75，62.

［55］宋艳，银路．新兴技术的风险识别与三维分析——基于动态评估过程的视角［J］．中国软科学，2007（10）：136 – 142，154.

［56］于文领，安同良，胡小丽．大国博弈视角下中美转基因农产品标识规制策略演化研究［J］．中国科技论坛，2020（8）：168 – 176.

［57］柯杉．传统到数码——摄影技术质的飞跃［J］．设计，2015（7）：64 – 65.

［58］周寄中，薛刚．技术创新风险管理的分类与识别［J］．科学学研究，2002（2）：221 – 224.

［59］李德国，蔡晶晶．西方政策评估技术与方法浅析［J］．科学学与科学技术管理，2006（4）：65 – 69.

［60］李志军，张毅．公共政策评估理论演进、评析与研究展望［J］．管理世界，2023，39（3）：158 – 171，195，172.

［61］李曼．我国公共科技政策评估研究［D］．西安：长安大学，2015.

［62］臧南南．项目评估在远程教育中的应用［D］．北京：北京化工大学，2005.

［63］杨列勋．R&D项目评估研究综述［J］．管理工程学报，2002（2）：60 – 65.

［64］翟振明，彭晓芸．"强人工智能"将如何改变世界——人工智能的技术飞跃与应用伦理前瞻［J］．人民论坛·学术前沿，2016（7）：22 – 33.

［65］李锐．关于长江流域规划的几个问题［J］．水力发电，1956（9）：5 – 22，59.

［66］张艳．技术价值评价的系统研究［D］．大连：大连理工大学，2005.

［67］李德顺．价值论［M］．北京：中国人民大学出版社，1987.

［68］张岱年．论价值的层次［J］．中国社会科学，1990（3）：3 – 10.

［69］周玲．"双一流"成效评价：基于技术价值合理性的思考［J］．上海教育评估研究，2022，11（5）：1 – 6.

［70］李宏伟，王前．技术价值特点分析［J］．科学技术与辩证法，

2001（4）：41 - 43，48.

[71] 涂山峰. 关于技术价值评估中的几个问题初探 [J]. 科技进步与对策，1995（4）：64.

[72] 巨乃岐. 试论技术价值评价的内容、形式与指标 [J]. 哈尔滨学院学报，2013，34（8）：1 - 6.

[73] 马俊峰. 评价活动论 [M]. 北京：中国人民大学出版社，1994.

[74] 马克思恩格斯选集（第46卷）[M]. 北京：人民出版社，1972.

[75] 孙广华. 科学价值评价的微观机制 [J]. 科学技术与辩证法，2000（2）：5.

[76] 苗阳，陈凌霄，鲍健强. 科学技术的社会价值及其反向塑造人类世界观研究 [J]. 自然辩证法通讯，2018，40（10）：82 - 88.

[77] 李婷婷. 技术的环境效应评价模型及实证研究 [D]. 长春：吉林大学，2006.

[78] 邹晓华. CCS 项目投资收益与实施风险综合评价研究 [D]. 镇江：江苏大学，2016.

[79] 李建元. 江苏亚信公司 CRM 系统开发与实施风险评价 [D]. 南京：南京邮电大学，2012.

[80] 王春枝，斯琴. 德尔菲法中的数据统计处理方法及其应用研究 [J]. 内蒙古财经学院学报（综合版），2011，9（4）：92 - 96.

[81] 徐国祥. 统计预测和决策 [M]. 上海：上海财经大学出版社，2005.

[82] 徐蔼婷. 德尔菲法的应用及其难点 [J]. 中国统计，2006（9）：57 - 59.

[83] 司尚怡. 老旧小区节能改造费用效益分析研究 [D]. 兰州：兰州理工大学，2022.

[84] 刘晓君. 工程经济学 [M]. 北京：中国建筑工业出版社，2014.

[85] 侯玲. 基于费用效益分析的绿色建筑的评价研究 [D]. 西安：西安建筑科技大学，2006.

[86] 许国根，赵后随，黄智勇. 最优化方法及其 MATLAB 实现 [M]. 北京：北京航空航天大学出版社，2018.

［87］袁平波，顾为兵，尹东编．数据结构及应用算法［M］．北京：中国科学技术大学出版社，2013．

［88］王晓原，孙亮．交通与运输类系列教材　运筹学［M］．成都：西南交通大学出版社，2018．

［89］王学文．工程导论［M］．电子工业出版社，2012．

［90］许树柏．实用决策方法：层次分析法原理［M］．天津大学出版社，1988．

［91］赵静．数学建模与数学实验［M］．北京：高等教育出版社，2000．

［92］徐珍珍，张均胜．基于科技文献增长率与关注度监测的技术评估方法［J］．情报理论与实践，2022，45（8）：130－137．

［93］杨金庆，魏雨晗，黄圣智，等．基于科技文献的新兴主题识别研究综述［J］．情报科学，2020，38（8）：159－163，177．

［94］徐珍珍，张均胜，刘文斌．科技文献中技术关联自动发现方法研究［J］．图书情报工作，2021，65（20）：113－122．

［95］赵明，焦姣，刘知鑫，等．引进技术评估方法研究与应用［J］．石油科技论坛，2020，39（1）：43－48．

［96］周涛，于兰萍，张勇．技术成熟度评价方法应用现状及发展［J］．计算机测量与控制，2015，2（5）：1609－1612．

［97］邢晨光，程文渊，宋刚．国内外技术成熟度评价相关标准规范对比分析研究［J］．军事运筹与系统工程，2020，34（1）：74－80．

［98］杨良选．技术成熟度多维评估模型研究［J］．国防科技，2017，38（3）：26－33．

［99］朱永国，陶斌斌，宋利康，等．基于粗糙集和信息熵的技术成熟度关键技术要素识别方法［J］．现代制造工程，2018（1）：1－5．

［100］郭道劝．基于TRL的技术成熟度模型及评估研究［D］．长沙：国防科学技术大学，2010．

［101］黄鲁成，赵志华，傅晓阳．产品技术成熟度研究综述［J］．科学管理研究，2010，28（2）：38－41．

［102］李达，王崑声，马宽．技术成熟度评价方法综述［J］．科学决

策，2012（11）：85－94.

　　［103］王亚光，王松俊. 技术就绪水平及其应用［J］. 军事医学，2012，36（3）：220－224.

　　［104］莫磊，淡晶晶，徐隆波，等. 大口径光学元器件研制项目技术成熟度评价方法实践［J］. 项目管理技术，2018，16（4）：78－84.

　　［105］徐东林，姚守忠，等. 核燃料后处理技术成熟度评价方法研究［J］. 项目管理技术，2022，20（8）：96－101.

　　［106］马宽，王崑声，王婷婷，等. 技术成熟度通用评价标准研究［J］. 科学管理研究，2016，34（3）：12－15.

　　［107］王吉武，黄鲁成，卢文光. 基于文献计量的新兴技术商业化潜力客观评价研究［J］. 现代科技管理，2008，5：69－70.

　　［108］谢寿峰. 基于专利分析的技术演变与预测研究［D］. 南京：南京理工大学，2014.

　　［109］李春燕. 基于专利信息分析的技术生命周期判断方法［J］. 现代情报，2012，32（2）：98－101.

　　［110］马苏常，刘学斌. 基于 TRIZ 的技术成熟度预测研究及应用［J］. 天津工程师范学院学报. 2007，17（3）：15－18.

　　［111］王秀红，周九常. TRIZ 原理在产品技术成熟度预测中的应用［J］. 科技进步与对策. 2008，25（3）：15－17.

　　［112］张换高，赵文燕. 檀润华基于专利分析的产品技术成熟度预测技术及其软件开发［J］. 中国机械工程，2006，17（8）：823－827.

　　［113］刘玉琴，朱东华，吕琳. 基于文本挖掘技术的产品技术成熟度预测［J］. 计算机集成制造系统，2008，14（3）：506－510.

　　［114］蒋沁，赵克斌. 科技发展与预测［M］. 北京：科学技术文献出版社，1991.

　　［115］罗家豪，孙巍. 基于专利价值的技术成熟度测度与分析方法研究［J］. 数字图书馆论坛，2022，212（1）：17－25.

　　［116］冯文娟. 基于实物期权的专利价值评估［D］. 南京：东南大学，2015.

[117] 许珂，陈向东．基于专利技术宽度测度的专利价值研究 ［J］．科学学研究，2010，28（2）：202 - 210.

[118] 冯君．h 指数应用于专利影响力评价的探讨 ［J］．情报杂志，2009，28（12）：16 - 20.

[119] 国家知识产权局专利管理司，中国技术交易所．专利价值分析指标体系操作手册 ［M］．北京：知识产权出版社，2012.

[120] 柳晓倩，王长安，尹奇．不同类型专利对经济发展的时效性分析 ［J］．商业经济研究，2018（9）：183 - 185.

[121] 朱芳芳．不同类型专利对经济增长影响的实证研究 ［J］．数理统计与管理，2017，36（5）：879 - 890.

[122] 范月蕾，毛开云，于建荣．核心专利指标效力研究评述 ［J］．图书情报工作，2014，58（24）：121 - 125.

[123] 马永涛，张旭，傅俊英，等．核心专利及其识别方法综述 ［J］．情报杂志，2014，33（5）：38 - 43，70.

[124] 袁润，钱过．识别核心专利的粗糙集理论模型 ［J］．图书情报工作，2015，59（2）：123 - 130.

[125] 储呈晨，李斌，季智勇，等．基于专利文献的磁共振匀场技术成熟度分析研究 ［J］．中国医疗设备，2021，36（11）：20 - 23.

[126] 兰志刚，兰滢，孙洋洲，等．基于专利信息的海上风电技术趋势分析 ［J］．海洋科学，2021，45（3）：71 - 76.

[127] 陈德棉，潘皖印，毛家杰．科学预测和技术预测的方法研究 ［J］．科学学研究，1997，1（4）：58 - 60.

[128] 潘云涛．科技评价理论、方法及实证 ［M］．北京：科学技术文献出版社，2008：43.

[129] 刘彩虹．制造业供应链质量风险管理研究 ［M］．桂林：广西师范大学出版社，2016：113.

[130] 汪莹．企业信息化的效应理论与评价方法研究 ［M］．北京：中国经济出版社，2006：165 - 166.

[131] 魏玉山．数字版权保护技术研发工程标准汇编 上 ［M］．北京：

中国书籍出版社，2016：86－87.

［132］高欣. 美军重大国防采办项目技术成熟度评价实施程序研究［J］. 项目管理技术，2012，10（2）：55－59.

［133］李跃生，刘国宁，胡云，等. 技术成熟度评价方法及其在交会对接任务中的应用［J］. 载人航天，2013，19（6）：51－57.

［134］杨帅，闫斐然. 基于航空材料技术成熟度评价基础的项目管理方法研究［J］. 中国新通信，2021，23（10）：135－136.

［135］高巧成，王琳. 论我国高技术医疗器械产业发展中政策法规的阙如［J］. 中国市场，2009（48）：45－46.

［136］张宏波. 新医疗体制改革背景下医疗器械行业发展战略研究［D］. 呼和浩特：内蒙古大学，2014.

［137］何映，黄障，李元启. 从医疗器械的学科特点看医疗器械的科学监管［J］. 中国药物警戒，2009（7）：418－421.

［138］周楠. 我国医疗器械行业技术创新特征及政策研究［D］. 杭州：浙江大学出版社，2008.

［139］王中尧. 医疗器械市场现状，潜力与对策探讨［J］. 上海生物医学工程，2007，28（3）：176－179.

［140］郭文姣. 我国医疗器械产学研医合作创新管理策略研究［D］. 北京：北京协和医学院，2013.

［141］胡宗泰. 国内外医疗器械的发展趋势［J］. 中国医院管理，1996，16（1）：31－32.

［142］彭毅，韩玺梅. 先进医疗设备是培育医院核也竞争力及提高经济效益的有效手段［J］. 中国医学装备，2011，8（6）：26－29.

［143］王黎明. 先进医疗设备是医院提高医疗水平的重要条件［J］. 医疗设备信息，2002（1）：32－33.

［144］杨秀兰，储兵. 对先进医疗设备效用的辩证分析［J］. 中国农村卫生事业管理，2001，21（4）：26－27.

［145］李振亚，赵钰. 混合集成电路技术发展与展望［J］. 中国电子科学研究院学报，2009，4（2）：119－124.

［146］李丹.电动汽车能效与技术成熟度评价研究［D］.北京：北京理工大学，2018.

［147］顾淑林.技术评估的缘起与传播——科学技术与社会发展宏观决策［J］.自然辩证法通讯，1984（6）：20－31.

［148］大岛荣次，孙璐佩.美国技术评估动向［J］.世界科学译刊，1980（10）：38－41.

［149］姜晓菊，张晔.世界技术评估中心工作方法与运行机制［J］.竞争情报，2015，11（3）：43－49.

［150］郭华，孙虹，阚为，等.美国科技评估体系的研究和借鉴［J］.中国现代医学杂志，2014，24（27）：109－112.

［151］王再进，邢怀滨.欧洲议会技术评估组织（EPTA）2011年会综述［J］.科技促进发展，2013（1）：65－69.

［152］王再进，邢怀滨.欧洲议会的技术评估及对我国的启示［J］.自然辩证法研究，2015，31（1）：32－37.

［153］张九庆.欧洲各国议会是如何开展技术评估的［J］.科技中国，2020（6）：33－35.

［154］方晓东，董瑜，金瑛，等.法国科技评价发展及其对中国的启示——基于 CoNRS 和 HCéRES 评价指标的案例研究［J］.世界科技研究与发展，2019，41（3）：294－306.

［155］顾海兵，李慧.英国科技成果评估体系研究与借鉴［J］.科学中国人，2005（2）：37－39.

［156］胡月平.科技评估领域的国内外立法实践及其启示［J］.法制与社会，2014（4）：162－164.

［157］康兰平.我国科技评估的法律实现机制研究——以国外科技评估立法实践为分析视角［J］.自然辩证法通讯，2018，40（7）：98－105.

［158］秦晓鹏，杜平，陈娟，等.我国技术评估工作的现状与展望［J］.中国环境管理干部学院学报，2019，29（6）：1－3，37.

［159］杨飞，樊一阳.中外科技评估制度比较研究［J］.科研管理，2016，37（S1）：652－658.

［160］查敏，钱旭潮，王龙．基于转化主体与方式的科技成果转化评估［J］．企业经济，2013，32（6）：174－177．

［161］李瑛，邹立尧．科技评估国际经验与中国的政策优化［J］．天津商业大学学报，2015，35（3）：52－56，71．

［162］陈强，胡焕焕，鲍悦华．科技评估标准：国外的经验与启示［J］．中国科技论坛，2012（5）：22－28．

［163］赵蓉英，王旭，王建品，等．中国科技评价研究态势与推进策略［J］．情报科学，2019，37（5）：7－12．

［164］中华人民共和国国家质量监督检验检疫总局，中国国家标准化管理委员会．科学技术研究项目评价通则［EB/OL］．［2009－01－12］．https：//openstd. samr. gov. cn/bzgk/gb/newGbInfo?hcno＝D34CC99602417831F09B81359866A742.

［165］国家市场监督管理总局，中国国家标准化管理委员会．科技评估通则［EB/OL］．［2021－05－21］．https：//openstd. samr. gov. cn/bzgk/gb/newGbInfo?hcno＝69812EA65DC30B02C6CCCEFC1DC629CE.

［166］国家市场监督管理总局，中国国家标准化管理委员会．科技评估基本术语［EB/OL］．［2021－05－21］．https：//openstd. samr. gov. cn/bzgk/gb/newGbInfo?hcno＝31DF34989C4514C2F998ED4C5FC6DD22.

［167］国家市场监督管理总局，国家标准化管理委员会．科学技术研究项目评价通则［EB/OL］．［2022－10－12］．https：//openstd. samr. gov. cn/bzgk/gb/newGbInfo?hcno＝FD0EF4A99BFC379F5882D6F47A6F9542.

［168］国家市场监督管理总局，国家标准化管理委员会．科学技术研究项目评价实施指南　基础研究项目［EB/OL］．［2022－10－12］．https：//openstd. samr. gov. cn/bzgk/gb/newGbInfo?hcno＝4F7E240054F74F9F78050E368A1F64B8.

［169］国家市场监督管理总局，国家标准化管理委员会．科学技术研究项目评价实施指南　应用研究项目［EB/OL］．［2022－10－12］．https：//openstd. samr. gov. cn/bzgk/gb/newGbInfo?hcno＝B7A73AE175A3F2695D21FD0638AA1EB8.

［170］国家市场监督管理总局，国家标准化管理委员会．科学技术研究

项目评价实施指南 开发研究项目［EB/OL］.［2022 – 10 – 12］. https：// openstd. samr. gov. cn/bzgk/gb/newGbInfo？hcno =038A19BCE153111502F47EF11 D64FBA8.

［171］Daddario E Q. Technology Assessment：Statement of Emilio Q. Daddario, Chairman, Subcommittee on Science, Research, and Development of the Committee on Science and Astronautics, US House of Representatives, Ninetieth Congress, First Session［M］. US Government Printing Office, 1967.

［172］Banta D. What is Technology Assessment？［J］. International Journal of Technology Assessment in Health Care, 2009, 25（S1）：7 – 9.

［173］G. Kuk, I. Faik and M. Janssen. Editorial Technology Assessment for Addressing Grand Societal Challenges［J］. IEEE Transactions on Engineering Management, 2023, 70（3）：1055 – 1060.

［174］Pierre Delvenne. Responsible Research and Innovation as A Travesty of Technology Assessment？［J］. Journal of Responsible Innovation, 2017, 4（2）：278 – 288.

［175］Stilgoe J, Watson M, Kuo K. Public Engagement with Biotechnologies Offers Lessons for the Governance of Geoengineering Research and Beyond ［J］. PLoS Biol, 2013, 11（11）：e1001707.

［176］Levy, D L, & Spicer, A. Contested imaginaries and the cultural political economy of climatechange［J］. Organization, 2013, 20（5）：659 – 678.

［177］Phillips F Y, Oh D S. Technology Assessment and the Social and Human Impact of Innovation［J］. Bulletin of the Atomic Scientists, 2016, 72（6）：402 – 411.

［178］Parodi O, Bögel P, Beecroft R, et al. Reflexive Sustainable Technology Labs：Combining Real-World Labs, Technology Assessment, and Responsible Research and Innovation［J］. Sustainability, 2022, 14（22）：15094.

［179］Van Lente H, Swierstra T, Joly P B. Responsible Innovation as a Critique of Technology Assessment［J］. Journal of Responsible Innovation, 2017, 4（2）：254 – 261.

［180］Kiran A H，Oudshoorn N，Verbeek P P. Beyond Checklists：Toward An Ethical-constructive Technology Assessment［J］. Journal of Responsible Innovation，2015，2（1）：5－19.

［181］Shrader-Frechette K. Science Policy，Ethics，and Economic Methodology：Some Problems of Technology Assessment and Environmental-impact Analysis［M］. Springer Science & Business Media，2012.

［182］Hasselbalch J A. Innovation Assessment：Governing Through Periods of Disruptive Technological Change［J］. Journal of European Public Policy，2018，25（12）：1855－1873.

［183］Bechtold U，Fuchs D，Gudowsky N. Imagining Socio-technical Futures-challenges and Opportunities for Technology Assessment［J］. Journal of Responsible Innovation，2017，4（2）：85－99.

［184］Wang Z，Luo P，Zha X，et al. Overview Assessment of Risk Evaluation and Treatment Technologies for Heavy Metal Pollution of Water and Soil［J］. Journal of Cleaner Production，2022：134043.

［185］Meng X. Risk Assessment and Analysis in Supply Chain Finance Based on Blockchain Technology［J］. Journal of Sensors，2022.

［186］Matsumura N，Nishigaki M，Hasegawa T. Risk Evaluation Model for Information Technology Services in Integrated Risk Assessment［C］//Engineering for Sustainable Future：Selected Papers of the 18th International Conference on Global Research and Education Inter-Academia-2019 18. Springer International Publishing，2020：318－325.

［187］Li Y，Nian V，Li H，et al. A Life Cycle Analysis Techno-economic Assessment Framework for Evaluating Future Technology Pathways-The Residential Air-conditioning Example［J］. Applied Energy，2021，291：116750.

［188］Liu Y，Gao H，Yu Z，et al. Managing Methane Emissions in Abandoned Coal Mines：Comparison of Different Recovery Technologies by Integrating Techno-Economic Analysis and Life-Cycle Assessment［J］. Environmental Science & Technology，2022，56（19）：13900－13908.

[189] Sohani A, Hoseinzadeh S, Berenjkar K. Experimental Analysis of Innovative Designs for Solar Still Desalination Technologies: An In-depth Technical and Economic Assessment [J]. Journal of Energy Storage, 2021, 33: 101862.

[190] Dell-Angelo A, Andoglu E M, Bozzano G, et al. Mitigating Carbon Dioxide Impact of Fossil/Bio-refineries by Acid Gas to Syngas Technology: Sensitivity Analysis and Techno-economic Assessment [J]. Journal of Sustainable Development of Energy, Water and Environment Systems, 2021, 9 (3): 1 – 14.

[191] Salazar C, Kurbatova A I, Kupriyanova M E, et al. Environmental Assessment of Water Treatment Plants of the Republic of Ecuador and Comparative Analysis of Water Disinfection Technologies using the LCA Method [J]. Advances in Systems Science and Applications, 2022, 22 (2): 85 – 97.

[192] Cuéllar-Franca R M, Azapagic A. Carbon Capture, Storage and Utilisation Technologies: A Critical Analysis and Comparison of Their Life Cycle Environmental Impacts [J]. Journal of CO_2 Utilization, 2015, 9: 82 – 102.

[193] Cheng F, Luo H, Colosi L M. Slow Pyrolysis as A Platform for Negative Emissions Technology: An Integration of Machine Learning Models, Life Cycle Assessment, and Economic Analysis [J]. Energy Conversion and Management, 2020, 223: 113258.

[194] Brey P. Philosophy of Technology After the Empirical Turn [J]. Techné: Research in Philosophy and Technology, 2010, 14 (1): 36 – 48.

[195] Brown N, Michael M. A Sociology of Expectations: Retrospecting Prospects and Prospecting Retrospects [J]. Technology Analysis & Strategic Management, 2003, 15 (1): 3 – 18.

[196] Grin J, Rotmans J, Schot J. Transitions to Sustainable Development: New Directions in the Study of Long Term Transformative Change [M]. Routledge, 2010.

[197] Seo W. A Patent-based Approach to Identifying Potential Technology Opportunities Realizable from A Firm's Internal Capabilities [J]. Computers & Industrial Engineering, 2022, 171: 108395.

［198］ Ma T, Zhou X, Liu J, et al. Combining Topic Modeling and SAO Semantic Analysis to Identify Technological Opportunities of Emerging Technologies ［J］. Technological Forecasting and Social Change, 2021, 173: 121159.

［199］ Cho Y, Han Y J, Hwang J, et al. Identifying Technology Opportunities for Electric Motors of Railway Vehicles with Patent Analysis ［J］. Sustainability, 2021, 13 (5): 2424.

［200］ Sadowski J. Office of Technology Assessment: History, Implementation, and Participatory Critique ［J］. Technology in Society, 2015, 42: 9 – 20.

［201］ Phillips F Y, Oh D S. Technology Assessment and the Social and Human Impact of Innovation ［J］. Bulletin of the Atomic Scientists, 2016, 72 (6): 402 – 411.

［202］ European Parliamentary Technology Assessment (EPTA) "Organisational rules" ［EB/OL］. https://www. eptanetwork. org/about/about-epta/members-and-projects.

［203］ Panel for the Future of Science and Technology (STOA) "History and mission" ［EB/OL］. https://www. europarl. europa. eu/stoa/en/about/history-and-mission.

［204］ Hasselbalch J A. Innovation Assessment: Governing through Periods of Disruptive Technological Change ［J］. Journal of European Public Policy, 2018, 25 (12): 1855 – 1873.

［205］ Lindberg, David C. The Beginnings of Western Science ［M］. 1992.

［206］ Jaspers, Karl. Vom Ursprung und Ziel der Geschichte ［J］. The American Historical Review, 1951 (56): 327.

［207］ Bower J L, Christensen C M. Disruptive technologies: catching the Wave ［J］. 1995.

［208］ Yu D, Hang C C. A Reflective Review of Disruptive Innovation Theory ［J］. International Journal of Management Reviews, 2010, 12 (4): 435 – 452.

［209］ S K Kassicieh, S T Walsh, J C Cummings, P J McWhorter, A D Romig and W D Williams. Factors Differentiating the Commercialization of Disruptive and Sustaining Technologies [J]. IEEE Transactions on Engineering Management, 2022, 49 (4): 375 –387.

[210] S R Arnstein. Technology Assessment: Opportunities and Obstacles [J]. IEEE Transactions on Systems, Man, and Cybernetics, 1977 (8): 571 –582.

[211] Bentley Glass, For Full Technological Assessment [J]. Science, 1969 (165): 755 –755.

[212] Richard A. Carpenter, Technology Assessment and Human Possibilities [J]. Science166, 653 –653 (1969). DOI: 10. 1126/science. 166. 3905. 653.

[213] Battista, R. , & Hodge, M. The Development of Health Care Technology Assessment: An International Perspective [J]. International Journal of Technology Assessment in Health Care, 1995, 11 (2): 286 –300.

[214] M C. Lo, J. Michnik and L P A. Cheng, "Technology Assessment as A Guidance to Business Management of New Technologies" [J]. 2007 IEEE International Conference on Industrial Engineering and Engineering Management, Singapore, 2007: 75 –79.

[215] Grunwald, A. Research and Scientific Advice in the Second Modernity: Technology Assessment, Responsible Research and Innovation, and Sustainability Research [J]. Sustainability, 2021, 13.

[216] Herring R, Paarlberg R. The Political Economy of Biotechnology [J]. Annual Review of Resource Economics, 2016, 8 (1).

[217] Nguyen, N T, Lobet-Maris, C, Berleur, J, & Kusters, B. Methodological Issues in Information Technology Assessment [J]. International Journal of Technology Management, 1996, 11 (5 –6), 566 –580.

[218] Wad, Atul and Michael Radnor. Technology Assessment: Review and Implications for Developing Countries [R]. 1984.

[219] Porter, Alan L, Rossini, F A, Carpenter, S R and Roper, A T. A Guidebook for Technology Assessment and Impact Analysis [M]. New York, North-Holland, 1980.

[220] Armstrong, Joe E. and Harman, Willis W. Strategies for Conducting

Technology Assessments［R］. Stanford University, Department of Engineering Economic Systems, Stanford, California, December 1977.

［221］Genus A. Rethinking Constructive Technology Assessment as Democratic, Reflective, Discourse［J］. Technological Forecasting and Social Change, 2006, 73（1）: 13 – 26.

［222］Johan Schot. Towards New Forms of Participatory Technology Development［J］. Technology Analysis & Strategic Management, 2001, 13: 1, 39 – 52.

［223］Audley Genus & Anne-Marie Coles. On Constructive Technology Assessment and Limitations on Public Participation in Technology Assessment［J］. Technology Analysis & Strategic Management, 2005, 17: 4, 433 – 443.

［224］Hennen L. Participatory Technology Assessment: A Response to Technical Modernity?［J］. Science and Public Policy, 1999, 26（5）: 303 – 312.

［225］Grin J, Van de Graaf H. Technology Assessment as Learning［J］. Science, Technology, & Human Values, 1996, 21（1）: 72 – 99.

［226］Robert Berloznik, Luk Van Langenhove. Integration of Technology Assessment in R&D Management Practices［J］. Technological Forecasting and Social Change, 1998, 58（1 – 2）: 23 – 33.

［227］Guston D H, Sarewitz D. Real-time Technology Assessment［J］. Technology in Society, 2002, 24（1 – 2）: 93 – 109.

［228］Schot, Johan and Arie Rip. The Past and Future of Constructive Technology Assessment［J］. Technological Forecasting and Social Change 54（1997）: 251 – 268.

［229］Pearce D, Atkinson G. Cost-Benefit Analysis and the Environment-Recent Developments［M］. OECD Publishing, 2006.

［230］Thomas H. Cormen, Charles E. Leiserson, Ronald L. Rivest, Clifford Stein. Introduction to Algorithms, Third Edition［M］. MIT Press, 2009.

［231］U. S. Department of Defense（DoD）. Technology readiness assessment（TRA）deskbook［EB/OL］.（2005 – 05）［2008 – 09 – 01］. https: // apps. dtic. mil/dtic/tr/fulltext/u2/a438933. pdf.

[232] U. S. Department of Defense (DoD). Technology Readiness Assessment (TRA) Guidance [EB/OL]. (2011 – 05 – 13) [2011 – 07 – 30]. https: // apps. dtic. mil/dtic/tr/fulltext/u2/a554900. pdf.

[233] U. S. Department of Energy (DOE). 2012 Technology Readiness Assessment—Analysis of Active Research Portfolio [EB/OL]. (2012 – 12 – 11) [2013 – 03 – 13]. https: //netl. doe. gov/sites/default/files/crosscutting/TRL-Comprehensive-Report_121112_FINAL_1. pdf.

[234] Deputy Under Secretary of Defense for Science and Technology. Technology Readiness Assessment (TRA) Deskbook [S]. (2003 –09) [2011 –09 –15]. http: //www. darpa. mil/STO/solicitations/sn07 – 44/pdf/TRA_Desktop. pdf.

[235] G S. Altshuller. Creativity as An Extra Science [M]. Gorden and Breach Science Publishers Inc. 1984.

[236] Travis W. Danner. A Formulation of Multidimensional Growth Models for the Assessment and Forecast of Technology Attributes [D]. Georgia: Georgia Insittute of Technology, 2006.

[237] John C M. Technology Readiness Level, A White Paper [R]. April 6, 1995.

[238] Porter A L, Roper A T, Mason T W, Rossini F A. Forecasting and Management of Technology [M]. New York: Wiley, 1991.

[239] Godin B. Research and the Practice of Publication in Industries [J]. Research Policy, 1996 (25): 587 – 606.

[240] Martino J P. A Review of Selected Recent Advances in Technological Forecasting [J]. Technological Forecasting & Social Change, 2003 (70): 719 – 733.

[241] Tugrul U. Daim, Guillermo R. Rueda, Hilary T. Martin. Technology Forecasting Using Bibliometric Analysis and System Dynamics [C]. in Proc. Technology Management: A Unifying Discipline for Melting the Boundaries, 2005: 112 – 122.

[242] Barry L. Britt, Michael W. Berry, and Murray Browne. Document Classification Techniques for Automated Technology Readiness Level Analysis [J]. Journal

of the American Society for Information Science and Technology, 2008, 59 (4):
675 – 680.

[243] Altshuller. Social Indicators for Sustainable Project and Technology
Life Cycle Management in the Process Industry [J]. The International Journal of
Life Cycle Assessment, 2006 (1): 3 – 17.

[244] Mann D. Using S-curves and Trends of Evolution in R&D Strategy
Planning, 1999: 8 – 20.

[245] Adam B. Jaffe and Gaétan de Rassenfosse. Patent Citation Data in Social
Science Research: Overview and Best Practices [J]. Journal of the Association
for Information Science and Technology, 2017, 68 (6): 1360 – 1374.

[246] Price D. J. de S. "Citation classic" for Little Science, Big Science
[J]. Current Contents, July 1983, 29 (18): 18.

[247] Norman D. The Life Cycle of a Technology: Why It is So Difficult for Large
Companies to Innovate (EB/OL). http://www.jnd.org/dn.pubs.html, 2002.

[248] LI Q, LI X X, WANG B X. The building and implementing of tech-
nology assessment of America [J]. Scientific Management Re-search, 2007 (3):
114 – 117.

[249] A Lqbal, M Swaminathan, M Nealon, A Omer. Design trade offs
among MCM-C, MCM-D and MCM-D/C technologies [J]. IEEE Transaction on
Components, Packaging and Manufacturing Technology, Part B: Advanced Pack-
aging, 1994, 17: 22 – 29.

[250] S P Larcombe, P A Lvey, N L Seed. Electronic System in Dense
Three-dimensional Packages [J]. Electronics Letters, 1995, 31: 786 – 788.

[251] Van den Crommenacker. The System-in-package Approach [J].
Communications Engineer, 2003, 1: 24 – 25.